领土与海洋争端问题
研 究 丛 书

国家出版基金项目

领土与海洋争端问题研究丛书

丛书主编 张海文 吴继陆

岛屿主权和海洋划界国际法案例选评

周 健／著

知识产权出版社
全国百佳图书出版单位
—北京—

图书在版编目（CIP）数据

岛屿主权和海洋划界国际法案例选评/周健著.—北京：知识产权出版社，2024.2
（领土与海洋争端问题研究丛书/张海文，吴继陆主编）
ISBN 978-7-5130-7547-3

Ⅰ.①岛… Ⅱ.①周… Ⅲ.①岛—主权—国际法—案例②海洋—划界—国际法—案例 Ⅳ.①D993

中国国家版本馆CIP数据核字（2023）第190922号

策划编辑：庞从容　　　　　　　　　　责任校对：谷　洋
责任编辑：赵利肖　庞从容　　　　　　责任印制：刘译文

岛屿主权和海洋划界国际法案例选评
周　健　著

出版发行：知识产权出版社有限责任公司	网　　址：http://www.ipph.cn
社　　址：北京市海淀区气象路50号院	邮　　编：100081
责编电话：010-82000860转8725	责编邮箱：2395134928@qq.com
发行电话：010-82000860转8101/8102	发行传真：010-82000893/82005070/82000270
印　　刷：三河市国英印务有限公司	经　　销：新华书店、各大网上书店及相关专业书店
开　　本：710mm×1000mm 1/16	印　　张：19.25
版　　次：2024年2月第1版	印　　次：2024年2月第1次印刷
字　　数：314千字	定　　价：88.00元
ISBN 978-7-5130-7547-3	

出版权专有　侵权必究
如有印装质量问题，本社负责调换。

丛书编委会

（以姓氏笔画为序）

马新民　王宗来　王润贵　孔令杰

朱利江　刘　超　吴继陆　余民才

张海文　张新军　陈喜峰　易显河

罗　刚　周　健　施余兵　徐贺云

高圣惕　高健军　黄　瑶　傅崐成

GENERAL EDITOR'S PREFACE

总　序

领土与海洋问题事关国家主权、安全与发展，数百年来一直是国际关系演进、国际法发展中历久弥新的主题之一。妥善处理领土与海洋争端是世界性难题。据不完全统计，当今世界上仍存在60多处领土争端和200多条未划定的海洋边界。和平解决争端是各国的共同愿望，也是国际法的基本要求。但这类争端每每涉及久远的历史恩怨、敏感的民族情绪，数十年、上百年悬而未决，在复杂多变的外来因素催化下，反而会随时升温、激化，引发新的冲突和战争。

中国与邻国之间的领土与海洋争端在外交磋商及学界研究中经常被称为东海问题、南海问题，近十年来也成为国际舆论的热点话题。领土归属和海洋划界是国际法、海洋法中的经典问题；海上执法争端自1990年代开始增多。在国际法院等裁决机构的案例中，这三个问题越来越深入地联系在一起，这是一个值得重视的发展趋势。2013年开始、2016年结束的所谓南海仲裁案，实质上也是将这三个方面的争端经过包装后强行提起和推进的。

"领土与海洋争端问题研究丛书"围绕领土归属、海洋划界和海上执法这三个密切相连的议题，以全面、客观、深入的学术研究为基础，以解决中国面临的实际问题为导向。第一批拟出版的10本（卷）内容既有所侧重又相互呼应，主要包括三类：一是案例分析，逐一评析国际裁决机构关于领土与海洋争端的所有裁决，力求客观全面地反映所涉重要法律问题，为深入全面地了解相关程序问题及实体问题的发展变化提供基础性研究成果；二是专题研究，例如领土取得的国际法规则、海洋划界方法论、强制仲裁机制、国际法中的关键日期等；三是国别或综合研究，例如菲律宾领土及海洋主张研究、南海问题研究等。

本丛书具有包容性，尊重入选的每一位作者的个人学术观点，鼓励对相同议题的相互补充、质疑与启发。本丛书亦具有开放性，欢迎国内同人奉献与本套丛书相关主题的学术成果，不断丰富本丛书的学术内涵，拓展领土与海洋问题研究的广度和深度。我们期待本丛书的陆续出版能促进中国国际法研究，并为实务部门的工作提供有益的参考。

本丛书从策划、组织至出版历时数年。在丛书即将出版之际，我们对各位著作者慨然同意将个人成果纳入丛书表示感谢！本丛书是在大量研究成果基础上形成的，相关研究得到多个部门单位的长期指导与大力支持，在此特别感谢原国家海洋局国际合作司和海洋发展战略研究所！

本丛书2018年由知识产权出版社申报"'十三五'国家重点图书出版规划"并顺利入选，2020年成功获得国家出版基金资助。知识产权出版社领导给予了大力支持，丛书责任编辑庞从容女士、薛迎春女士及其编辑团队付出了大量辛劳，在此谨表谢意！

张海文　吴继陆
2020年3月8日

PREFACE

再版序言

解决岛屿主权和海洋划界争议,无论是通过外交谈判还是付诸国际司法的途径,均不可避免地涉及国际法原则和规则的适用问题。研究提交国际司法解决的有关岛屿主权和海洋划界的争端案例,揭示适用于解决两类争端的国际法原则和规则,可以为国家维护领土主权和海洋权益的外交和法律实践提供一定的借鉴。

本书共收集16个案例,分两个部分:第一部分为"岛屿主权和海洋划界案例",共6例,其中岛屿领土主权案5例,领海划界案1例;第二部分为"大陆架和专属经济区划界案例",共10例,其中大陆架划界案5例,同时涉及大陆架和专属经济区的海洋划界案5例。

在体例上,本书对案例的评述一般包括"争议的产生""当事国的主张和观点""国际法院判决(或仲裁法庭裁决)及其主要观点""争议的最终解决""评论"等部分。在介绍争议的来龙去脉时,侧重于说明一些国际法原则和规则对具体情况的适用性,并作出评论。在"评论"部分,侧重于对每一案例特点及其对国际法发展的影响作出评价。

本书内容是基于笔者对国际法院和国际仲裁法庭判决和裁决的阅读、研究和理解。此外,笔者还查阅了一些参考资料,包括国内外国际法学者对案例的评述。一方面尽可能充分运用中国已出版国际法资料和论著进行注释;另一方面在完成案例评述后,注意适当介绍一些中、英、法文参考书目,为读者查阅原文,进一步独立研究,包括对笔者的方法和观点提出疑问提供方便。

本书所选择的5起岛屿领土争议案中,除1977年比格尔海峡仲裁案(智利与阿根廷)直接涉及海洋划界问题外,常设国际法院于1933年审理的东格陵兰案(挪威与丹麦)和国际法院于1953年审理的明基埃群岛和埃克荷斯群岛案(英国与法国)后来也都涉及海洋划界问题。这说明岛屿领土同海洋划界有密切关系,也说明随着国家海洋管辖权的扩展，解决岛屿领土问题的难度增加了。1977年比格尔海峡仲裁案（智利与阿根廷）及本书未介绍的1978年爱琴海大陆架划界案（希腊与土耳其）是否在某种程度上说明，海洋划界问题，若同岛屿领土争议联系在一起，一揽子政治解决比法律解决更优越，或者更可取呢？这是一个值得思考的问题。

本书介绍了两起领海划界案，其中1951年渔业案（英国与挪威）主要涉及沿海国单方面确定领海基线的权利及其效力和对第三国权利的影响问题，而1977年比格尔海峡仲裁案（智利与阿根廷）则部分涉及领海划界问题。本书以很大的篇幅介绍了10起大陆架和专属经济区划界案，除国际法院未就实质性问题进行审理的1978年爱琴海大陆架划界案（希腊与土耳其）外，几乎对所有重要的海洋划界案都作出系统、全面的介绍。这一现象可以从国际法的发展中找到解释：第一，过去，大多数沿海国只有3海里的领海，因此领海划界更多的是在海岸相邻国家间进行，相向国家之间需要划界的情况不多。第二，随着领海宽度的限制扩大至12海里，需要划界的情况虽然增多，但是由于国际法关于领海划界的规则比较明确，提交司法解决的案例很少。第三，国际法关于专属经济区和大陆架宽度的限制则远远超过这一距离，达200海里，大陆架自然延伸甚至可以超过200海里至大陆边的外缘。这一距离将沿海国之间的关系拉近了，大多数海岸相邻、相向国家之间都存在着海洋划界问题。特别是近30年来，大陆架和专属经济区划界已成为现代国家在外交上无法回避的问题。在国家之间签订的国际条约中，关于大陆架和专属经济区划界的协定占据重要地位。实际上，对大陆架和专属经济区划界案的审理也是国际法院获得成功的主要领域。因此，本书对大陆架和专属经济区的介绍篇幅多一些，是符合现实的。

本书是10多年前写成的，这次除个别文字外，未对有关认识和观点进行修订，本书所反映的是笔者当时对海洋法有关问题的认识。所涉及的问题和观点，均由笔者个人负责。由于笔者水平有限，缺点和错误在所难免，欢迎读者批评指正。

周　健
2023年5月

人名对照表

中译名	原名
胡伯	Max Hube
阿尔瓦雷兹	Alejandro Alvarez
哈克沃斯	Green H. Hackworth
安齐洛蒂	Dionisio Anzilotti
麦克耐尔	Sir Arnold Duncan McNair
里德	John Erskine Read
徐谟	Hsu Mo
巴德旺	Jules Basdevant
卡内罗	Levi Fernandes Carneiro
菲茨莫里斯	Sir Gerald Gray Fitzmaurice
弗罗斯特	Isaac Forster
格罗斯	André Gros
小田兹	Shigeru Oda
艾文生	Jens Evensen
施韦贝尔	Stephen M. Schwebel
埃尔-凯尼	Abdallah Fikri El-Khani
塞特-卡马拉	José Sette-Camara
鲁达	José Maria Ruda
贝贾乌义	Mohammed Bedjaoui
杰梅内兹·德·阿雷夏加	Eduardo Jiménez de Aréchaga
劳特派特	Sir Hersch Lauterpacht
穆巴耶	Kéba Mbaye
瓦尔蒂科斯	Nicolas Valticos

莫斯勒	Hermann Mosler
阿郎乔-鲁伊兹	Arangio-Ruiz
威尔	Proper Weil
毛德斯来	Andrés Aguilar-Mawdsley
让热瓦	Raymond Ranjeva
夏哈布丁	Mohamed Shahabuddeen
维拉曼特里	Christopher Gregory Weeramantry
阿杰博拉	Prince Bola Adesumbo Ajibola
费席尔	Paul Henning Fischer
夏希特	Oscar Schachter
巴尔贝里斯	Julio A. Barberis
哥特利布	Allen E. Gotlieb
沃格特	Benjamin Vogt
舒金	Walther Schuücking
王宠惠	Wang Chung-hui

目　录

第一部分　岛屿主权和领海划界案例

帕尔马斯岛仲裁案（美国与荷兰）／003

克利珀顿岛仲裁案（法国与墨西哥）／016

东格陵兰案（丹麦与挪威）／022

渔业案（英国与挪威）／031

明基埃群岛和埃克荷斯群岛案（英国与法国）／039

比格尔海峡划界仲裁案（智利与阿根廷）／052

第二部分　大陆架和专属经济区划界案例

北海大陆架划界案（德国与丹麦、德国与荷兰）／073

大陆架划界案（英国与法国）／087

关于扬马延岛和冰岛之间的大陆架区域划界案（挪威与冰岛）／107

大陆架划界案（突尼斯与利比亚）／114

缅因湾海洋边界划界案（美国与加拿大）／135

大陆架划界案（利比亚与马耳他）／154

海洋边界仲裁案（几内亚与几内亚比绍）／178

海洋边界案（几内亚比绍与塞内加尔）／196

关于圣皮埃尔和密克隆海域划界案（加拿大与法国）／206

关于格陵兰和扬马延之间区域的海洋划界案（丹麦与挪威）／220

第三部分　海洋划界的实用方法和运用实例

等距离方法／239

从等距离派生的方法／245

从海岸线引申的方法／255

从海底地质、地貌引申的方法／266

其他方法／275

几点结论／281

参考文献／285

第一部分
岛屿主权和领海划界案例

帕尔马斯岛仲裁案（美国与荷兰）

(仲裁庭1928年4月4日裁决)

一、争议的产生

帕尔马斯岛（Palmas Island），又称米安加斯岛（Miangas Island），位于菲律宾和荷属东印度（现印度尼西亚）之间的北纬5°35′、东经126°36′处，向北距离菲律宾棉兰老岛的圣奥古斯丁角（Cape San Augustie）约48海里，向东南距离荷属东印度的纳努萨岛（Nanusa Island）约54海里。[1] 帕尔马斯岛约3.2千米长、1.2千米宽，当时岛上有居民约750人。表面上看，帕尔马斯岛似乎不具有战略价值。

1906年，美国委派的菲律宾棉兰老省（Province of Moro）总督列奥那·沃德少将在一次巡视中登上帕尔马斯岛，发现该岛上悬挂着荷兰国旗。美国国务院得到关于这一情况的报告后即进行核实，确认帕尔马斯岛位于美国和西班牙于1898年12月10日在巴黎签订的《美国和西班牙和平条约》（以下简称《巴黎条约》）第3条规定的菲律宾群岛界线以内[2]，并且距离该线最近点约20海里，因此立即要求荷兰

---

[1] 帕尔马斯岛的位置示意图：http://manusama.com/2016/07/15/classic-cases-island-palmas/。
[2] 1898年12月10日《美国和西班牙和平条约》第3条规定，西班牙将菲律宾群岛割让给美国，被割让的岛屿范围为：由西向东沿着或靠近北纬20度线并穿过巴士海峡的中央，从格林尼治东经118度到127度子午线，然后沿格林尼治东经127度子午线至北纬4度45分线，再沿北纬4度45分线至它与格林尼治东经119度35分子午线的相交点，然后沿格林尼治东经119度35分至北纬7度40分线，再沿北纬7度40分线至它与格林尼治东经116度子午线相交点，然后沿一条直线至北纬10度线与格林尼治东经118度子午线相交点，再沿格林尼治东经118度子午线至起始点。《国际条约集（1872—1916）》，世界知识出版社1986年版，第157页。

政府予以澄清。荷兰称，帕尔马斯岛自东印度公司建立起就是从属于东印度公司的土著君主属地，荷兰当局一直在岛上行使权力。美国政府请求西班牙予以解释，马德里的回答是，根据原始发现（discovery）和一系列地图和历史证据，帕尔马斯岛曾属于西班牙。由于美国和荷兰都不能以自己的证据说服对方，两国于1925年1月25日签订仲裁协议，决定将关于帕尔马斯岛归属的争议提交给海牙国际常设法院审理。

根据仲裁协议，海牙国际常设法院指定由一名仲裁人组成仲裁庭，海牙国际常设仲裁法院主席马克斯·胡伯被推选为唯一仲裁人。仲裁庭于1928年4月4日作出裁决。

二、当事国的主张和论据

本案中，美国和荷兰从不同的角度提出各自的主权主张和依据。美国作为西班牙权利的继承者，提出的论据主要建立在原始发现所取得的权利和条约继承基础上。美国认为：（1）帕尔马斯岛最初是由西班牙"发现"的。根据时际法（intertemporal law）原则，发现行为的效力应根据该行为发生时的法律来确定。在16世纪、17世纪，即西班牙发现时代，"发现"具有产生绝对或初步的领土主权的效力。美国强调，西班牙发现帕尔马斯岛并确立"初步的所有权"（inchoate title）后，虽然没有伴随其他行动来完善这一"初步的所有权"，但此后西班牙及其继承者美国亦无任何"放弃的意思"（animus derelinquendi）的表示，因此帕尔马斯岛依然属于西班牙。（2）根据1898年《巴黎条约》，西班牙将整个菲律宾群岛割让给美国，该条约第3条规定了割让领土的界线范围，帕尔马斯岛被包括在割让领土界线的经纬度范围内。（3）1899年，美国将《巴黎条约》的一份副本送交荷兰，荷兰对有关标定领土界限范围的第3条未提出任何异议。（4）帕尔马斯岛在地理上更邻近菲律宾，理应属于菲律宾群岛的组成部分。[1]

---

[1] The Island of Palmas Case, Arbitral Award of April 1928, in United Nations, Reports of International Arbitral Awards（以下简称"Arbitral Award 1928, in U. N., R. I. A. A."），Vol. II, p. 837.

荷兰对帕尔马斯岛的领土主张主要建立在有效占领（effective occupation）基础上。荷兰认为：（1）帕尔马斯岛至少从1648年以来一直是桑吉岛（Sangi lslands）土著君主领地的一部分。（2）1677年以后，通过宗主权协定，土著邦从属于东印度公司，从而归属于荷兰。该协定所赋予荷兰的权利足以使荷兰有理由认为该岛是荷兰领土的一部分。（3）在1700—1898年以及1898—1906年两个时期中，作为宗主国的荷兰和作为附庸国的土著邦君主对帕尔马斯岛行使着管辖权，这种管辖行为体现了国家权力的特征。（4）针对美国提出的"发现"理论，荷兰还提出，"发现"如不伴随着占领并不能产生领土主权。假设发现在16世纪、17世纪具有产生领土主权的效力，那么，同样根据时际法，这一权利在以后是否有效还要取决于以后发展了的国际法。[1]

三、仲裁裁决的基本观点

（一）对美国论据的评论

针对美国关于西班牙最早"发现"帕尔马斯岛的论点，仲裁人指出，从中世纪至19世纪末，有关"发现"的国际法经历了深刻的变化。对一项事实的法律意义，应根据事实发生时的法律而不应根据争端发生或解决时有效的法律予以评价。[2]

仲裁人胡伯法官认为，对帕尔马斯岛的发现被证明是由西班牙人或葡萄牙人完成的，而不是荷兰人。[3] 西班牙"发现"的效果应根据西班牙在南太平洋最早出现的时期，即16世纪前半叶有效的国际法规则来判断。[4] 仲裁人从"发现"产生绝对的所有权或初步的所有权两个假设出发来审查美国的权利主张，认为从两个角度来看，西班牙"发现"所产生的权利都是不能成立的。

根据第一个假设，按照当时的法律，发现或者仅仅肉眼看见土地，在合理时间内无须伴随任何（即使是象征性的）占有行为，就构成法

---

[1] Arbitral Award 1928, in U. N., R. I. A. A., Vol. Ⅱ, pp. 837–838.
[2] Arbitral Award 1928, in U. N., R. I. A. A., Vol. Ⅱ, p. 845.
[3] Arbitral Award 1928, in U. N., R. I. A. A., Vol. Ⅱ, p. 845.
[4] Arbitral Award 1928, in U. N., R. I. A. A., Vol. Ⅱ, p. 845.

律上有效的领土主权，而不仅是"初步的所有权"。即使采纳这一对美国最有利的观点，仍然产生这样的问题，即在1898年《巴黎条约》签订和生效这一关键日期（critical date），这项主权是否仍然存在？

在对"发现产生绝对的领土主权"观点进行分析时，胡伯法官发展了"时际法"理论。胡伯指出："关于在相继时期中不同法律体系对一个特定案件的适用（即所谓时际法）问题，应该对权利的产生和权利的继续存在作出区别。同一项原则既然将一创造权利的行为从属于权利产生时有效的法律，那么它同时也要求权利的继续存在或继续体现应符合法律发展所提出的条件。"[1] 胡伯认为，根据19世纪的国际法，只有"有效"占领才能构成领土主张的基础。"由此看来，如果一地区既没有在一国实际控制下，又无主人，但却仅仅以已经不为现有法律所承认的领土取得的名义而保留为一国专有的势力范围，即使这种领土取得能够产生领土主权，也不符合实在法（positive law）这一原则。"[2] 仅发现而没有后续行为，现今已不足以证明对帕尔马斯岛的主权，因此，不存在西班牙是否有放弃主权意思的问题。

根据第二个假设，按照当时的法律，如美国所主张的那样，"发现"仅产生"初步的所有权"，这一权利存在无外在的展示，那么，这一权利须在合理时间内通过对被发现土地的实际占领来完善。但西班牙并没有在合理的期限内采取措施来完善这种初步的权利。西班牙对帕尔马斯岛从未有过占领行为，也从未有过行使主权的行为。即使承认西班牙在1898年前"初步的权利"继续存在，承认帕尔马斯岛被包括在1898年《巴黎条约》第3条规定的割让范围内，这种"初步的所有权"也不能优越于另一国国家权力持续与和平的展示，因为这种展示甚至可以优越于另一国以前业已确立的所有权。[3]

关于美国援引1898年《巴黎条约》的问题，仲裁人指出，西班牙无权转让超过其自身所拥有的权利。[4] 这一法律原则是美国政府在1900年4月7日致西班牙的一份照会中承认的。西班牙从未设想可以

---

[1] Arbitral Award 1928, in U. N., R. I. A. A., Vol. Ⅱ, p. 845.
[2] Arbitral Award 1928, in U. N., R. I. A. A., Vol. Ⅱ, p. 846.
[3] Arbitral Award 1928, in U. N., R. I. A. A., Vol. Ⅱ, pp. 846, 869-870.
[4] Arbitral Award 1928, in U. N., R. I. A. A., Vol. Ⅱ, p. 842.

割让其所不拥有所有权的土地，即使该土地被划入领土割让界线之内。美国和西班牙两国之间的《巴黎条约》无论如何不能解释为可以处置独立的第三国的权利。[1]

关于荷兰对1898年《巴黎条约》有关界线的规定表示沉默的问题，仲裁人认为虽然确有其事，但第三国的沉默对缔约国权利的影响不足以产生完全的所有权。因此，问题的本质是，1898年《巴黎条约》订立和生效之时，帕尔马斯岛究竟属于西班牙还是荷兰的领土。由于美国声称该岛当时属于西班牙而荷兰则予以否认，因此，只有当双方能证明该岛在关键日期既不属于西班牙也不属于荷兰的领土，才能谈到《巴黎条约》的缔结及其通告荷兰一事是否影响以及如何影响荷兰或美国对争议岛屿的权利要求。[2]

在本案中，美国还提出了"邻近原则"（the principle of contiguity）作为依据，并认为应考虑帕尔马斯岛作为菲律宾群岛地理整体的一部分这一事实。美国称，西班牙对棉兰老岛及其附近岛屿的占领和控制，除非有相反的证明，应被推定为包括了帕尔马斯岛。胡伯法官否定了"地理邻近"（the theory of contiguity）是一项国际法原则。

关于帕尔马斯岛是菲律宾群岛一部分的观点，胡伯法官同意："一组岛屿可被视为在法律上构成一个整体，主要部分的情况应适用于其他部分。"但是，胡伯对可以扩及领土每一部分的第一次占有行为和需要在全部领土上被感觉到的连续、持久的主权展示作出了区分，认为"连续、持久的主权展示"的效果应优越于"原始占有"。[3] 帕尔马斯岛是一个孤岛，岛上有土著居民。对这样一个岛屿，长期缺乏行政管辖是难以想象的。在这种情况下，孤立地行使主权行为较之地理邻近具有更大的价值。

（二）对荷兰论据的评论

本案中，荷兰主要基于"有效占领"理论提出其对帕尔马斯岛主权的依据。在审理荷兰依据前，仲裁人首先讨论了两个先决问题，即殖民贸易公司行为的法律效力问题和岛屿名称及其识别问题。

---

[1] Arbitral Award 1928, in U. N., R. I. A. A., Vol. II, p. 842.
[2] Arbitral Award 1928, in U. N., R. I. A. A., Vol. II, p. 843.
[3] Arbitral Award 1928, in U. N., R. I. A. A., Vol. II, p. 855.

对于殖民贸易公司行为的法律效力，美国否认荷属东印度公司与土著居民之间签订的协议能够构成国际法上有效的领土取得。仲裁人认为，东印度公司的行为，就本案涉及的对有关地区的占领和殖民而言，在国际法上可被推定为荷兰国家的行为。关于东印度公司与土著君主签订的协议，仲裁人认为，从国际法意义上说，该协议不是在其他情况下那种在国际法上可以产生权利和义务的条约，但至少是法律在一定情况下应予以考虑的事实。虽然东印度公司的行为及其与土著君主的协议不能产生领土主权，但两者都构成实际占领的证明。在这里，"宗主国"和"附属国"的含义只是证明殖民统治的一种形式。对土著居民的宗主权，相对于国际社会其他成员而言，构成领土主权的基础。[1]

就岛屿名称及其识别而言，帕尔马斯岛处在一个有许多小岛的海域内，其中大部分岛屿人烟稀少、鲜为人知。许多地图对该岛的标绘不一致，并存在着很多错误。在标注岛屿名称时，制图者往往将土著名称译成英语、荷兰语、西班牙语、葡萄牙语等本国语言的译音。美、荷两国甚至就争议岛屿的名称也未能达成一致。仲裁人对岛屿名称进行了识别，肯定在不同的地图上标绘"Mianguis""Miangus""Meangis""Melangis""Miangas"等名称的岛屿指的就是争议岛屿，并说明在本案中采用帕尔马斯岛或米安加斯岛这一折中的办法及其理由。[2]

在解决这两个先决问题后，仲裁人审理荷兰的权利依据。仲裁人认为，荷兰成功地证明，帕尔马斯岛与被称为同一或类似名称的岛屿是同一岛屿，它从1700年起就构成桑吉岛或塔劳策岛（the Sangi or Talautse Islands）两个土著国家的组成部分。这两个土著国家从1677年起与荷兰东印度公司发生联系，通过宗主权协定，确认了荷兰的宗主权，从而使荷兰作为宗主国有理由将附属国视为其领土组成部分。仲裁人指出，在1875年之前，殖民统治与帕尔马斯岛之间的直接关系是松散的。在18世纪、19世纪，荷兰早期对该岛的主权行为并不很多而且时有间断，但要求对很少有人居住的远方小岛经常地行使管辖是难以想象的。1895年和1898年，荷兰军官先后两次登上帕尔马斯岛。

---

[1] Arbitral Award 1928, in U. N., R. I. A. A., Vol. II, p. 858.
[2] Arbitral Award 1928, in U. N., R. I. A. A., Vol. II, pp. 860-861.

从此,荷兰在岛上升起了国旗并征税。仲裁人认为,在1898年这一关键日期,荷兰的主权已经存在,并且具有和平与持续展示的性质。因此,主权行为不必追溯到很远的时期,也没有必要确定主权的展示是从哪一个具体日期开始的。主权的确立可能是一个缓慢的过程,是国家行为逐步增强的结果。

仲裁人认为,即使早期荷兰的活动发生在另一岛屿上而不是帕尔马斯岛,也应该作出有利于荷兰的裁决。因为,西班牙建立在发现、地理邻近和历史证据上的权利缺乏依据,不能成立;而荷兰则至少能证明,1895年和1898年两名军官的行动构成了确立主权过程的开始。这个过程通过持续与和平的国家权力展示或占有一个不是一国领土组成部分的岛屿而逐渐完成。从西班牙于1666年撤出摩鹿加地区到1906年美国提出争议,整个这一时期,双方就荷兰对桑吉及其附属岛屿包括帕尔马斯岛的权利,从未发生过任何争执,而且第三国也从未对荷兰行使主权提出异议。因此,在整个这段时期,荷兰对该岛行使主权的和平性质必须予以确认。[1]

(三) 仲裁裁决的执行部分

仲裁人胡伯法官认为,荷兰所提出的对帕尔马斯岛的主权依据建立在国家权力的和平与持续的展示基础上,是符合国际法要求的;而美国的主张在国际法上则缺乏依据。基于上述理由,仲裁庭裁决,帕尔马斯岛归属于荷兰。

四、评 论

在本案中,仲裁人阐述了涉及国家、主权和领土之间关系的许多重要观点。有关论述得到一些权威国际法学者的肯定和援引,对于解决领土争议具有重要的指导意义。

(一) 关于主权与领土的关系

在国际法上,领土是国家主权赖以存在的基础。一方面,领土是

---

[1] Arbitral Award 1928, in U. N., R. I. A. A., Vol. II, p. 866.

主权活动的空间范围；另一方面，主权活动也构成对领土范围的界定。对此，仲裁人作出了正确的表述，指出主权相对于地球表面的一部分而言，是将这一部分归入一国领土所必不可少的法律行为。主权与领土发生关系即产生领土主权。领土主权在国家之间关系中意味着独立。独立对地球表面的一部分而言，是在这一范围内行使国家的职能并排除其他国家行使职能。因此，国家在其领土上享有排他性管辖权。这一权力被称为领土主权。[1]

领土主权在国家关系上被确认是通过条约和国家承认来完成的。对此，仲裁人指出，领土主权指的是一种被承认并且在空间上被限定的状况。这种限定或者是被国际法承认的自然边界，或者是无争议的划界外在标志（即界碑），或者是有关邻国之间互相承担的法律义务，或者是在固定的边界之内国家承认的行为。[2]

一国对一片土地拥有主权意味着其既享有权利，也承担义务。领土主权包含着展示国家活动的排他性权利，这一权利有相应的义务，即平时和战时在其领土范围内保护外国人的利益。权利和义务是互相依存的，如果一国未能以符合实际情况的方式展示其领土主权，例如对在其领土上投资的外国人不能给予应有保护，使其受到了来自他国的侵害，就不能说已尽了这一义务，对于其本国的权利也可能造成损害。在这个意义上，国家享有权利和承担义务的活动也是主权最重要的体现，其要旨是排除其他国家在本国领土上的主权活动，这对于维护领土主权具有重要的意义。

（二）关于主权的表现

在国际法上，国家权力或者职能的行使是领土主权的最重要的依据，这是领土主权的排他性特征所决定的。对此，仲裁人作出了很好的论述。仲裁人认为，理论和实践（以不同的法律表述并区别不同的条件）都承认，在一特定地区，国家职能的连续与和平的展示是领土主权的重要构成因素，同时也是一个很好的权利依据。[3]

但是，在对这一权利依据进行判断时必须注意，国家权力或职能在

---

[1] Arbitral Award 1928, in U. N., R. I. A. A., Vol. II, p. 838.
[2] Arbitral Award 1928, in U. N., R. I. A. A., Vol. II, p. 838.
[3] Arbitral Award 1928, in U. N., R. I. A. A., Vol. II, p. 839.

不同时间、不同地点、不同情况下的表现形式也可能是不同的。本案仲裁人胡伯法官注意到这一点，并且对此作出了精辟的论述。胡伯说，行使领土主权必然有间隙，有时间上的中断和空间上的不连贯……一个国家在一定时间内未能证明对一片土地主权展示的事实，不能被解释为这一主权不存在，每一个案件都应根据特定的情况来评价。[1] 领土主权的表现，根据不同的时间、地点和客观条件，具有不同的形式。虽然一国对其领土行使主权原则上应是连续不断的，但事实上一国不可能在领土的每一地点每一时刻都行使主权。间断地或断续地行使主权或管辖，与权利的维持是否相称，这一问题应根据具体情况来确定。可以考虑的情况包括：争议土地是否有人居住；其地理位置是否在人类活动频繁的地区并因此为人们所了解；它是否从公海上容易接近；其他国家对此是否有主权要求以及对此一国是否采取了对应的措施；等等。

（三）关于解决领土争议的办法

仲裁人还指明了解决领土争议的方法。仲裁人认为，在就特定土地发生主权归属争议时，通常应查明，在提出主权要求的各国中，哪一个国家的权利依据（包括割让、征服、占领等）优越于另一个国家提出的对抗性权利依据，即哪一个国家拥有更好的权利（better right）。[2] 考虑到国家在其领土上享有排他性管辖权这一特点，应判定拥有更充分权利依据的国家享有领土主权。胡伯法官的观点包含两部分内容：第一，解决领土争议的方法是根据领土主权排他性这一特征，比较争议当事国双方的主权依据，确定拥有更充分、更优越依据的一方享有领土主权并确定争议土地归属于这一当事国。在这一点上，胡伯法官是正确的。第二，不加区别地将割让、征服、占领等传统国际法上的领土取得方式作为有效的权利依据。胡伯法官的这一观点为时代所限，从现代国际法的观点看不完全正确，并且已不具有现实意义。

（四）关于关键日期概念

在论述领土主权争议时，仲裁人胡伯法官指出，如果在两个对抗

---

[1] Arbitral Award 1928, in U.N., R.I.A.A., Vol. II, p. 855.
[2] Arbitral Award 1928, in U.N., R.I.A.A., Vol. II, p. 839.

性的领土主权主张中，一方的依据建立在对有关土地实际展示主权的事实基础上，那么，另一方仅仅提供在某一时期有效地取得领土主权的根据是不够的，还应证明在对争端裁决而言具有决定意义的关键日期，有关领土主权仍继续存在并确实存在。胡伯法官在这里提出了"关键日期"的概念。

关键日期指的是在一项领土争议中存在着这样一个日期，应以此为限确定主权的归属，争端解决仅考虑当事国双方在这一日期之前各自所采取的展示对争议领土主权的行动，而不考虑它们各自在这一日期之后所采取的行动。关键日期主要涉及当事国双方提出的证据可接受性问题。[1]

在本案中，仲裁人将1898年《巴黎条约》签订和生效的日期确定为关键日期，这一日期对确定双方证据的有效性和最终解决争议具有重要作用。"关键日期"概念在后来一些岛屿领土争议案中也不同程度地被广泛运用，是解决领土争议问题的一个重要概念，具有丰富的内涵。[2]

（五）关于时际法问题

关于在解决领土争端中"时际法"的作用，胡伯法官认为："关于在相继时期中不同法律体系对一个特定案件的适用（即所谓时际法）问题，应该对权利的产生和权利的继续存在作出区别。同一项原则既然将一创造权利的行为从属于权利产生时有效的法律，那么它同时也要求权利的继续存在或继续体现应符合法律发展所提出的条件。"[3]这里提出的时际法问题涉及两项原则：（1）一个法律事实应按照该事实发生时的法律来评价，而不是按照争端发生或解决时的法律来评价。（2）一项旧的权利要在新的法律体系中得以保留，必须符合发展了的新法律的要求。

---

[1] S. Bastid, "Les problèmes territoriaux dans la jurisprudence de la Cour internationale de Justice", in Recueil des Cours de l'Académie de Droit International, Vol. 107, 1962, pp. 446-448; Sir Fritzmaurice, "The Law and Procedure of the International Court of Justice, 1951-1954: Points of Substantive Law", Part II, in British Yearbook of International Law, 1955-1956, p. 20.

[2] 参见本书"明基埃群岛和埃克荷斯群岛案（英国与法国）"。

[3] Arbitral Award 1928, in U. N., R. I. A. A., Vol. II, p. 845.

"时际法"概念是为了解决新旧法律的矛盾和冲突及旧的权利在新的法律制度下延续的问题而提出的。时际法概念对于判断和认识一项过去发生的事实或历史事件同领土主权之间的法律联系及领土主权在时间和空间上的展示具有重要的指导作用。时际法要求一国为维护其领土主权,应履行同其权利相适应的义务,对维护领土主权应保持高度的警惕,特别应该注意"维持适合于领土情况的最低水平的主权活动",否则就可能被认为放弃了对有关领土的权利。[1] 此外,时际法理论对于研究"历史性水域"、"历史性所有权"以及传统捕鱼权在现代海洋法包括《联合国海洋法公约》所确认的海洋法律制度中的地位,特别是传统权利在新的法律制度下持续及其与新的法律制度相冲突或者协调的问题,具有积极的现实意义。

(六)关于"地理邻近论"

在本案中,针对美国提出的"地理邻近论",胡伯法官认为,虽然一些国家在某些情况下主张,地理位置相对接近其沿岸的岛屿应归属于这些国家,但是无法证明存在这样的国际法规则,即领海以外的岛屿仅因地理上接近陆地(包括最接近的大陆或一定规模的岛屿),而应归属于一国。[2] 如果将这一理论作为确定在法律上有利于特定国家主权的推定,这就与称为领土主权的概念发生矛盾,也同在同一地区内存在的排除其他国家活动权利和展示本国的国家活动义务发生矛盾。因此,胡伯法官明确指出,地理邻近理论不是一项确定领土归属的国际法原则。他认为:"以邻近作为主权的基础在国际法上是没有根据的。"[3] 在领土主权问题上,邻近原则在有关国家通过协议或者用法律以外的方法解决归属问题时可能有一定作用,但它不是解决领土主权问题的法律方法,因为它完全缺乏准确性,而且其适用将导致武断的结果,在涉及岛屿领土主权问题时尤其如此。因为,一个岛屿不仅是相对邻近一个大陆,而且构成更广阔的群岛组成部分,在群岛中

---

[1] 李兆杰:《国际法中的时际法原则》,载中国国际法学会主编:《中国国际法年刊》,法律出版社1989年版,第100—101页。
[2] Arbitral Award 1928, in U. N., R. I. A. A., Vol. II, pp. 845, 869.
[3] Arbitral Award 1928, in U. N., R. I. A. A., Vol. II, pp. 845, 855.

并不存在对不同组成部分的自然、明显、严格的划分。[1] 胡伯法官对"地理邻近论"的评论为许多权威国际法学者所确认,成为国际法理论的一项重要内容。[2]

在批判地理邻近论的同时,胡伯法官还指出,群岛在法律上可以被视为一个整体,对其中一部分行使主权的效果可扩及于整体,即整个领土。但针对帕尔马斯岛本身,胡伯法官则认为,争议领土是一个孤立的岛屿。鉴于这一事实,帕尔马斯岛本身就是一个明确划定和独特的领土单位。

关于"邻近"在确定主权归属上可以产生的作用,可归纳为两点:第一,邻近是一个空间概念,它本身不构成领土主权的依据;第二,邻近作为自然地理上的从属关系,例如一个岛屿是一个群岛的整体组成部分,在这种情况下只要在群岛中的一个主要岛屿上无可争辩地行使了主权和管辖,这一事实就能够赋予作为自然地理上从属关系的邻近以一定的法律意义,两者综合可以构成领土主权的有效依据。

(七) 地图的证明力问题

在国家实践中,地图常常被引用作为领土主权的依据和证明。胡伯法官认为,在本案中,当事国所提供的地图,就确定领土归属而言,不具有证明力。

胡伯法官认为,从法律角度看,地图作为证据应符合的首要条件是其地理标绘的准确性。在本案中,不仅古代地图,而且现代地图、官方和准官方地图都缺乏准确性。比较不同的地图表明,有许多岛屿与帕尔马斯岛相近或处于同一纬度上,有些似乎并不存在,有些在一些地图上被认为与帕尔马斯岛是同一岛屿。这些地图互相矛盾,而且同已确认的法律行为和事实不一致,因此不具有证明力。[3]

---

[1] Arbitral Award 1928, in U. N., R. I. A. A., Vol. II, pp. 854-855.
[2] H. Lauterpacht, "The Law and Procedure of the International Court of Justice", in *British Yearbook of International Law*, 1950, pp. 420-423, 423-431; Sir G. Fritzmaurice, "The Law and Procedure of the International Court of Justice", in *British Yearbook of International Law*, 1955-1956, pp. 72-75; D. P. O'Connell, *International Law*, 2nd Ed., London/Clarendon/Oxford, pp. 483-485; Ch. de Visscher, "Prolblèmes de confins en droit international", Paris, Pedone, 1967, p. 35.
[3] Arbitral Award 1928, in U. N., R. I. A. A., Vol. II, p. 853.

在涉及一幅荷兰官方地图效力时,胡伯法官认为,解决领土主权问题时,考虑地图的证明力应非常谨慎。他指出,地图一般只能给予非常间接的指示,不具有法律效力,只有其构成一个法律文件的附件,地图才具有这一文件所包括的承认或放弃某一项权利的效力。[1] 这就是说,条约的附图一般具有缔约者所赋予的那种证明力。

此外,胡伯从地图产生的情况来判断其效力,认为地图作为证据的另一项规则是,特殊地图优越于一般地图,官方地图优越于非官方地图。"任何未准确标明土地……政治归属的地图,应断然不予以考虑,除非这些地图(被推定是精确的)有助于标绘地理名称的位置。而且,这一性质的指示只有在一种情况下具有价值,即有理由相信,制图者不是仅仅在已有地图基础上——这种情况是常有的——编制地图,而是在为此目的仔细收集材料的基础上编制地图。综上所述,官方或准官方的地图看来能满足这些条件,当这些地图未标绘出发行地图的政府所属国家之主权时,这些地图更具有特别意义。"[2]

关于地图证明力问题,一般认为,如果一国的官方地图将争议领土划归于另一国,则构成一项国际法上有效的证据。而一国官方地图将一片争议土地划归于自己一方,则不足以构成有效证据,除非此前没有任何一个其他国家将这一土地标绘归属于其自己一方。

---

[1] Arbitral Award 1928, in U. N., R. I. A. A., Vol. Ⅱ, pp. 853-854.
[2] Arbitral Award 1928, in U. N., R. I. A. A., Vol. Ⅱ, p. 852.

克利珀顿岛仲裁案（法国与墨西哥）

（仲裁庭1931年1月28日裁决）

一、争议的产生

克利珀顿岛（Clipperton Island）是一个由珊瑚礁组成的岛屿，直径不足4.8千米。它位于太平洋中北纬10°17′、西经109°13′处，距离墨西哥670海里。[1] 这是一个无人居住并且实际上不适合居住的小岛。据记载，克利珀顿岛于1705年被英国人克利珀顿所发现并以他的名字命名，但当时英国政府并没有就此提出领土主张。数年后，它又被法国的航海者发现，这一次法国提出了非正式的领土主张。

1897年，法国船只在驶临克利珀顿岛时发现岛上升着美国国旗，上岛后发现旧金山大洋磷矿公司3名收集磷肥的人员。同年，11月29日，法国政府要求美国对此作出解释。美国政府否认它曾发放任何许可证，并称美国对克利珀顿岛没有任何领土要求。[2] 在法美就此互换照会时，墨西哥派出一艘炮艇，对克利珀顿岛完成一次登陆，并于1897年12月13日在岛上升起墨西哥国旗。[3]

次年1月8日，法国获悉墨西哥这一行动后，即向墨西哥方面提出抗议。从此，两国进行外交谈判。至1909年3月2日，两国通过外交换文达成仲裁协议。根据仲裁协议，有关争端被提交意大利国王维

---

[1] 克利珀顿岛位置图：https://www.cia.gov/library/publications/the-world-factbook/geos/ip.html。

[2] Affaire de l'île Clipperton (France/Mexique), Sentence Arbitrale du 18 janvier 1931, in United Nations, Reports of International Arbitral Awards（以下简称"Sentence Arbitrale 1931, in U.N., R.I.A.A."）, Vol.II, p.1108.

[3] Sentence Arbitrale 1931, in U.N., R.I.A.A., Vol.II, p.1109.

克多·艾玛努艾尔三世仲裁，以确定克利珀顿岛的主权归属。仲裁裁决于 1931 年 1 月 28 日作出。

二、当事国的主张和论据

法国提出领土主张所依据的事实如下：1858 年 11 月 7 日，法国"阿米拉尔号"商船在驶临克利珀顿岛时，一名法国海军上尉奉法国政府之命在船上草拟一项文件，宣布法国对该岛的主权。在航行中，该上尉准确地记录克利珀顿岛的地理位置，并派部分海员乘小艇成功登上该岛。同月 20 日，又作第二次登陆，但未获得成功。然后，商船很快就驶离这一岛屿，未在岛上留下任何标志物用以说明法国的主权或作为法国主权的象征。海军上尉将这项使命的完成情况通报法国驻美国檀香山的领事馆，法国领事馆通报了美国夏威夷政府。同年 12 月 8 日，法国的主权声明还被登载在夏威夷政府公报上。[1] 此后，直到 1897 年，无论法国还是其他国家对克利珀顿岛都没有更多的行使主权行为，也提不出进一步的依据。克利珀顿岛上无人居住，也不存在任何行政机构。墨西哥认为，在这段时期内，墨西哥一直将这一岛屿视为其国家管辖领域的一部分。但直到临近发生争执的年代，墨西哥方面提不出积极主张主权的记录。而法国方面则认为，法国早在 1858 年就颁发了开采磷矿许可证，尽管这一许可证从未付诸实施。[2]

墨西哥提出的主要论据是，克利珀顿岛远在法国宣布主权以前就属于墨西哥。按照墨西哥方面的观点，克利珀顿岛又称"激情岛"或"美达诺岛"（Ile de la Passion, Ile Médano ou Medanos），是早期西班牙航海者发现的。根据教皇亚历山大六世于 1493 年颁布的敕令[3]，这一岛屿应属于西班牙。从 1836 年起，墨西哥脱离西班牙独立，从而继承了西班牙对克利珀顿岛的权利。[4]

---

[1] Sentence Arbitrale 1931, in U. N., R. I. A. A., Vol. II, p. 1108.
[2] Sentence Arbitrale 1931, in U. N., R. I. A. A., Vol. II, p. 1108.
[3] 指教皇 1493 年颁布的关于在西班牙和葡萄牙之间分割世界的敕令，参见［英］劳特派特修订：《奥本海国际法》（上卷 第二分册），王铁崖、陈体强译，商务印书馆 1981 年版，第 96 页。
[4] Sentence Arbitrale 1931, in U. N., R. I. A. A., Vol. II, p. 1109.

三、裁决书的观点

仲裁人指出，如果墨西哥的论据站得住脚，法国1858年的占领就是非法的。但是，仲裁人否定了墨西哥建立在发现和先占优先权基础上的主张。仲裁人认为，不管这一岛屿原来的名称是什么，不存在任何证据足以证实西班牙首先发现克利珀顿岛，更重要的是也不存在任何事实可以证明，西班牙或墨西哥在1858年前就已实际占领这一岛屿。仲裁人还否定墨西哥提出的一幅地图的证据价值，因为它不具有官方性质，而且绘制的目的性不明确。[1]

仲裁人指出，在1897年那次炮艇巡视克利珀顿岛之前，墨西哥从未有过任何行使主权的行为。[2] 因此，完全有理由承认，克利珀顿岛在1858年法国占领并宣布主权时是无主地（terra nullius），从而是允许通过"占领"取得的。[3] 问题是，法国是否以符合国际法所要求的条件对克利珀顿岛实行了有效占领。实际上，墨西哥认为，法国1858年的占领是无效的，因此直至1898年，这一岛屿仍然是"无主地"，墨西哥有权通过占领取得。

由于只有在法国占领理由不充分这一情况下，才能够推断墨西哥于1897年对克利珀顿岛的占领是合法的，仲裁人针对这一观点说明为什么法国1858年的占领符合国际法关于领土取得的规定，是有效的。[4]

首先，法国1858年的行为明确地宣告对克利珀顿岛拥有领土主权的意向，这一行为的规范性是无可争辩的。根据惯例，除"占领的意图"外，"真正的而不是名义上的占有"是占领的必要条件。占领意味着一国将表现为一项或多项国家行为。通过这些行为，一国将有关土地予以限定和占领，并采取步骤行使排他性的国家权力。严格地讲，在一般情况下，只有当国家在领土上建立一个足以保证其法律被遵守的组织时才实现了排他性管辖权，这是一般的占领程序，但是并不等

---

[1] Sentence Arbitrale 1931, in U. N., R. I. A. A., Vol. II, p. 1109.
[2] Sentence Arbitrale 1931, in U. N., R. I. A. A., Vol. II, p. 1109.
[3] Sentence Arbitrale 1931, in U. N., R. I. A. A., Vol. II, p. 1110.
[4] Sentence Arbitrale 1931, in U. N., R. I. A. A., Vol. II, p. 1109.

于占领本身。在有些情况下，没必要借助于这一程序，例如一片土地完全无人居住。在这种情况下，鉴于这片土地完全无人居住这一事实，从最初起，即从一国在那儿出现起，就绝对地无可争辩地拥有了这片土地。从这时起，占领就已经完成，从而也就应被宣告为已经完成。在这个意义上，法国1858年的占领是充分的，满足国际法的要求。[1]

墨西哥还援引了1885年《柏林会议关于非洲问题的总议定书》（以下简称"柏林会议总议定书"）所规定的占领条件，即占领必须声明才是有效的。[2] 对此，仲裁人指出，这一公约对本案不适用。首先法国的占领发生在公约订立之前，其次该公约仅适用于非洲沿岸土地，最后公约仅适用于缔约国之间的关系，而墨西哥并非这一公约的缔约国。[3] 墨西哥还认为，由于法国没有将其占领一事通告第三国，因此其占领是无效的。仲裁人认为，占领必须向其他国家通告的条件是1885年柏林会议总议定书第34条规定的，根据同样的理由不适用于本案。仲裁人同时指出，法国的占领行为是公开的，法国采取在夏威夷政府公报上发表公告的形式是完全符合当时法律所要求的条件的。[4]

根据上述理由，仲裁人裁定，法国于1858年合法地取得对克利珀顿岛的主权，没有理由推定法国其后由于过失行为（derelictio）而丧失主权，因为法国从未有放弃对克利珀顿岛权利的意思（onimus），也不能因为没有积极地行使其权力的事实而认为法国丧失业已取得的权利。[5]

四、评 论

在本案中，仲裁人在将国际法原理适用于实践的过程中，对两个

---

[1] Sentence Arbitrale 1931, in U. N., R. I. A. A., Vol. Ⅱ, p. 1109.
[2] 1885年2月26日《柏林会议关于非洲问题的总议定书》第六章"关于为使在非洲大陆沿岸地区占据的新领土被认为有效而必须具备的重要条件的共同声明"下第34条规定："今后占据目前在其领地外的非洲大陆沿岸地区某领土的国家，或迄今没有这类领土而即将获得这种领土的国家，以及将要承担保护权的国家，应该向本议定书的签字国呈送与此有关的相应文件及声明，以便使后者在必要时有可能申述自己的要求。"《国际条约集（1872—1916）》，世界知识出版社1986年版，第95—96页。
[3] Sentence Arbitrale 1931, in U. N., R. I. A. A., Vol. Ⅱ, p. 1109.
[4] Sentence Arbitrale 1931, in U. N., R. I. A. A., Vol. Ⅱ, p. 1109.
[5] Sentence Arbitrale 1931, in U. N., R. I. A. A., Vol. Ⅱ, pp. 1110-1111.

重要问题作出了正确的评述:

(一) 国际法上的占领学说

先占在传统国际法上被认为是国家取得领土的方式之一。国际法上的先占是将罗马法上对无主物的占有规则类推适用于国家领土外的无主地而形成。罗马法上的先占指以取得所有权为意思而占有无主物或委弃物的行为。[1] 国际法上的先占指的是,一国对不在他国主权下的土地,通过有效占领,而使之成为其本国领土一部分的行为。先占取得领土必须满足如下条件:(1) 先占的主体必须是国家,即先占应由国家或以国家的名义来进行,私人占有"无主地"不构成先占,除非事先经国家授权或事后获国家批准。(2) 先占的客体必须是无主地或被国家放弃的土地。(3) 主观上要求必须有占有的意思。(4) 客观上要求进行实际有效的占领。[2] 在四个条件中,决定先占是否成立、合法的决定性因素,是被占领土地的法律地位和对客观上有效占领的评价。

在评价一项占领是否构成客观上有效实际的占领问题上,本案裁决发展了国际法上关于先占的学说。莫尔认为,"发现"仅赋予"初步的权利",这种权利必须通过客观上实际占有,即"使用和建立设施"来加以完善。[3] 在本案中提出的问题是如何判断实际有效的占领,特别是在具体情况中,例如本案涉及的无人居住或一时不适合居住的岛屿这一情况,对实际有效占领的要求是否同一般情况下一样,即先占的国家在岛屿上建立起政权组织,并以此来体现实际占领。对此,裁决作出了正确的回答。仲裁人在本案中确认,克利珀顿岛不适合居住,因此,不需要法国建立起行政管辖,仅仅宣告对该岛的主权就足以将该岛有效地置于法国主权之下。由此可见,国际法要求的实际占领必须是在具体情况下适当并且可能的占领,它取决于具体条件,例如土地本身的状况和时代背景、现实可能性等,这是一个事实问题。[4] 从法律观点看,只有考虑具体的历史、地理和法律发展等客观条件和背

---

[1] 周枬、吴文翰、谢邦宇编写:《罗马法》,群众出版社 1985 年版,第 166 页。
[2] 周鲠生:《国际法》(下册),商务印书馆 1983 年版,第 446—448 页。
[3] J. B. Moore, "A Digest of International Law", in *AJIL*, Vol. I, 1907, p. 258.
[4] E. D. Dickinson, "Clipperton Island Arbitration", in *American Journal of International Law*, Vol. 27, 1932, p. 133.

景,对占领的有效性作出具体分析、判断,才能找到一个答案。[1] 从国际法的角度看,根据不同的时间或地点,一个国家对领土管辖有不同的表现方式。一般认为,对于无人居住或很少有人居住及交通不便的争议土地,一方只要提出有关管辖的必要和少量的证据,就足够了,特别是在另一方不能提出更好的证据时,更是如此。

(二)柏林会议总议定书的效力

1885年《柏林会议关于非洲问题的总议定书》是欧洲国家对非洲推行殖民政策的产物。然而,有观点认为,这一议定书所规定的占领条件在国际法上获得了一种普遍意义。这种观点实际上早已为国际法的实践所否定,本案就是一个实例。《柏林会议关于非洲问题的总议定书》规定的有效占领原则及其条件包括通知其他缔约国的义务,本裁决明确指出,这些规定仅适用于缔约国之间和非洲沿海岸的土地,对于非缔约国之间和非洲以外的地域范围不具有普遍意义,而且对于非洲的效力本身也早已被1919年9月10日《圣日耳曼条约》所废除。[2]

---

[1] 端木正主编:《国际法》,北京大学出版社1989年版,第130—131页。
[2] 《协约及参战各国对奥地利和约》,1919年9月10日签订于圣日耳曼,又称《圣日耳曼条约》。《国际条约集(1917—1923)》,世界知识出版社1961年版,第373页。

东格陵兰案（丹麦与挪威）

（常设国际法院1933年4月5日判决）

一、争议的产生

格陵兰岛（Greenland）位于北纬59°46′至83°39′、西经10°33′至73°，面积约220万平方千米，其中六分之五为内陆冰区所覆盖，只有沿岸狭长地带未被终年不化的冰雪封闭。[1] 格陵兰直至19世纪末才被确认是一个与大陆分离的岛屿。格陵兰岛属于极地气候，穿越内陆冰区非常困难，部分海岸特别是东海岸由于受北极寒流、暴风雪和恶劣气候的影响，一年中有数月为冰雪所封闭，也难以穿越。

在格陵兰于公元900年被发现后，丹麦和挪威的公民和探险队在不同时期都对该岛进行过考察和开发。长期以来，两国对格陵兰岛的主权存在着争议。1931年7月10日，挪威颁布法令，宣布对北纬71°30′至北纬75°40′之间的格陵兰东部土地拥有主权。丹麦认为，该地区长期以来在丹麦的主权下，不是"无主地"。为此，丹麦于1931年7月11日在海牙常设国际法院对挪威提起诉讼，要求法院宣布挪威的占领是非法和无效的，同时要求法院采取诉讼保全措施。常设国际法院于1933年4月5日作出判决。

二、当事国的主张和依据

丹麦认为，挪威1931年7月10日对格陵兰的占领是无效的。格陵兰是丹麦的组成部分，在挪威占领格陵兰时，丹麦对格陵兰的主权

---

[1] 格陵兰岛位置图：https://geology.com/world/map-of-greenland.jpg。

业已存在，格陵兰不是"无主地"，因此，不能由任何其他国家通过占领取得对格陵兰的领土主权。首先，丹麦使用了帕尔马斯案仲裁裁决中的措辞，称丹麦的权利是建立在长期以来对整个格陵兰提出主权并行使实际管辖的基础上的，这一管辖体现为"国家权力在岛上的和平和持续的展示"，直至发生争议时，未遭到任何其他国家的异议。其次，挪威本身通过条约和其他方式已承认丹麦对整个格陵兰拥有主权，因此不能再就此提出异议。[1]

挪威则认为，丹麦对挪威于1931年7月10日占领的格陵兰区域不享有主权，在挪威占领时，该区域是"无主地"。挪威的论点是，挪威所占领的区域位于丹麦在格陵兰的殖民地以外，丹麦的主权并没有扩展到其在格陵兰的殖民地界限以外。[2] 根据这一观点，确定格陵兰岛的归属应考虑到丹麦现在享有过去丹麦和挪威享有的对格陵兰的全部权利，考虑这些权利的存在及其范围，以及自1814年以来丹麦的主权要求。

三、判决书的观点

常设国际法院认为，在评论当事国各方提出的主张和论据之前，应首先阐明如下几点：（1）任何主权要求，除非以某个特定行为或者诸如割让条约的权利为依据，否则只能建立在持续的权力展示的基础上。这包括两个要素：一是作为主权者行动的意图；二是这种国家权力的实际行使或展示。（2）任何法庭在审理对特定地区的主权主张时，需要予以考虑的另一个情况是其他国家是否提出了主权要求。在大多数提交国际法庭的涉及领土主权的案件中，一般总有两个以上互相对抗、互相竞争的主权要求。因此，法庭的任务是确定其中某一国的主权要求较之其他有更为充足的依据。（3）法院认为，对本案具有决定意义的日期是1931年7月10日，即挪威宣布占领之日。即使丹麦早期行使主权的依据不足，但只要能证明丹麦在"关键日期"已拥有主

---

[1] Permanent Court of International Justice, Legal Status of Eastern Greenland, Judgment of 5 April 1933, in Permanent Court of International Justice, Serie A/B, No. 53（以下简称"Judgment 1933, in P. C. I. J., Serie A/B, No. 53"）, p. 44.

[2] Judgment 1933, in P. C. I. J., Serie A/B, No. 53, p. 44.

权,就不能否认丹麦对格陵兰的权利主张的有效性。(4)根据国际先例,在争端他方不能提出更为充分的权利要求的情况下,法庭在实际行使权利的问题上要求不必严格,在涉及人口稀少或无人居住的土地的领土主权时更是如此。

(一)格陵兰的早期历史

随后,法院开始审理当事国提出的证据。法院首先讨论了丹麦和挪威以及格陵兰的历史。法院指出,格陵兰是在公元900年被发现的,一个世纪后开始有殖民,当时在格陵兰西岸南端有两个定居点,即东比格德(Eystribygd)和西比格德(Vestribygd),它们曾一度组成独立国家,至13世纪为挪威国王所控制。至1500年,由于严寒气候和爱斯基摩人的袭击,两个定居点消失了。1380年,挪威和丹麦在同一王冠下组成联合王国,这一联合直至1841年。法院提出,没有任何证据可以表明,在这段时间内格陵兰不为挪威所占有。法院提出:"挪威定居点的消失并没有终止国王对格陵兰的主权要求"[1],因为无论挪威或丹麦国王从未表示"放弃主权";"尽管在定居点消失后的两个世纪中与格陵兰没有来往……但国王权力的传统仍然存在,而且在17世纪初国王及其人民又重新对格陵兰产生兴趣"[2]。据此,法院认为,在13世纪和14世纪,挪威国王对格陵兰的主权权利并没有消失,而且也不限于那两个定居地。

在17世纪,挪威与格陵兰有一定的接触,如捕鲸队定期来往于环绕格陵兰岛的水域,特别是其东海岸,当时的地图也标明了格陵兰(包括东海岸)的地形概貌,但挪威在格陵兰没有定居点。[3] 法院认为,在这一时期,丹麦和挪威"国王的主权要求显然仅相当于虚拟,因为其与该地无持久的接触,也没有行使国家权力。但由于其主权要求是无争议的,其他国家也未提出领土主权要求,在不存在对抗性主权要求的情况下,国王对格陵兰的主权要求依然存在"。

从18世纪起,丹麦和挪威与格陵兰的接触重新建立起来。1721年,挪威牧师汉斯·艾格德设立"格陵兰公司",在格陵兰从事传教

---

[1] Judgment 1933, in P. C. I. J., Serie A/B, No. 53, p. 27.
[2] Judgment 1933, in P. C. I. J., Serie A/B, No. 53, p. 28.
[3] Judgment 1933, in P. C. I. J., Serie A/B, No. 53, p. 28.

活动并建立了一个定居点。从此,其他定居点也相继建立。[1] 丹麦和挪威国王于1734年授予耶考布·塞弗林租让权,于1751年授予哥本哈根"总贸易公司"租让权。1740年、1751年、1758年和1776年的丹麦和挪威刑事法令及1781年条例都提及管制和垄断贸易权利。[2] 据此,法院认为,18世纪至1841年立法和行政行为所涉及的土地疆界远远超越格陵兰西岸实际居住的地区,并且由于"不存在其他国家的主权要求,以及该地区荒无人烟、部分在北极圈内和难以接近等情况,丹麦和挪威国王自1721年在艾格德建立殖民地至1841年这一段时期内,展示了足可以使其拥有有效主权主张的国家权力,而且其对格陵兰的权利不限于已殖民的那一部分"[3]。

(二)格陵兰的近代历史

根据1814年1月14日《基尔条约》第4条,丹麦国王将挪威割让给瑞典王国,但规定此项割让不包括格陵兰、法罗群岛和冰岛。[4] 从19世纪至20世纪初,格陵兰岛的海岸被完全开发,其中有两个重要日期:一是苏格兰人斯科尔斯比于1822年第一次登上格陵兰岛,二是美国人佩里于1900年确认格陵兰是一个岛屿。

法院回顾了丹麦和挪威在格陵兰先前的实践后,接着审理丹麦从1814年至1915年在格陵兰的行动。自19世纪起,丹麦对格陵兰岛的整个东岸进行了探测,也有一些其他国家的探险队进行了探测。1863年,丹麦授予英国人泰勒一项租让权,允许他"在丹麦王国的主权下"在格陵兰岛东岸设立贸易点。1854年至1886年,丹麦政府还受理了其他关于铺设电报线和矿产资源开发的租让权申请。[5] 1894年,丹麦在格陵兰岛东岸北纬65°36′处建立第一个定居点"安格马萨里克"(Angmassalik),并通告瑞典、挪威及其他国家。1878年,丹麦政府成立格陵兰自然人文研究委员会,该委员会出版了长篇研究成果。此后,丹麦一系列法令扩大殖民区的范围。法院认为,在这一时期,丹麦的

---

[1] Judgment 1933, in P. C. I. J., Serie A/B, No. 53, p. 28.
[2] Judgment 1933, in P. C. I. J., Serie A/B, No. 53, p. 29.
[3] Judgment 1933, in P. C. I. J., Serie A/B, No. 53, pp. 33-34.
[4] Judgment 1933, in P. C. I. J., Serie A/B, No. 53, p. 30.
[5] Judgment 1933, in P. C. I. J., Serie A/B, No. 53, pp. 31-32.

权利主张是有效的。

20世纪，丹麦政府采取了更多的措施。1905年3月8日，丹麦政府声明："丹麦在格陵兰西岸的殖民地由北纬60°扩展至北纬74°30′。"此项声明通告了挪威外交部部长。同年，丹麦内务部还颁布法令，确定了格陵兰周围3海里的领水范围。1908年，丹麦颁布关于格陵兰行政区划的法令，将西岸殖民地划分为南北两个区域。1909年，丹麦先后在格陵兰岛西北的约克角建立传教点和贸易点。1921年5月10日，丹麦政府颁布法令，宣布由于丹麦已在格陵兰东岸和西岸设立贸易点、传教点和捕猎点，"今后整个地区已被置于丹麦的格陵兰行政管辖下"[1]。

1915年至1921年，丹麦先后向许多国家发出照会，请求这些国家承认丹麦对格陵兰拥有主权，其中包括向挪威发出照会[2]。法院拒绝接受挪威关于丹麦这一行为实际是承认其对格陵兰非殖民部分的土地不具有主权的抗辩。此后，丹麦政府在缔结双边贸易条约或者加入有关经济问题的多边公约的实践中，一直谋求在约文中写入条约不适用于格陵兰的规定。1925年，丹麦通过一项有关在格陵兰捕鱼、打猎的立法，同年又颁布法律划分格陵兰各省的区划。法院认为："这些行为以及由丹麦政府支持的丹麦打猎队活动，经政府授权和鼓励的地图测绘和科学考察队活动……由海军军官指挥的国营船只巡逻……丹麦当局根据1930年条例对访问东格陵兰的人员发放通行证……足以证明……行使主权的意图和意志以及国家活动的表现。"[3]

（三）法院的结论

法院的结论是，丹麦在这一时期视自己为整个格陵兰的主权者并展示和行使了其主权权利，即满足了有关领土取得的两项必要条件：主观上行使主权的意图和客观上展示了主权。[4]

作为这个结论独立的依据还包括：（1）1915年至1921年，丹麦曾照会美、挪、法、意、日、英等国，谋求对其拥有格陵兰主权的国际

---

[1] Judgment 1933, in P. C. I. J., Serie A/B, No. 53, p. 33.
[2] Judgment 1933, in P. C. I. J., Serie A/B, No. 53, pp. 36-37.
[3] Judgment 1933, in P. C. I. J., Serie A/B, No. 53, p. 45.
[4] Judgment 1933, in P. C. I. J., Serie A/B, No. 53, pp. 62-63.

承认，在有的照会中提及"主权范围扩及格陵兰未殖民的部分"。法院认为，丹麦谋求的是"对其现存主权的承认，而不是对新的主权取得的同意"。挪威作为各种有关格陵兰归属问题的双边或多边协定的缔约国，被阻止对丹麦的权利要求提出反对[1]。（2）1917年7月22日，挪威外长伊仁在就丹麦的主权要求发表口头声明中称，挪威政府对丹麦谋求各国承认其对格陵兰拥有主权这一点"将不制造困难"。法院认为，鉴于挪威政府在曾给予丹麦政府明示的谅解中已承诺，不对丹麦主张对整个格陵兰拥有主权一事予以非难，挪威有义务不对丹麦对整个格陵兰的主权提出争议，更不得占领格陵兰的一部分。[2]

法院确认，即使不考虑1921年以前的时期，而仅仅考虑1921年至1931年7月10日这一时期，法院得出的结论依然是丹麦主观上将自己看作对整个格陵兰岛拥有主权，并且至1931年7月10日这一关键日期止，在足够的程度上展示了自己的主权，因此拥有有效的权利依据。

（四）判决执行部分

最终，法院以12票赞成对2票反对判定，整个格陵兰岛完全归属于丹麦，挪威政府1931年7月10日占领格陵兰的声明是非法和无效的。[3]

安齐洛蒂和沃格特两位法官对本案判决表示了反对意见。舒金和王宠惠两位法官表示了个别意见。

四、评　论

东格陵兰案是一起重要的岛屿领土争议案，法院在审理过程中，本着尊重历史的态度，客观评价发生在不同时期的历史事件对明确主权归属的作用。同其他岛屿领土争议案例比较，本案具有如下特点：

一是格陵兰岛历史上曾一度归属于挪威，但是自丹麦与挪威组成

---

[1] Judgment 1933, in P. C. I. J., Serie A/B, No. 53, pp. 64-67.
[2] Judgment 1933, in P. C. I. J., Serie A/B, No. 53, pp. 37, 69-73.
[3] Judgment 1933, in P. C. I. J., Serie A/B, No. 53, p. 75.

联合王国起，丹麦始终积极地维护其对格陵兰岛的主权，特别是进入近代两个王国分离以后，丹麦通过国内法并在国际关系中一直进行着积极的努力。一方面通过立法、行政等措施加强对格陵兰岛的实际管辖，另一方面在国际上积极地争取其他国家的承认。在发生争议后，丹麦更是采取了积极的行动，阻止非法侵占的继续。

二是国际法对实际占有的要求是根据具体情况而有所区别的。在克利珀顿岛案中，仲裁人确认，由于克利珀顿岛不适宜居住，不需要法国在岛上建立起行政管辖，法国一名海军军官于1885年宣布法国主权的行为就足以将该岛有效地置于法国主权之下。[1] 在本案中，常设国际法院发展了这一理论。法院明确指出，丹麦对格陵兰岛东岸行使主权的活动，在主观上包含着对整个格陵兰岛行使主权的意图，考虑到格陵兰岛不适宜居住这一事实，丹麦的行动应该被看作对整个格陵兰岛行使主权，满足了有关领土取得的两项必要条件：主观上行使主权的意图和客观上展示了主权。这一观察问题的角度和方法可适用于中国南沙群岛。为此，应结合中国政府历来发表的对南沙群岛主权声明，及中国台湾当局作为中国主权下的地方行政当局长期驻守南沙群岛的主岛——太平岛这一事实，从主观上行使主权的意图和客观上展示主权的事实这一角度来认识这些事实的法律意义。特别说明，在一些周边邻国提出领土要求之初，即争议产生的关键日期，中国已对南沙群岛拥有无可争辩的主权。

三是常设国际法院首次确认"禁止反言"（estopel）作为一般法律原则在国际关系中的效力。默认、承认是国家在国际关系中一种单方面的行为方式。根据国际法，国家承认是能够在国际关系中产生法律义务的。禁止反言是国家默认、承认行为在国际法上承担的法律义务的后果。默认、承认虽然不是领土取得方式，但是在解决领土争议中起着非常重要的作用。在一项特定的领土争议中，如果当事国一方曾经在某一时间默认或承认当事国另一方对争议土地拥有领土主权，这种承认或默认在国际法上就产生一定的效果，即当事国一方不得否定另一方对争议土地享有领土主权，并要在国际法上承担尊重他方权利的义务。这一法律规则称为"禁止反言"，即禁止言行不一，前后矛

---

[1] 参见本书"克里珀顿岛仲裁案（法国与墨西哥）"。

盾，以至于损害他国的权利。[1]

关于禁止反言，李浩培教授认为："一般国际法上禁止反言原则的要旨是：一个国家，基于善意和公正的要求，对于任何一个具体的事实情况或法律情况，应当采取前后一致的立场，以免其他国家由于它的前后不一致的立场而遭受损害。所以，如果一个国家对于某一具体问题已作出一个表示或行动，并且其他国家因信赖其表示或行动而对该国承担义务或予以权利或利益时，该国即不得采取与其以前的表示或行动相反的法律立场。对于这种以前的表示或行动相反的法律立场，其他国家可以反对，国际法院和仲裁庭应予以驳斥。"[2] 将禁止反言适用于领土问题，意味着一国若曾承认另一国对特定领土的权利，则不得再予以否认，更不得采取与此相违背的行动。

在本案中，常设国际法院指出，挪威外长伊仁就丹麦主权要求所发表的口头声明称，挪威政府对丹麦谋求各国承认其对格陵兰拥有主权"将不制造困难"，就此，挪威政府已作出承诺，因此对挪威有约束力，挪威"有义务不就丹麦对整个格陵兰的主权提出争议，更不得占领格陵兰的一部分"。常设国际法院肯定"禁止反言"及其效力的立场为以后的国际司法实践所确认，例如在1962年柏威夏寺案和1974年核试验咨询案中，国际法院都再度肯定了禁止反言在国际关系中的法律效力。[3] 应该肯定，禁止反言在解决领土主权争议中具有重要作用。

在南沙群岛主权问题上，越南已在外交上明确承认中国对南沙群岛的主权。1974年以前，越南领导人公开谈话、政府声明、外交照会、报刊、官方出版物和地图，都一致确认南沙群岛是中国领土。1956年6月15日，越南副外长雍文谦向中国驻越南大使临时代办李志民表示："从历史上看，西沙群岛和南沙群岛应当属于中国领土。"当

---

[1] J. P. Jacqué, Eléments pour une théorie de l'acte juridique en droit international public, Paris Librairie Générale de Droit et de Jurisprudence, 1973, p. 70; I. Brownlie, *Principles of Public International Law*, 3rd ed., London, Charendon, pp. 164–165.
[2] 李浩培：《条约法概论》，法律出版社1987年版，第569页。
[3] International Court of Justice, Case Concerning the Temple of Preah Vihear, Judgment of 15 June 1962, in I. C. J., Reports of Judgments, Advisory Opinions and Orders, 1962; Advisory Opinion on the Nuclear Tests, in I. C. J., Reports of Judgments, Advisory Opinions and Orders, 1974.

时在场的越南外交部中国司代司长黎禄也说:"从历史上看,西沙、南沙群岛在宋朝时就属于中国。"[1] 1958年9月4日,中国发表《中华人民共和国政府关于领海的声明》,其中第1项、第2项、第4项明确规定,中华人民共和国享有12海里领海,按照直线基线划定有关领海的规定适用于中国的一切领土,包括南海诸岛及其组成部分的南沙群岛。[2] 同年9月14日,越南政府总理范文同照会中国国务院总理周恩来,郑重表示"承认和赞同"中国这一声明,没有对南沙群岛属于中国领土表示任何不同意见。[3]

鉴于越南已在外交上明确承认中国对南沙群岛的主权,按照为国际法所确认的禁止反言原则,越南政府总理和外交代表作出的确认和承诺是有效的,在国际关系中具有法律约束力。根据国际法,越南有义务尊重中国对南沙群岛的主权。1974年以来,越南违反《联合国宪章》所确认的国际关系基本准则,违反两国在双边声明中多次确认的和平共处五项原则,武力侵占中国南沙群岛的部分岛礁,严重违反了国际法和根据国际关系基本准则应承担的国际义务。

---

[1] 中华人民共和国外交部:《中国对西沙群岛和南沙群岛的主权无可争辩》,1980年1月30日,载中国国际法学会主编:《中国国际法年刊》,中国对外翻译出版公司1982年版,第459—460页。

[2] 《中华人民共和国政府关于领海的声明》规定:"(一)中华人民共和国的领海宽度为十二海里(浬)。这项规定适用于中华人民共和国的一切领土,包括中国大陆及其沿海岛屿,和同大陆及其沿海岛屿隔有公海的台湾及其周围各岛、澎湖列岛、东沙群岛、西沙群岛、中沙群岛、南沙群岛以及其他属于中国的岛屿。(二)中国大陆及其沿海岛屿的领海以连接大陆岸上和沿海岸外缘岛屿上各基点之间的各直线为基线,从基线向外延伸十二海里(浬)的水域是中国的领海……""(四)以上(二)(三)两项规定的原则同样适用于台湾及其周围各岛、澎湖列岛、东沙群岛、西沙群岛、中沙群岛、南沙群岛以及其他属于中国的岛屿。"《中华人民共和国对外关系文件集(1958)》(第5集),世界知识出版社1959年版,第162页。

[3] 中华人民共和国外交部:《中国对西沙群岛和南沙群岛的主权无可争辩》,1980年1月30日,载中国国际法学会主编:《中国国际法年刊》,中国对外翻译出版公司1982年版,第459—460页。

渔业案（英国与挪威）

（国际法院 1951 年 12 月 18 日判决）

一、争议的产生

挪威位于北纬 66°28′08″以北，在北极圈内有漫长的海岸线，其直线长度超过 1500 千米。沿海岸，特别是西部海岸为多山地带，一系列山脉自陆地向海洋延伸，其间断断续续，形成一系列峡湾（fjords）和海湾（bays），由此形成的陆地海岸非常曲折。在陆地海岸外还分布着无数星星点点、大小不同的岛屿和岩礁，其中一些岛屿是被称为"礁堡"（skjaergaard）的一连串群岛。据挪威政府估计，岛屿和岩礁的数量约 112000 个。沿岸许多水域深入陆地，其中波桑格峡湾（Porsanger Fjord）凹入陆地达 75 海里。在由岛屿和岩礁构成的"礁堡"内，几乎每一个岛屿都有自己的海岸和小海湾，有无数个海湾、海峡和水道。在陆地和海洋之间没有明显的自然分界线。[1]

在北极圈内这一土地贫瘠的地区，挪威海岸外浅滩水域的丰富渔业资源成为当地沿海人民的主要生活来源。从久远的时代起，挪威大陆和岛屿上居民就开发利用这一带海域的渔业资源，渔业活动构成他们赖以生存的基础。在过去的世纪中，曾经发生过英国渔民进入这一带海域捕鱼的事件。就此，挪威国王曾向英国国王提出抗议。从 17 世纪起，在约 300 年的时间里，英国渔民一直没有进入挪威沿海一带捕鱼。但是，从 1906 年起，英国装备先进的大马力拖网渔船再一次出现在这一海域，严重影响当地渔民的生计。挪威因此而采取一些旨在划定外国渔船禁渔区范围的措施。1911 年，发生了第一起渔业争议事

---

[1] 挪威地形图：http://www.freeworldmaps.net/europe/norway/norway-map-physical.jpg。

件，两国开始进行渔业谈判。此后，谈判由于各种原因几度中断。英国于1933年7月23日向挪威王国政府递交一份备忘录，指责挪威划定领海的方法不符合国际法。

为保护沿海渔业利益，挪威国王于1935年7月12日颁布敕令，在北纬66°28′08″，即北极圈以北挪威海岸外划定4海里宽的海域，同时构成其领海和专属渔区，并规定以直线基线作为测算领海和专属渔区宽度的起点。挪威有关部分的领海基线由在海岸外岛礁上选定的48个固定点之间的直线连线所构成，其中一些点之间的距离超过10海里，最长的达48海里。挪威以领海基线为基础，向外划出一条4海里宽的平行线，由此构成挪威领海的外部界线。

英国对挪威以直线基线为基础划定领海外部界线方法的合法性提出了异议，双方就此进行谈判。在谈判期间，挪威一度对英国渔船采取比较温和的措施，由于谈判久拖未果，挪威停止这些措施，开始严格执行1935年敕令。渔业纠纷案件增多。挪威于1948年至1949年抓扣了一大批英国拖网渔船并以国内法为依据予以起诉。英国考虑到两国都已接受国际法院的强制管辖，于1949年9月26日在国际法院向挪威提起诉讼程序。国际法院于1951年12月18日作出判决。

二、当事国的主张和依据

英国认为，挪威所使用的划定领海基线的方法不符合国际法。根据英国的观点，划定领海界线的第一项原则是，沿海国应该以低潮线作为领海基线，直线基线方法仅适用于划定海湾的封口线。英国提出10海里宽度领湾的规则，认为直线基线的长度不能超过10海里。英国还提出，即使法院确认1935年挪威国王敕令所确定的划界方法不违反国际法，挪威采用的领海基线也违反了国际法对于基线的要求，其明显偏离了海岸线的一般走向。英国要求国际法院宣布：根据上述规则，北纬66°28′08″以北挪威海岸外水域，不构成挪威的领海，而是公海；1935年挪威国王敕令所确定的划界方法，将应该是公海的水域纳入挪威领海，因此违背国际法；挪威应对1948年9月16日在上述水域所抓扣的英国渔船给予赔偿。[1]

挪威并不否认在划定领海基线上存在着国际法规则，但认为英国提出的规则不适用于挪威。挪威提出划定领海的直线基线方法，并认为这一方法符合国际法。挪威将1935年挪威国王的赦令看作，根据国际法将传统划界方法适用于具体情况，这一赦令所确立的传统体系是国际法在实践中的具体运用。挪威主张，适用国际法应考虑不同的地理事实，划定领海界限应与不同地区的特殊情况相适应。[2]

三、判决的基本观点

国际法院在判决中首先确定争议地区范围和争议问题。法院认为，本案争议地区是挪威沿海水域，其范围包括挪威大陆海岸、沿海岛屿、岩礁及挪威的内水和领海一带水域。[3] 法院指出，挪威实行的4海里领海宽度已为英国所接受，不构成当事国双方之间的争议问题。[4] 当事国双方之间的争议主要是，挪威所使用的划定领海基线方法是否符合国际法。国际法院首先审查英国所提出的划定领海基线方法的适用性，然后审查挪威的基线体系，最后对挪威基线体系是否符合国际法作出判断。

关于英国主张应以低潮线为领海基线的观点，法院认为，对此作出评价应考虑到挪威海岸线的构造情况。一般情况下，低潮线相对于高潮线更多地为各国实践运用于测算领海宽度。这清楚地表明领海附属于陆地领土的性质。法院注意到，当事国双方都同意这种测算领海的标准，但对于具体适用有不同的看法。当事国也同意，在存在低潮高地的情况下，高地的外缘可考虑作为测算领海宽度的基线。因此，法院实际要解决的问题是，作为领海基线的低潮线在本案中是大陆的低潮线还是岛屿（礁堡）的低潮线。法院认为，这一问题的解决取决

---

[1] International Court of Justice, The Anglo-Norwegian Fisheries Case, Judgment of 18 December 1951, in I. C. J., Reports of Judgments, Advisory Opinions and Orders, 1951 (以下简称"I. C. J. Reports 1951"), pp. 120–123.
[2] I. C. J. Reports 1951, p. 126.
[3] I. C. J. Reports 1951, p. 127.
[4] I. C. J. Reports 1951, p. 128.

于地理现实。[1]

法院研究国际上推崇的划定领海外部界限的两种方法。法院拒绝适用"平行线"方法（method of "tracé parallèle"），认为这不适合在极为曲折的海岸线进行划界。法院也拒绝适用"圆弧法"（法文méthode de "courbe tangente"，或英文 method of arcs of circles），因为这种方法在国际法上并不具有强制性。[2] 法院确认，领海带必须沿海岸一般走向划定的原则是构成确定所划定的领海是否有效的一个标准。作为这一原则的运用，一些国家认为必须使用直线基线的方法。这种做法在国际上并没有遭到其他国家原则上反对。因此，法院认为，可在低潮线上选择合适的点作为领海基点，用几何方法来确定低潮线，低潮线同海岸之间可保持适当的距离。[3]

针对英国关于直线基线方法仅适用于划定海湾封口线的观点，法院认为，这种观点不能予以赞同。如果领海带必须沿岛礁外延划定，在这种情况下必须允许使用直线基线方法，那就没有任何有效的理由断定直线基线方法仅适用于海湾，而不能在被海域隔开的岛礁之间使用。法院还讨论了历史性水域概念和所谓10海里宽度领湾的规则。法院认为，虽然10海里规则被一些国家在其国内法和条约或公约中采用，但其他一些国家则采用了不同的领湾宽度规则。因此，10海里规则不能被认为是一项国际法的一般规则。法院指出，虽然一项特定的规则并不一定要经普遍承认，但无论如何，10海里规则不能被援引对抗挪威，因为挪威始终反对任何将此规则适用于挪威海岸的意图。关于直线基线的长度是否可以超过10海里，法院在审查各国的实践后指出，在这方面，国际实践并没有证明有任何一般国际法规则的存在。[4]

鉴此，法院表示不能同意英国关于挪威在基线上要求一种特别制度的说法，其认为这里应将国际法适用于一种特别情况。

由此，法院分析研究了挪威海岸的实际情况及其特点，指出挪威海岸线极为曲折，紧接海岸有一系列岛屿，挪威海岸一带并不像世界

---

[1] I. C. J. Reports 1951, pp. 120–123.
[2] I. C. J. Reports 1951, pp. 128–129.
[3] I. C. J. Reports 1951, pp. 129–130.
[4] I. C. J. Reports 1951, p. 131.

许多地区一样,在陆地和海洋之间存在着明显的自然分界线。挪威的"礁堡"同挪威大陆实际上构成一个整体,其中间的水域构成挪威的内水。从整体上看,真正的海岸线应该是沿陆地领土组成部分包括岛屿外缘划定的一条线。在考虑挪威海岸地理条件的特点后,法院得出的结论是,既然挪威大陆西部为岛礁所环绕,而这些岛礁构成陆地领土整体的一部分,那么挪威真正的海岸在岛屿的外缘,在划定挪威领海的外部界线时,应从岛礁外延缘的低潮线起算。法院确认,1935年挪威国王敕令中规定的划定渔区的方法和以直线基线划定领海外部界线的方法都不违反国际法。[1]

法院确认,划定领海和领海基线属于沿海国的主权,可通过国内法来进行,但是,由于它同时涉及沿海国以外其他国家的利益,其效力则取决于国际法。法院认为:"划定海洋区域总是具有国际性的一面,它不能仅仅取决于沿海国在国内法中所表达的意志。虽然划界本身必然是一项单方面行为,因为只有沿海国有资格这样做,但划界对于其他国家的有效性则取决于国际法。"[2]

法院认为,从国际法的角度看,关于领海固有性质的基本考虑为划界提供了一些准则,这些准则可作为法院作出判决的依据。它们是:(1)领海对陆地领域有密切依附性,是陆地赋予了沿海国拥有其海岸外水域的权利。由此产生的原理是,为保证划界符合实际需要并满足当地的要求,应允许一国有必要的自由,同时基线的划定应不至于大幅度地偏离海岸的一般走向。(2)一定海域同将它们分割的陆地构成之间存在着或多或少密切的联系,选择基线所涉及的真正问题是,如何使位于这些基线以内的海域与陆地领域有足够密切的联系并使其受内水制度的支配。这一规则可适用于海湾,也可适用于像挪威那样不规则的海岸。(3)一个地区特别的经济利益,其实际存在和重要性已为长期使用所证明的,在划界中应予以考虑。法院承认,这一考虑已超出纯粹地理因素的范围,但不能忽视。[3]

根据上述准则,法院审查挪威基线体系是否符合国际法。法院确认,挪威的领海划界制度与其海岸线的地理特征相符合。法院注意到,

---

[1] I. C. J. Reports 1951, p. 132.
[2] I. C. J. Reports 1951, p. 132.
[3] I. C. J. Reports 1951, p. 133.

挪威曾于 1812 年法令（decree）中确定采用直线基线方法划定领海宽度，此后包括法令、政府报告和外交换文一系列法律文件都表明，直线基线方法早已在挪威基线体系中确立，并为长期的国家实践所巩固。[1] 其他国家从未对挪威的实践提出异议，这是一个不容否认的事实。在长达 60 多年的时间中，英国政府本身也予以默认，只是在 1933 年 7 月 27 日的备忘录中才正式提出明确抗议。法院认为，直线基线方法在挪威基线体系中确立是挪威海岸的特殊地理所要求的，在争议产生前，这一方法已为一贯的、长期的实践所巩固，并得到了国际社会的宽容，包括英国本身的默认。这一切确认了挪威划界制度不违背国际法，并且使之能够对抗英国的反对。[2]

就挪威领海基线是否偏离海岸线一般走向问题，法院认为，英国的指责主要涉及挪威在斯韦霍尔塔水道（Svaerholthavet）、洛普水道（Lopphavet）和韦斯特峡湾（Vestfjord）的三段基线。斯韦霍尔塔水道涵盖一个由两个宽广的峡湾所组成的盆地，具有海湾的性质。在洛普水道，基线同海岸之间的差别不足以构成对海岸线一般走向的偏离。此外，挪威还以历史性权利为依据：在 17 世纪挪威曾给予其臣民以在此海域捕鱼和捕鲸的专属特权。由此，法院认为洛普水道完全位于挪威主权的范围内。至于韦斯特峡湾，基线与海岸之间的差别是无足轻重的，完全可以由沿海国自行决定。[3]

鉴于上述理由，法院以 10 票对 2 票作出如下判决：1935 年 7 月 12 日挪威国王法令所采取的划定渔区方法不违反国际法。法院还以 8 票对 4 票裁定，该法令划定的直线基线也不违反国际法。[4]

阿尔瓦雷兹、哈克沃斯和徐谟三名法官在判决书后附加声明和个别意见，麦克耐尔勋爵和里德两名法官表示了不同意见。

四、评　论

本案争议焦点是领海划界方法，特别是一国划定的领海基线在国

---

[1] I. C. J. Reports 1951, pp. 134－135.
[2] I. C. J. Reports 1951, pp. 136－139.
[3] I. C. J. Reports 1951, pp. 141－143.
[4] I. C. J. Reports 1951, p. 143.

际法上的有效性；实际上却涉及当事国双方重大的经济利益，判决结果与几万人的生计有直接的关系[1]。国际法院对本案的判决不仅对当事国两国人民重要，而且对国际法，特别是海洋法的发展更重要。这一判决在国际法历史上占有特殊的重要地位。劳特派特称之为"国际法院判决的带有普遍性案件中最有意义的案件之一"[2]。

这一判决确立了直线基线方法在国际法上的合法性。判决确认，挪威运用连接海岸或沿岸岛屿向外凸出的两点之间连线的直线基线方法划定渔区，"不违背国际法"。同时，判决还确认，挪威将基线以内的水域划入其内水是完全合法的。这一判决考虑了三个因素：（1）地理，在本案中挪威海岸线曲折并且有许多沿海群岛和岛屿，因此使基线不同于陆地海岸的低潮线；（2）历史，挪威自1869年起就采用这一方法来确定领海基线；（3）经济，捕鱼是挪威当地人赖以为生的经济活动。国际法院的判决是建立在挪威海岸的特殊自然地理条件基础上的，但却开创了一个先例，并且在以后的国家实践中发展成为一项条约法的规范。

判决的重要性首先是它的影响。该判决对联合国国际法委员会的工作，对联合国第一次海洋法会议及会议形成的1958年《领海及毗连区公约》，都产生直接影响。这一影响一直持续到第三次联合国海洋法会议上。法院判决所确认的直线基线方法为1958年《领海及毗连区公约》和1982年《联合国海洋法公约》所确认。[3] 国际法院确认直线基线方法不违背国际法，这是从反面对这一方法的肯定，而1958年《领海及毗连区公约》和1982年《联合国海洋法公约》则对此作出正面的表述。在国际法院这一判决的启发下，直线基线方法被类推运用于划定远洋群岛，特别是群岛国的领海基线，由此产生1982年《联合国海洋法公约》所确认的群岛国、群岛水域和群岛基线等国际法新

---

[1] L. Jully, "L'affaire anglo-norvegienne des pecheries devant la Cour Internationale de Justice", in Die Friedenswarte, Vol. 52, No. 1, p. 49.

[2] H. Lauterpacht, *The Development of the International Law by International Court*, London, Stevens & Sons, 1956, p. 33.

[3] 1958年《领海及毗连区公约》第4条，1982年《联合国海洋法公约》第7条。M. Voelckel, "Les lignes de base dans la Convention de Génève sur la mer territoriale", in Annuairefrançais de droit international, 1973, pp. 820–837。

概念。[1]

此外，判决确认挪威4海里领海的合法性也突破了3海里大炮射程这一西方海洋大国确定的传统规则，在国际法上重新激起关于领海宽度的讨论，最终在1982年《联合国海洋法公约》中找到解决办法。1982年《联合国海洋法公约》确认，"每一国家有权确定其领海宽度，直至从按照本公约确定的基线量起不超过12海里的界限止"[2]。

通过1958年《领海及毗连区公约》和1982年《联合国海洋法公约》，直线基线方法在一定程度上被普遍适用于所有具有同挪威相同或类似地理、经济情况的国家，并且伴随着领海最大宽度扩展至12海里，被纳入国家领土范围的海域面积扩大了。此外，由于领海基线同时构成沿海国测算和划定专属经济区和大陆架的基础，在这个意义上，国际法院这一判决所造成的影响更为深远、长久，在相当程度上已深入当代国家立法和外交实践中，并且通过由此形成和确立的法律制度已影响到许多沿海国家人民的生活。

除直线基线方法外，判决还确认了一些重要的法律原则，例如：划定领海基线"不应在任何明显的程度上偏离海岸的一般走向"，同时"基线内的海域必须充分接近陆地领土，使其受内水制度的支配"；如果运用直线基线的效果使原来适用无害通过的水域被纳入内水，则无害通过权扩大适用于这一部分水域[3]；历史性水域（historic waters）等同于内水或构成内水的一部分，其范围可以不考虑海岸的一般走向来确定[4]。此外，国际法院在审理本案过程中，识别并考虑在划界中可以考虑的各种因素，灵活地将国际法准则适用于各种特别情况，为国际法理论与实践的结合提供了一个成功的范例。

---

[1] 1982年《联合国海洋法公约》第46—49条。
[2] 1982年《联合国海洋法公约》第3条。
[3] I. C. J. Reports 1951, p. 131.
[4] I. C. J. Reports 1951, pp. 130, 142.

明基埃群岛和埃克荷斯群岛案（英国与法国）

（国际法院1953年11月17日判决）

一、争议的产生

明基埃群岛（the Minquiers Islands）和埃克荷斯群岛（the Ecrehos Islands）位于英吉利海峡（English Channel）中，在英国的泽西岛（the Island of Jersey）和法国的科唐坦半岛和布列塔尼半岛（Brittany Peninsula）之间，是由小岛和岩礁组成的两组群岛，其中部分岛屿适合人类居住。[1] 埃克荷斯群岛距离泽西岛海岸东北约3.9海里，距离法国海岸6.6海里，岛屿总面积3公顷多，其中最大的岛屿在高潮时露出水面的长度约300米。明基埃群岛距离泽西岛以南9.8海里，距离法国大陆16.2海里，距离法国的乔西群岛（the Chausey Islands）8海里，岛屿总面积约1公顷，其中最大的岛屿不足150米长、30米宽。[2]

两组群岛附近的水域对于英法两国的渔业特别重要，是法国和英国渔民捕捞牡蛎的传统基地。在这个海域还分布着其他一些岛屿，其中有属于英国的泽西岛、根西岛、奥里尼岛、塞尔克岛和属于法国的乔西群岛等。在这一海域存在的主要问题是，英法两国之间的捕鱼权纠纷。为解决泽西岛和诺曼底之间的捕捞牡蛎问题，英国和法国于1839年8月2日签订一项条约，确定各自领海的界线和各自为本国渔民保留的捕鱼权范围。

---

[1] 明基埃群岛和埃克荷斯群岛位置图：https://upload.wikimedia.org/wikipedia/commons/thumb/c/c1/Wyspy_Normandzkie.png/1200px-Wyspy_Normandzkie.png。
[2] International Court of Justice, The Minquiers and Ecrehos Case (France/United Kingdom), Judgment of 17 November 1953, in International Court of Justice, Reports, Advisory Opinions and Orders, 1953（以下简称"I. C. J. Reports 1953"），p. 53.

在第二次世界大战之前，英法两国政府未就两群岛的领土主权问题交换过意见。在大战中，泽西岛曾一度被德国占领，岛上的渔民被禁止前往明基埃群岛，相反，法国渔民则没有被禁止继续前往。这一情况使战后英法两国产生分歧，导致两国政府对两组群岛的主权问题发生争议。

1950年12月29日，两国达成一项特别协议，决定将争议提交国际法院解决。根据特别协议第1条规定，两国要求国际法院判定"对明基埃群岛和埃克荷斯群岛岛屿和岩礁的主权，以其可以被占有的程度为限，应当归属于法兰西共和国或英国"[1]。

两国于1951年1月30日还签订了一项关于在明基埃群岛和埃克荷斯群岛水域捕鱼权的协定。该协定的效力部分取决于法院的判决，因为该协定规定，发放捕鱼许可证的权力应保留给由法院判决所确认对两组群岛拥有主权的国家。

国际法院于1953年11月17日作出判决。

二、当事国的主张和依据

在本案中，英国和法国都不是把自己的主张建立在对无主地的先占依据上的，两国都提出了各自对两组群岛的历史主权和实际管辖的证据。

英国提出的主要论据是：（1）历史权利（或古时权利）。英国认为，它自1066年诺曼底大公威廉征服英格兰起就拥有对两组群岛的主权。英国和诺曼底大公国联合王国的领域包括了海峡群岛（the Channel Islands），这一联合一直持续至1204年法国菲利普国王征服诺曼底（Normandy）。但是，法国国王征服岛屿的努力遭到了失败。由此，海峡群岛包括明基埃群岛和埃克荷斯群岛，被保留在英国主权下。这一权利为许多世纪以来一系列条约和实际拥有所确认。（2）英国还将明基埃群岛和埃克荷斯群岛同英国的海峡群岛视为一个整体，英国对海峡群岛的主权及于这些岛屿。（3）英国对明基埃群岛和埃克荷斯群岛的主权也被作为连续行使主权展示的各种国家行为所证实。[2]

---

[1] I. C. J. Reports 1953, p. 49.
[2] I. C. J. Reports 1953, p. 50.

法国则认为：（1）法国对明基埃群岛和埃克荷斯群岛拥有历史权利或原始权利。法国以法国国王与诺曼底大公的封建君臣关系为依据，支持自己的历史主权主张；英国国王是以法国国王的臣属诺曼底大公的名义，领有明基埃群岛和埃克荷斯群岛，法国法院于1204年剥夺了英国国王"无地王"约翰对这些岛屿的领有权。（2）自1204年以后，法国实际拥有这些岛屿，并以英国所引用的同样一些条约为依据说明法国的主权。这一权利为这些岛屿的性质所允许的行使主权行为所确认。（3）法国还主张，1839年条约使此后发生的种种行为不能被援引以对抗法国，因为该条约规定"这些岛屿"被包括在共同渔区范围内。[1]

三、判决书的主要观点

法院认为，本案争议涉及无淡水、无植物、不适合长期居住的两组群岛。对这些岛屿的利用，随着在岛屿水域中捕鱼活动变化而程度有所不同。由于这些岛屿坐落在人类活动频繁的海域，邻近的大陆和其他岛屿从很久前起就已经建立了政治组织，很难说这些岛屿的存在鲜为人知。这一情况与帕尔马斯岛和克利珀顿岛的情况有明显的不同。在本案中，当事双方都援引了历史权利，这可以追溯到很久以前的时代。在那个时代，政治权利和领土的关系不是通过领土主权来体现的，而是通过封建制度来体现的。在封建制度中，由于权力分封，在一个特定空间范围内，可能发生君主和臣属的权力重叠。臣属如未履行义务，其享有领地的权利就可能被君主取消。在本案中，当事双方就明基埃群岛和埃克荷斯群岛在封建法律下的地位作出了长篇解释，都认为自己对这两组群岛拥有一个"历史或原始的权利，并一直保持而且从未失去这一权利"。鉴此，法院认为：本案不涉及对一片无主地的领土主权取得问题，不具有这一类争议的特征。[2] 因此，法院在本案中未适用先占原则。法院一一审查了当事双方提出的各种权利主张，无论是历史权利还是从19世纪以来主权行使，法院认为都应该比较双方主张的相对价值。法院认为，它要审理的领土主张是建立在可以追溯

---

[1] I. C. J. Reports 1953, pp. 50-51.
[2] I. C. J. Reports 1953, p. 53.

到中世纪的历史权利基础上的,这些权利由中世纪到 18 世纪初曾一度中断,在 19 世纪至 20 世纪,这些权利应建立在实际行使主权的基础上。

(一) 封建时代历史权利的意义

法院首先审查了双方的历史依据。明基埃群岛和埃克荷斯群岛在历史上曾一度属于诺曼底公国,而诺曼底公国则是法国国王宗主权下的一个封建领地。1066 年,诺曼底公爵威廉征服英国并成为英国国王。由此,他既是法国国王的臣属又是英国国王。作为诺曼底公爵,他拥有大陆上的诺曼底,海峡中的泽西岛、根西岛,以及明基埃群岛和埃克荷斯群岛等领地;但作为英国国王,他对这些领土无任何权利。而法国国王对明基埃和埃克荷斯两组群岛所具有的只是宗主权,而不是主权。在伊丽莎白·德·安古莱姆被劫持后,法国法院于 1202 年对作为诺曼底公爵的英国国王"无地王"约翰作出一项判决,剥夺他对诺曼底和明基埃群岛以及埃克荷斯群岛的领有权。法国国王菲利普还打败英国国王约翰,占领诺曼底。但是,在这一战役中,法国占领海峡群岛的企图没有成功。[1]

英国认为,自此时起,英国实际控制包括明基埃群岛和埃克荷斯群岛在内的所有海峡群岛,英国对这两组群岛的权利得到确认。法国将其权利建立在 1202 年法国法院的判决上,认为根据此判决,英国自 1202 年起就没有权利继续占有这两组群岛。[2] 法院认为,此判决从未实施,不具有法律效力。法院排除了"这些从中世纪的事件中引申出的间接推定"[3]。

法院还逐一研究了 1217 年兰贝斯条约、1259 年巴黎条约、1360 年加莱条约和 1420 年特鲁瓦条约等文件,认为这些条约没有涉及两组群岛的归属问题,无证据价值。[4] 法院认为,另一些文件是有意义的,例如 1200 年英王把泽西等岛屿分封给皮尔·德·普雷沃男爵的特许状、1203 年德·普雷沃男爵将整个埃克荷斯群岛授予瓦尔-里歇尔

---

[1] I. C. J. Reports 1953, p. 53.
[2] I. C. J. Reports 1953, p. 56.
[3] I. C. J. Reports 1953, p. 57.
[4] I. C. J. Reports 1953, p. 54.

修道院的特许状。[1] 法院同意英国关于海峡群岛在中世纪构成一个有别于诺曼底的实体的推论，但不认为可以据此对两组群岛的主权作出最终的结论，因为对这一问题的最终判断还取决于在这一时期同两组群岛被占有具有直接联系的证据。[2]

法院接着指出，埃克荷斯群岛在13世纪被视为英王的海峡岛屿领地组成部分，在14世纪继续为英王的领地。法院列举了泽西岛的"诺阿蒙特领地法院"17世纪审理的涉及明基埃群岛的沉船案。[3] 法院虽然确认这些事实与两组群岛被占有具有直接联系，但没有说明英王的领地是属于在一个宗主权下的领地还是属于英王完全主权的领土。法院没有接受法国关于13世纪一系列事件及其对领土归属效果的结论，仅仅有保留地接受了一些久远或孤立的事实。实际上，法院拒绝以历史权利为依据作出关于明基埃群岛和埃克荷斯群岛主权的结论。

（二）19世纪至20世纪国家权力的行使

19世纪至20世纪国家权力的行使，是国际法院作出本案判决的根据。法院采取的方法是，审查哪一个国家能证明对岛屿存在"已确立的长期使用"，就接受这一国家对岛屿拥有主权。"已确立的长期使用"，指的是将土地与一个国家联系起来的一系列利益和事实。法院认为："最具有证明价值的是有关地方司法、行政和立法的行为。"[4]

法院引以为据的行为是由泽西当局进行的。泽西当局从属于英国议会，但这一从属是有限的，因为海峡群岛并不被包括在英国的大不列颠群岛之内。"英国国王的主权在海峡群岛仅仅以诺曼底大公的名义而被接受。"

关于埃克荷斯群岛，法院列举了泽西法院1881年至1921年审理的一系列发生在埃克荷斯群岛的刑事案件，泽西当局1859年、1917年和1948年对在埃克荷斯群岛发现的尸体所进行的调查，为税收目的自1820年起对埃克荷斯群岛上居民住房进行的登记，对房地产买卖合同

---

[1] I. C. J. Reports 1953, pp. 55, 60-62.
[2] I. C. J. Reports 1953, p. 55.
[3] I. C. J. Reports 1953, p. 67.
[4] I. C. J. Reports 1953, p. 65.

的登记，设立海关及官员的巡视，等等。[1] 法院还引用了英国财政部1875 年将埃克荷斯群岛归入泽西港范围的法令。[2] 法院指出，相反，法国方面在这一时期的行为所显示的意义最多是将埃克荷斯群岛作为无主地。法国直至 1886 年才向英国外交部第一次提出对埃克荷斯群岛的主权要求。

关于明基埃群岛，英国援引了类似的事实依据。[3] 法院把这些事实看作"行使国家权力"和"一般地方行政管辖"。法国则援引 1831 年其对明基埃群岛的水道测量和 1861 年以来法国方面单独负责管理明基埃群岛的灯塔和浮标等事实。[4] 而法院的评论是，法国的这些行为"不足以证明法国政府以主权者对待这些岛屿的意图"，它们"不具有展示对这些岛屿的国家权力的特征"。[5] 法院指出，只是到了 1888 年，法国才对明基埃群岛提出主权主张。

通过比较双方实际行使管辖的行为，法院判定，虽然在两组群岛上没有常设性的政治机构，但英国对明基埃群岛和埃克荷斯群岛进行了实际管辖，而法国没有足可与之抗衡的事实作为根据。[6]

（三）关于其他依据

在本案中，当事国双方都承认，两国 1839 年 8 月 2 日关于捕鱼权的条约没有解决明基埃群岛和埃克荷斯群岛的主权问题。鉴此，法院排除了条约法规定对本案的适用性。[7]

在本案中，英国方面的法律顾问还提出时效取得作为辅助证据。根据这一观点，假设在 1800 年法国享有领土主权，至签订特别协议日，英国已满足时效取得条件而有效地获得领土主权。法国诉讼代理人同意，英国有可能通过建立在 19 世纪至 20 世纪连续、和平和不间断占有基础上的时效，取得对这些岛屿的主权。他甚至认为，这是英国唯一可以取得对这些岛屿领土主权的方式，因为"在此之前，这些

---

[1] I. C. J. Reports 1953, pp. 65–66.
[2] I. C. J. Reports 1953, p. 66.
[3] I. C. J. Reports 1953, p. 69.
[4] I. C. J. Reports 1953, p. 70.
[5] I. C. J. Reports 1953, p. 71.
[6] I. C. J. Reports 1953, p. 72.
[7] I. C. J. Reports 1953, p. 57.

岛屿是属于法国的"。但是，法国的诉讼代理人否认在本案中英国满足了时效取得所需要的条件。"对资源的利用不构成主权要求。此外，占领还必须是不受干扰的、不间断的和无异议的。"实际上，自1870年以来，法国"从未停止抗议"。实际上，这两种观点都没有被法院所接受，法院没有把判决建立在时效理论基础上。[1]

（四）结　论

法院最终以实际管辖为基础作出了判决。

通过审理，法院得出的结论是：14世纪初，英国国王对埃克荷斯群岛行使管辖，直至18世纪初，这一组群岛继续被看作英国国王所有的海峡群岛领地的一部分。

法院认为，英国成功地证明明基埃群岛直至19世纪被视为泽西的诺阿蒙特公爵领地。法院承认，在19世纪和20世纪的大部分时间，英国对明基埃群岛和埃克荷斯群岛都行使着国家权力。[2] 相反，法院不认为法国提供了有效权利的证明："即使法国国王具有扩展至海峡群岛的原始封建权利，这一权利也由于1204年及以后事件的结果而终止存在。法国国王对海峡群岛的这一原始封建权利现在已不能产生法律效力，除非根据有关时期适用的法律，另一项有效权利已取代了原始封建权利。"[3] 因为，法国所援引的19世纪和20世纪的行为，"不能被看作法国政府以岛屿主权者行动之意图的充分证明，并且这些行为不具有显示对岛屿的国家权力之特点"[4]。

通过所有这些因素的比较，法院作出的判决是，对明基埃群岛和埃克荷斯群岛的主权，以这些岛屿可以被占有的程度为限，属于英国。[5]

在本案中，巴德望和卡内罗两位法官同其他法官一样投票赞成法院的判决，但附加了个别意见。阿尔瓦雷兹法官也投票赞成，但发表声明对当事国双方过于注重中世纪的权利依据，而忽视关于领土主权

---

[1] I. C. J. Reports 1953, p. 72.
[2] I. C. J. Reports 1953, p. 67.
[3] I. C. J. Reports 1953, p. 56.
[4] I. C. J. Reports 1953, p. 72.
[5] I. C. J. Reports 1953, p. 72.

的国际法现在状况表示遗憾。

四、评　论

本案涉及国家领土主权实践的许多法律问题，法院的判决及其重要观点，包括观察和分析问题的角度，对于理解国家与领土之间的法律关系，确定适用于解决领土主权归属的国际法原则和规则，都具有指导意义。此外，本案也为维护领土主权和解决领土争议应注意的实际问题提供了丰富的实例。

（一）历史主权的重要性和局限性

同其他岛屿领土争议案比较，本案的特点之一是当事国双方都没有把对无主地的先占取得作为领土主权的依据，而是将历史主权作为领土主权的主要依据。对此，阿尔瓦雷兹法官曾对当事国双方予以批评。然而，在发生领土主权争议时，历史主权并不是无关紧要的。查明历史主权有助于了解争议的来龙去脉，为公平合理地解决争议建立坚实的基础。从国际法上看，一国如果能够证明已确立对特定土地的历史主权，则可以在争议中具有排除其他国家适用先占取得规则的可能性。正是基于这一认识，英国和法国在本案中都将自己的主要权利依据建立在历史主权基础上。同样的道理，国际法院对当事国双方的历史主权主张也采取严肃的态度，并在判决书中以大量的篇幅进行讨论。

国际法院关于历史主权的结论说明几点：（1）历史主权是在历史发展中渐渐形成的，没有确定的、具体的日期。（2）历史主权的形成和确立往往可以追溯到久远的历史时期，那时领土主权是以另一种形式来体现的，其内容同现代国际法上的国家主权和领土主权相比，有一定的不同，在概念上也更含糊些。（3）仅仅以历史主权为依据是不够的，历史和国际法的发展要求历史主权在近现代国际关系中的继续，必须通过符合现代国家概念的一种新表现形式展示出来。这里必须适用胡伯法官在帕尔马斯岛案中提出的时际法原则[1]，即一个法律事实应按照该事实发生时的法律来评价，而不是按照争端发生或解决时

---

[1] 参见本书"帕尔马斯岛仲裁案（美国与荷兰）"有关评论部分。

的法律来评价。同理,历史主权作为一项旧法律制度下的权利,要在新的法律体系中得以保留,必须符合新法律的要求。

实际上,本案也涉及这一问题。在本案中,法国代理人认为应适用时际法的两项原则。他认为,一项在封建制度下有效的权利,在封建制度消亡后由于符合继之而起的国际关系新法律的要求,因此能够得以保存。他认为1259年条约不具有任何封建性质。英国没有就"时际法"问题发表意见。对这个问题,国际法院作出如下暗示:为审理本案,法院认为无须解决这些历史的争议。法院认为,只要指出,按照法院的看法,即使法国国王具有扩展至海峡群岛的原始封建权利,这一权利也由于1204年及以后事件的结果而终止存在。法国国王对海峡群岛的这一原始封建权利现在已不能产生法律效力,除非根据有关时期适用的法律,另一项有效权利已取代原始封建权利。证明这一权利已被新的权利取代是法国政府的义务。为确立它所主张的原始权利已被对争议岛屿的有效占有所取代,法国政府提供了证明。对此,法院将进一步审理。[1] 在本案中,法院似乎通过审理19世纪、20世纪当事国双方各自国家权力的行使,接受了胡伯法官的思想。

从岛屿领土争议的实践看,当事国援引发生在各个不同时期的历史事件并试图赋予其法律意义的事例是屡见不鲜的,例如:在帕尔马斯岛案中,美国援引西班牙的航海发现作为权利依据;在东格陵兰案和本案中,有关当事国都援引久远的历史事件作为主权依据。"时际法"理论正是针对这种现象创立的,其作用是确定这些事实是否构成法律上有效的依据,同时确定在旧的法律制度下有效的权利能否在新的法律制度下延续。

(二) 现代国家权力概念及其意义

在本案中,法院认为最具有证明价值的,是国家中央和地方当局的司法、行政和立法的行为,这些行为构成现代意义的国家权力实际行使,对解决领土主权争议具有决定性的意义。

现代国家权力具有什么含义?国家权力及其性质是通过一些什么具体行动表现出来的?在众多、纷杂的人类活动中,如何识别和勘定

---

[1] I. C. J. Reports 1953, p. 56.

国家权力？对于这些问题，国际法院在本案中列举了丰富的实例，一一予以说明。

除上述已确认的活动外，国际法院还确认，如下事实具有法律意义，对法院的最终判决也起到了一定的作用，其中重要的是在19世纪法国政府本身的立场：(1) 19世纪初，英法曾就科唐坦沿海捕鱼问题进行外交谈判。1819年9月14日，法国海军部部长致函外交部部长，其中将明基埃群岛视为"英国所有"。[1] 法国于1820年6月12日照会英国外交部，其中附有两幅法国海军部致法国外交部的地图。在地图上，一条蓝线标绘法国海岸和乔西岛周围属于法国领水的界线，另一条红线标绘泽西等岛屿周围属于英国领水的界线，在埃克荷斯岛周围未标绘领水的界线，但埃克荷斯群岛一部分被标绘在属于英国的红线范围内，另一部分"似乎被看作无主地"。[2] (2) 1869年11月12日，英国驻法国大使在致法国外交部部长的照会中抗议法国渔民在明基埃群岛所进行的盗窃事件，并称明基埃群岛是"海峡群岛的附属岛屿"。法国外长在1870年3月11日复照中拒绝英国对法国渔民的指控，但没有注意对明基埃群岛是"海峡群岛附属岛屿"的说法表示异议。[3] (3) 1876年，当法国抗议英国1875年关于宣布泽西为海峡群岛海港的法令时，法国本身并没有提出主权要求，相反却继续把埃克荷斯群岛视为"无主地"。[4] (4) 1884年3月26日，法国外交部致法国海军部的信件中称，英国政府没有放弃其对埃克荷斯群岛的主张并建议禁止法国渔民接近埃克荷斯群岛。[5] (5) 1929年，法国公民根据政府官员颁发的许可证开始在明基埃群岛上建造一房屋。同年，英国提出抗议，要求法国政府劝阻其公民的建筑活动。法国政府未作出反应，但建房活动停止了。[6]

此外，国际法院还说明，当事国所援引的一些事实在法律上不具有证明主权管辖的作用，例如：(1) 1779年，泽西码头、港口当局规定，凡在明基埃群岛营救失事船的船主和船员，均给予补贴。法院认

---

[1] I. C. J. Reports 1953, p. 71.
[2] I. C. J. Reports 1953, pp. 66–67.
[3] I. C. J. Reports 1953, p. 71.
[4] I. C. J. Reports 1953, p. 67.
[5] I. C. J. Reports 1953, pp. 50–51.
[6] I. C. J. Reports 1953, pp. 71–72.

为，这一事实只表明泽西当局关心营救失事船，不能视为对明基埃群岛行使权力的措施。[1] (2) 英国皇家法庭于1811年和1817年作出关于泽西居民在明基埃群岛打捞失事船的判决。法院认为，这些案件属于一般性打捞沉船案件，因为英国不能证明，泽西皇家法庭对打捞案件的管辖范围是仅限于泽西领土的界限，还是可能扩展至这一界限外。[2]

国际法院对上述事例及其性质的分析表明，一个国家在维护领土主权时应始终采取积极的态度，否则可能对自己的主权造成不可弥补的损失。另外，维护主权的行动必须与领土管辖直接有关，由此才能构成领土主权的依据。与领土主权没有直接关系的行使普遍性管辖权行为，不构成领土主权的依据。

（三）关键日期概念的发展

关键日期[3]概念首先由胡伯法官在帕尔马斯岛仲裁案中提出，并在克利珀顿岛仲裁案和东格陵兰案中被运用[4]，其重要性已为解决岛屿领土争议的国际实践所确认。

在本案中，当事国双方对关键日期的认识有不同意见。法国认为，1839年条约将明基埃群岛和埃克荷斯群岛置于两国共同的海域中确定了两组群岛的法律地位，以后发生的占有事实没有法律效力，不能被援引来对抗法国。英国则认为，关键日期是两国决定将此案提交国际法院审理的特别协定签订之日，即1950年12月29日。这不是争端产生的日期，而是当事国双方都已表明立场，即争端"已经结晶化"（cristalization）之时。[5]

关于1839年条约的性质，法院认为："没有必要确定埃克荷斯群岛和明基埃群岛的水域是在第3条建立的共同渔区以内或以外，法院不能接受在该海域的这一条约性共同渔区包含对岛屿领土的共同使用，因为被援引的条款仅涉及捕鱼而未以任何方式涉及对领土的利用。法

---

[1] I. C. J. Reports 1953, pp. 68-69.
[2] I. C. J. Reports 1953, p. 69.
[3] 参见本书"帕尔马斯岛仲裁案（美国与荷兰）"。
[4] 参见本书"克利珀顿岛仲裁案（法国与墨西哥）"和"东格陵兰案（丹麦与挪威）"。
[5] I. C. J. Reports 1953, p. 59.

院不能接受这一条约性共同渔区必然具有阻止当事国双方所援引的、以后发生的涉及岛屿主权展示行为产生效力的作用。"[1]

法院否定了法国对关键日期的认定,并指出:"至1839年条约时,关于明基埃群岛和埃克荷斯群岛主权的争端还没有产生。长期以来,当事国双方在捕捞牡蛎的专属权问题上存在分歧,但是并没有把这一问题与关于明基埃群岛和埃克荷斯群岛的主权问题联系起来。因此,没有理由认为,该条约的缔结对于接受或拒绝涉及主权的证据问题有任何效果。"

法院认为,关于明基埃群岛和埃克荷斯群岛主权的争端,在法国于1886年和1888年分别对明基埃群岛和埃克荷斯群岛提出主权要求之前,还没有产生。这两个日期是争议产生的日期。然而,法院认为,由于本案的特殊情况,法院也将考虑此后事态的自然发展和当事国各方的行为。但是,当事国一方为改善其在主权问题上的法律地位而特意采取的措施应予以排除,不在法院的考虑之内。从许多方面来看,远在争端产生之前,涉及这两组岛屿的活动就在逐渐发展着,在争端产生以来没有中断,并且还以类似的方式继续自然发展。在这种情况下,排除在这一连续发展过程中发生在1886年和1888年以后的事实是不正确的。[2] 由此,法院在关键日期概念中,还接受了英国主张的争端"结晶化"思想。自争议"结晶化"日期起,当事国双方不能提出再创造的新证据。在本案中,由于1839年条约与主权问题无关,法院把法国正式提出主权要求的日期,即1886年和1888年确定为关键日期。同时,法院表示还应该考虑在这两个日期后发生的,但是显示了连续发展过程的事实。法院的这一观点发展了胡伯法官在帕尔马斯岛仲裁案中提出的关键日期概念。

在本案判决启发下,英国的菲茨莫里斯勋爵对关键日期问题进行了研究。他认为,根据每一个领土争议案的具体情况,可将如下日期之一确定为关键日期:(1)争议产生的日期;(2)当事国已明确提出其领土主权主张的日期;(3)争议"结晶化"日期;(4)当事国之一采取积极步骤寻求解决争议的日期;(5)当事国之一将争议提交国际法院或国际仲裁庭审理的日期;(6)当事国各方一致决定将争议提交

---

[1] I. C. J. Reports 1953, p. 58.
[2] I. C. J. Reports 1953, pp. 59-60.

国际法院或国际仲裁庭审理的日期。[1]

菲茨莫里斯勋爵还认为，从国际法关于关键日期的理论和实践发展看，在一项领土争议案中，关键日期只能有一个，以此为限来确定当事国各方所提出的证据的可接受性并确定主权的归属。至于关键日期以后所发生的事件或事实，在确定主权归属过程中可以加以考虑，但不能改变或影响至关键日期止的法律状况，只能作为对至关键日期止已存在的法律状况之补充证明。其中，可以考虑的情况是，在关键日期以后，当事国双方或其中之一并没有人为地试图改变已存在的法律状况，其行为对已存在的法律状况而言，只是一种自然发展（gradual development）。在这种情况下，关键日期以后发生的事件或事实，构成法律状况的"结晶化"，在解决领土争议、确定争议土地归属过程中，应予以考虑。[2]

---

[1] Sir G. Fitzmaurice, "The Law and Procedure of the International Court of Justice, 1951–1954: Points of Substantive Law", Part Ⅱ, in *British Yearbook of International Law*, 1955–1956, pp. 23–24.

[2] Sir G. Fitzmaurice, "The Law and Procedure of the International Court of Justice, 1951–1954: Points of Substantive Law", Part Ⅱ, in *British Yearbook of International Law*, 1955–1956, p. 43.

比格尔海峡划界仲裁案（智利与阿根廷）

（1977 年 4 月 24 日仲裁裁决）

一、争议的产生

本案涉及智利和阿根廷之间的陆地和海洋边界问题，包括对南美洲大陆最南端火地岛（Tierra del Fuego）以南、在比格尔海峡（Beagle Channel）中一些岛屿的主权归属争议。

比格尔海峡是以英国海军"比格尔号"测量船的名字命名的。它位于南美洲最南端，合恩角（Cape Horn）以北约 70 海里处。比格尔海峡是一条狭窄的海上通道，平均宽度为 3 海里至 3.5 海里。根据不同标准来计算，比格尔海峡的长度为 120 海里至 150 海里不等。比格尔海峡连接太平洋和大西洋，它从西端点起至哥尔顿岛（Gordon Island）一段分成南、北两个水道，并向东至哥尔顿岛东端的分水点汇合为一个水道，然后呈稍稍弯曲的弓形向东至距离皮克顿岛（Picton Island）4 海里的一点，又分为南、北两个水道。[1] 在皮克顿岛以东和东南方向，由于存在着努埃瓦岛（Nueva Island）和伦诺克斯岛（Lennox Island），比格尔海峡南、北两条水道实际上有 3 个口可通往大西洋。[2]

智利和阿根廷 1881 年边界条约规定："在火地岛将划出一条线，此线自圣灵角，即南纬 52°40′的一点起，沿格林尼治西经 68°34′子午

---

[1] Arbitration Court, Decision on the Controversy Concerning the Beagle Channel Region（以下简称"Decision 1977"），para. 4, in Republic of Chile, Controversy Concerning the Beagle Channel Region-Award, Bilingual Edition with Additional Notes and Documents, 1977.

[2] 比格尔海峡、皮克顿岛、努埃瓦岛和伦诺克斯岛位置图：https：//upload.wikimedia.org/wikipedia/commons/f/ff/Picton_ Lennox_ and_ Nueva.png。

线向南延伸直至比格尔海峡。如此划分火地岛，西侧属智利，东侧属阿根廷。至于岛屿，属于阿根廷的为埃斯塔多斯岛及其附近小岛，火地岛以东和巴塔哥尼亚（Patagonia）东海岸的大西洋中其他岛屿；属于智利的为比格尔海峡以南直至合恩角的所有岛屿及火地岛以西的岛屿。"[1] 根据这一规定，比格尔海峡构成智利和阿根廷两国在火地岛以南的边界线。但是，由于比格尔海峡在西端点附近有几条水道，边界线的具体位置应该在哪一条水道上？换言之，哪一条水道才是条约所指构成边界的比格尔海峡？

对于这一条款的解释，智利和阿根廷两国从 20 世纪初就产生了争议。自此，两国政府进行长期的谈判并相互递交一系列外交照会。为寻求这一争议的法律解决，双方签订了 3 个协定。1915 年第一个协定确认，1902 年 5 月 28 日圣地亚哥《普遍仲裁条约》关于解决争端的条款授予英国政府以仲裁人的职能，即由独立的仲裁庭作出决定并由英国君主批准。根据 1938 年第二个协定，美国司法部部长库明斯被选为仲裁人。在 1960 年第三个协定中，双方同意将争议提交国际法院解决。但是，由于种种原因，这 3 个协定都没有得到批准。为寻求争议解决，智利方面援引曾在解决两国另一项边界争议的案件中起过作用的 1902 年《普遍仲裁条约》，于 1967 年 12 月 11 日请求英国政府作为仲裁人进行干预。起初，阿根廷方面持否定态度。后来，阿根廷和智利作为当事国双方，于 1971 年 7 月 22 日同英国达成一项《仲裁协定》，由此起动仲裁程序。

此前，英国曾两度在智利和阿根廷的争议中充当仲裁人，一次是 1898—1903 年，一次是 1965—1967 年，此次是第三次。同前两次相比较，此次有一些主要的差别：第一，前两次仲裁庭完全由英国人组成，此次在 5 名成员中只有 1 名英国人。第二，前两次仲裁庭成员完全由英国任命而不征求当事国双方的意见，此次任命的 5 名仲裁庭成员是由智利和阿根廷事先征得国际法院的同意，在国际法院法官中选择的。第三，1903 年和 1967 年的仲裁裁决由仲裁庭作出，但仲裁人可任意修改。此次安排却不同：仲裁庭作出决定，并且包括在海图上标绘一条

---

[1] Republic of Chile, Controversy Concerning the Beagle Channel Region-Award, Bilingual Edition with Additional Notes and Documents, 1977（以下简称"Republic of Chile, White Papers, 1977"），pp. 67-68.

边界线,而英国政府作为仲裁人有权同意或否决这一决定,但无权对此进行修改;一旦同意仲裁庭的决定,根据1902年《普遍仲裁条约》,这一决定就成为仲裁裁决。

在本案审理过程中,当事国双方都向仲裁庭递交了各自的诉状和反诉状,双方还邀请仲裁庭全体成员考察了争议地区。仲裁庭于1977年2月18日以全体一致作出决定。1977年4月24日,英国女王伊丽莎白二世以英国政府的名义发表声明,批准了仲裁庭的决定并宣布:根据1902年条约,它构成仲裁裁决。仲裁裁决于1977年5月2日被送交智利和阿根廷两国驻伦敦大使馆。

二、当事国的主张和观点

在《仲裁协定》中,阿根廷的诉讼请求侧重于海洋边界,其表述如下:"阿根廷请求仲裁人确定,自西经68°36′38.5″起,在本条第4款所规定的地区,阿根廷共和国和智利共和国各自海洋管辖权的边界线是哪一条,并由此宣布皮克顿岛、努埃瓦岛和伦诺克斯岛及其邻近的岛屿属于阿根廷共和国。"[1]

智利的诉讼请求则更侧重于对皮克顿岛、努埃瓦岛和伦诺克斯岛等岛屿的主权,具体表述为:"智利共和国请求仲裁人,在当事国双方就本条第4款所指的地区范围内,对智利于1967年12月11日致英吉利王国政府和阿根廷共和国政府的照会中所述问题作出决定,并宣布皮克顿岛、努埃瓦岛和伦诺克斯岛,及其邻近岛屿和全部陆地表面在本条第4款所述地区内的其他岛屿属于智利共和国。"[2]

当事国双方的争议主要起源于对1881年边界条约的解释。1881年边界条约对两国在上述四个地区的边界作出了规定。条约关于边界线走向和领土归属的条款如下[3]:

> 第1条 智利和阿根廷共和国之间的边界自北向南由安第斯山脉的科迪勒拉山所构成,直至南纬52°线。在这一范围

---

[1] 《仲裁协定》第1条第1款。Republic of Chile, White Papers, 1977, p. 26.
[2] 《仲裁协定》第1条第2款。Republic of Chile, White Papers, 1977, p. 26.
[3] Republic of Chile, White Papers, 1977, pp. 66-68.

内，边界线沿构成分水的科迪勒拉山最高山脊而行，从流向两侧（溪水的）的源头之间通过。

第2条 在大陆的南部和麦哲伦海峡的北面，两国之间的边界线是一条自顿格内斯点起沿陆地一直延伸至第内罗山；自此点起，它继续向西，沿此地存在的海拔最高的丘陵山脊，直至抵达爱蒙山的顶峰。自此点起，边界线向上延伸，直至南纬52°线同西经70°线相交点，自此沿南纬52°线向西行，直至同安第斯山脉的分水岭相交处。此线以北的领土属于阿根廷，向此线以南延伸的领土属于智利，但这不损害第3条关于火地岛及其邻近岛屿的规定。

第3条 在火地岛将划出一条线，此线自圣灵角，即南纬52°40′的一点起，沿格林尼治西经68°34′子午线向南延伸直至比格尔海峡。火地岛如此划分，西侧属智利，东侧属阿根廷。至于岛屿，属于阿根廷的为埃斯塔多斯岛及其附近小岛，火地岛以东和巴塔哥尼亚东海岸的大西洋中其他岛屿；属于智利的为比格尔海峡以南直至合恩角的所有岛屿及火地岛以西的岛屿。

在上述条款中，第1条是划界的规定，没有确定领土归属，而第2条、第3条则包含确定领土归属的内容。同本案争议直接有关的是，第2条关于边界线以南领土属于智利和不损害条款的规定及第3条后半部分关于其他岛屿归属的规定。

（一）关于大洋原则

阿根廷认为应根据1881年边界条约所确定的解决领土问题一般原则对上述条款作出解释。1881年边界条约在第1条和第2条中确立了大洋原则（oceanic principle），即太平洋海岸归属于智利，大西洋海岸归属于阿根廷。这是双方达成的解决边界问题的一般原则，也适用于解决岛屿的领土归属。根据这一原则，边界条约第3条规定，"火地岛以东和巴塔哥尼亚东海岸的大西洋中其他岛屿"归属于阿根廷。凡海岸向着大西洋或在大西洋中的岛屿都应归属于阿根廷。由于合恩角是太平洋和大西洋的分界点，因此，在火地岛以南直至合恩角，凡陆地表面大部分位于合恩角的经度线以西的岛屿都是在大西洋中的岛屿，应归属于阿根廷，只有这样才能满足1881年边界条约关于大西洋中的岛屿归属于阿根廷的规定。否则，除埃斯塔多斯岛及其附近的小岛外，就没有大西洋中的岛屿归属于阿根廷，这不符合1881年边界条约的规定。[1]

智利则认为，大洋原则是两国在1881年边界条约中确定大陆领土归属的原则，根本不适用于海洋中的岛屿。关于岛屿归属，条约有明确规定，火地岛以东的岛屿归属于阿根廷，火地岛以南的岛屿归属于智利，争议的3个岛屿不是在火地岛以东，而是在火地岛以南，因此应归属于智利。针对阿根廷关于以合恩角经度线划分海洋岛屿的观点，智利的看法是，1881年边界条约规定的南北垂直的边界线至比格尔海峡结束，以下是东西横向的边界线和关于岛屿归属的条款，其中并没有规定一条以合恩角经度线确定岛屿归属的垂直边界线，边界条约关于"直至合恩角"的规定是确定归属于智利的岛屿，而在确定归属于阿根廷的岛屿时并没有使用这一表述。[2]

（二）关于第2条的解释

智利方面认为，按照边界条约第2条规定，顿格内斯点至安第斯山脉一线以南的领土，除第3条明确规定属于阿根廷的外，其余的应全部归属于智利，第3条对有争议的3个岛屿没有作出明确规定，因此该3个岛屿被包括在第2条所确定的领土归属范围内，属于智利。第2条和第3条的区别是，前者规定了确定领土归属的一般原则，而后者则对具体的领土归属作出了规定。[3]

对此，阿根廷表示了不同看法。阿根廷认为，第2条的含义如果是这样，第3条只要对归属于阿根廷的岛屿作出规定就可以了，没有必要对归属于智利的岛屿也同样作出规定。[4] 而事实是，边界条约对两者都作出了规定。同智利的解释相反，阿根廷认为，第2条关于不损害条款的规定的真实含义是，顿格内斯点至安第斯山脉一线以南的

---

[1] Decision 1977, para. 60.
[2] Decision 1977, para. 62.
[3] Decision 1977, para. 36.
[4] Decision 1977, para. 35.

任何领土归属完全取决于第3条作出的安排。[1]

(三) 关于第3条的解释

双方关于第3条的解释分歧更大。阿根廷对这一条款中"火地岛"的含义作出了解释,认为这一条款以"至于岛屿"的文字表述开始,是确定岛屿归属的条款,在关于"火地岛以东和巴塔哥尼亚东海岸的大西洋中其他岛屿"归属于阿根廷的规定中,"火地岛"所指的不是火地岛单个岛屿,而是将火地岛作为一个群岛。阿根廷还提出了当时出版的一些地图以支持这一看法。阿根廷认为,在确定火地岛本身和埃斯塔多斯岛及其附近小岛的归属后,这一条款关于"火地岛以东和巴塔哥尼亚东海岸的大西洋中其他岛屿"归属于阿根廷的规定,是确定火地岛群岛中其他岛屿的归属,3个争议岛屿在这一范围内,应属于阿根廷,否则,这一条款将没有任何意义。[2]

关于这一条款中的地名"巴塔哥尼亚"的含义,阿根廷认为,这一地名指的不是火地岛和麦哲伦海峡以北的阿根廷海岸,而是与火地岛群岛同义,包括火地岛和火地岛以南地区的岛屿。因此,"巴塔哥尼亚东海岸的大西洋中其他岛屿"应包括3个争议岛屿。这里,"火地岛以东和巴塔哥尼亚东海岸的大西洋中其他岛屿"是指火地岛群岛东部的岛屿,包括3个争议岛屿。[3]

智利则指出,关于"火地岛"的概念,1881年边界条约的规定是明确的。在边界条约第3条中,"火地岛"所指的只是火地岛本身,并不具有火地岛群岛的含义。即使具有火地岛群岛的含义,而且火地岛群岛也包括有争议的3个岛屿,这3个岛屿作为火地岛群岛的一部分,是不可能被认为在火地岛群岛以东的。[4] 边界条约的规定是火地岛以东的岛屿归属于阿根廷,而不是火地岛群岛东部的岛屿。[5]

关于"巴塔哥尼亚"这一地名所指的范围,智利认为,在1881年边界条约中,它所指的是火地岛和麦哲伦海峡以北的阿根廷大西洋海

---

[1] Decision 1977, para. 37.
[2] Decision 1977, para. 57.
[3] Decision 1977, para. 58.
[4] Decision 1977, para. 59.
[5] Decision 1977, para. 56.

岸，而不是火地岛以南地区的岛屿，与有争议的 3 个岛屿无关。[1] 针对阿根廷关于"火地岛以东和巴塔哥尼亚东海岸的大西洋中其他岛屿"是确定有争议的 3 个岛屿归属，否则这一条款没有意义的说法，智利指出，这一条款可以指火地岛以东和巴塔哥尼亚东海岸的大西洋中可能存在的任何岛屿，即使没有岛屿，也不违反这一规定，但绝不是有争议的 3 个岛屿。事实上，火地岛以东和巴塔哥尼亚东海岸的大西洋中是存在着一些小岛的。此外，阿根廷和英国有争议的马尔维纳斯群岛也符合这一规定。[2]

三、仲裁裁决及其主要观点

仲裁裁决由仲裁庭报告和决定，以及英国女王伊丽莎白二世以英国政府名义发表的声明所构成。仲裁庭的决定是仲裁裁决的主体，它包括三个方面的内容：其一，对 1881 年边界条约的解释；其二，进一步证明和确认的事件和材料；其三，决定的执行部分。

（一）对 1881 年边界条约的解释

1. 确定争议地区和争议性质

当事国双方在《仲裁协定》中作出明确规定，争议地区是由如下 6 个地理坐标所构成的区域[3]：

点	南 纬	西 经
A	54°45′	68°36′38.5″
B	54°57′	68°36′38.5″
C	54°57′	67°13′
D	55°24′	67°13′
E	55°24′	66°25′
F	54°45′	66°25′

这一争议区域在比格尔海峡东端附近，被仲裁庭形象地称为"锤

---

[1] Decision 1977, para. 58.
[2] Decision 1977, para. 61.
[3] Republic of Chile, White Papers, 1977, p. 26.

形区域"。[1]

针对当事国一方在诉讼请求中侧重"海洋边界",另一方更注重"岛屿主权",仲裁庭指出双方的态度实质上是一致的。仲裁庭认为:"对领土的主权自动包含着对归属于这一领土的水域、大陆架和海底区域的管辖权,这一管辖权的幅度、行使方式或自海岸起扩展的距离可以通过国际法适用的规则而获得确认。从另一方面看,海上并不存在指路牌和边界线标志,'海洋管辖权'作为一个脱离对领土管辖权依赖的独立概念是不存在的。划分国家海洋管辖权之间的边界,包含着首先将可以产生海洋管辖权的领土主权划归于这些国家,或者承认它们已经拥有。只有完成这一步,海洋管辖权才能从法律的一般原则中产生。"[2] 由此,仲裁庭将当事国双方争议的性质确定为岛屿领土主权争议,对1881年边界条约的解释构成本案当事国双方争议的核心,仲裁庭的任务是解决这一争议,并且在海图上画出一条边界线。

2. 双方的历史主张和占有原则及大洋原则

在对1881年边界条约进行审理前,仲裁庭首先回顾这一条约签订前的历史。

仲裁庭对拉丁美洲国家解决边界问题曾运用的占有原则或学说作出一般性评论。仲裁庭认为,它更多的是一项政治信条,而不是一项真正的法律原则。仲裁庭指出:"占有学说有两方面的内容:第一,在西班牙-美洲,所有的土地,不管多么偏远或不适宜居住,都被认为构成以前西班牙殖民地行政区划的一部分。因此,在西班牙-美洲,不存在任何土地是开放的、处于可以通过先占取得主权的无主地状态。第二,任何一片特定地区的主权都被认为自动归属于一个后来继承的,或者获得这一有关地区所属以前西班牙行省的西班牙-美洲国家,即'现在占有,继续占有'公式(uti possidetis, ita possideatis formula)。从另一角度看,占有原则不失为年轻的西班牙-美洲国家在旧的西班牙行政区划基础上确定边界一项方便的办法,例外的情况是,后者本身经常或者是不确定的,或者是规定混乱的,或者在很少进入的地区实际上并没有建立或者经历了很多变化。"[3]

---

[1] Decision 1977, para. 1.
[2] Decision 1977, para. 6.
[3] Decision 1977, para. 10.

根据这一认识，仲裁庭对1881年前当事国双方的领土主权主张进行了分析，指出双方提出的包括大洋原则的领土主权主张，即阿根廷主张全部大西洋海岸归属于阿根廷、智利主张全部太平洋海岸归属于智利，实际上是从占有原则演变而来的。双方的领土主张涉及四个地区：(1) 大陆上的巴塔哥尼亚地区，其范围是自内罗格河起，西面沿安第斯山主脉向南一直到麦哲伦海峡北面一条未确定的线；(2) 麦哲伦海峡地区，包括海峡中的岛屿和南北两岸邻近的陆地；(3) 火地岛地区，包括火地岛及其东南端的埃斯塔多斯岛及其附近小岛；(4) 火地岛群岛地区，即除火地岛外包括最南端的合恩角群岛和火地岛西南及以西的岛屿。

3. 对当事国各自解释的评论

关于条约解释，1969年《维也纳条约法公约》作出规定："条约应依其用语，按其上下文，并参照条约之目的及宗旨所具有之通常意义，善意解释之。"[1] 根据这一条约解释规则，仲裁庭审议了当事国各自对1881年边界条约的解释，包括审查条约的序言、结构，第2条和第3条的文字及其在上下文中通常的含义，以及在谈判过程中阿根廷外长提出的"1876年谈判基础"、智利外长提出的"1881年瓦尔德拉玛建议"补充条款和条约签订后的1893年议定书。

仲裁庭基本否定了阿根廷对1881年边界条约的解释。仲裁庭指出，对条约关于归属于阿根廷的领土条款作出解释不是一件容易的事情。智利的解释虽然本身不是完全没有困难之处，但从条文实际用语上看是更正常、自然的解释。可以确认的是，3个争议岛屿不在归属于阿根廷的岛屿范围内，因为它们无论如何都不在大西洋中。大西洋在本案背景下指的是拍打着美洲大陆南岸的海洋，在当时的地图中，3个争议岛屿的水域被看作南冰洋。此外，3个争议岛屿也不在火地岛以东，即使将火地岛看作群岛，它们也是其中一部分而不在其以东。[2] 关于大洋原则在确定岛屿归属条款中的适用，仲裁庭认为，1881年边界条约第3条并没有显示这一因素，即使有所显示，也只是将埃斯塔多斯岛及火地岛以东和巴塔哥尼亚以东的其他岛屿归属于阿

---

[1] 《维也纳条约法公约》第31条第1款。王铁崖、田如萱编：《国际法资料选编》，法律出版社1982年版，第709页。

[2] Decision 1977, paras. 64-65.

根廷而已,而"比格尔海峡以南的所有岛屿归属于智利"的规定正面排除了合恩角以西和以东划分原则的适用,实际上是把所有在比格尔海峡以南"直至合恩角"的岛屿都划归于智利,而丝毫没有考虑它们是在合恩角以西或者以东。仲裁庭还否定了阿根廷关于适用大洋原则对边界条约进行解释是强制法(jus cogens)的说法,认为1881年边界条约并不包含任何统贯整体的大洋原则,而是简单地在特定地区保证大西洋和太平洋海岸划分的结果,具体是安第斯山地区、麦哲伦海峡的大西洋末端地区、火地岛东海岸地区和埃斯塔多斯岛地区。[1] 仲裁庭的结论是,1881年边界条约的岛屿条款没有将3个争议岛屿归属于阿根廷。[2]

关于1881年边界条约是否将3个争议岛屿归属于智利的问题,仲裁庭审理了岛屿归属条款。仲裁庭部分赞同智利对1881年边界条约的解释,但并没有在智利的解释中寻找解决问题的方案。

4. 关于3个争议岛屿的归属问题

在排除条款中关于火地岛以西岛屿归属的规定对本案的适用后,仲裁庭集中审理关于"比格尔海峡以南的岛屿归属于智利"的规定。比格尔海峡东端有两个水道,一个北水道在皮克顿岛、努埃瓦岛和火地岛之间,一个南水道在皮克顿岛、伦诺克斯岛和纳瓦里诺岛之间,仲裁庭把3个岛屿的归属问题归结于哪一个水道构成比格尔海峡的向西延伸。

仲裁庭通过将海峡东端的入口处同西端的入口处进行比较,考察东端两个水道的自然地理状况。两个水道都可以通航,北水道宽3.5海里至8海里,南水道宽2.5海里至6海里,其他方面也存在着一些差别。但仲裁庭认为,这些差别是无足轻重的,比格尔海峡两个水道之间只存在着一个实质性的差别,即它们的走向是不同的。北水道大致呈西东走向,稍偏东南。如果这一水道被看作1881年边界条约意义的海峡,那么3个争议岛屿位于这一水道以南,归属于智利。但是,如果1881年边界条约意义的海峡由大致呈北南走向的南水道构成,则3个争议岛屿在海峡以东,不包括在"比格尔海峡以南的岛屿"范围内。仲裁庭认为,从自然条件上看,无法确定哪一个水道构成比格尔

---

[1] Decision 1977, para. 76.
[2] Decision 1977, para. 79.

海峡向西的延续。[1]

仲裁庭还注意到：(1) 关于哪一条水道构成比格尔海峡，边界条约本身没有提供明确的指示，只是作出"比格尔海峡以南"这一表述，而没有对海峡本身作出规定和进行描述。(2) 在边界条约签订前，很少有关于海峡走向的讨论，而缔约者对这一地区的地理情况不是不了解，也不是不关心。因此，可以推论，海峡的走向对于缔约者而言是明确的，无须讨论和作出规定。(3) 边界条约以外的其他资料是矛盾的，对于判断哪一条水道构成海峡的自然延续也不能提供指导。[2]

仲裁庭的看法是，只能从边界条约本身来寻找答案。[3] 由此，仲裁庭对边界条约本身进行了分析，推论如下：

第一，当事国双方都同意，1881年边界条约完全解决了当事国之间所有的领土包括岛屿的归属问题，而且必须以这一方式来对条约进行解释，即3个争议岛屿只能归属于两个当事国之一方，不可能不属于任何一方。现在的问题是，3个争议岛屿不能或者不能充分地被看作归属于阿根廷的岛屿一部分，因此只要条约关于归属于智利的岛屿规定能够涵盖3个争议岛屿，它们就应被看作在归属于智利的岛屿范围内。如果在皮克顿岛、努埃瓦岛和火地岛之间的北水道构成比格尔海峡的延续，则条约关于"比格尔海峡以南的岛屿"归属于智利的规定就能够涵盖3个争议岛屿。仲裁庭认为可以作这一推论，因为如不其然，就只能认为1881年边界条约全部划定领土归属的努力失败了，而这个可能性实际上已被当事国双方合法地排除。[4]

第二，边界条约关于"比格尔海峡以南"这一表述所包含的"南"和"北"的概念是有意义的，换言之，它的含义是比格尔海峡大致呈东西或西东走向，指的是沿火地岛南岸经圣皮奥角至海洋的比格尔海峡北水道。如果一条水道大致呈南北走向，那么"以南"的词句就失去了实用性，因为邻近的岛屿一般被指示为在水道以东或以西，而不是以南或以北。至皮克顿岛，比格尔海峡毫无疑问呈西东走向，因此不在海峡本身水域中的岛屿应该在海峡的以南或以北。这一南或

---

[1] Decision 1977, para. 86.
[2] Decision 1977, para. 88.
[3] Decision 1977, para. 91.
[4] Decision 1977, para. 92.

北方位的标准在经过皮克顿岛后继续往东行,只能适用于北水道,而不适用于南水道或其他水道。仲裁庭认为,1881年边界条约缔约者的意图是将"以南"这一标准贯彻到底,不可能海峡接近东端点时,突然改变海峡的走向这一有关而且有效的标准。[1]

第三,边界条约对每一段边界线都谨慎地作出了规定:北南走向的安第斯山脉边界线(第1条)、东西走向的顿格内斯角–安第斯山脉线(第2条)、北南走向的圣灵角–比格尔海峡线(第3条第一部分)。没有理由认为边界条约关于西东走向的比格尔海峡线的规定是失败的。在此,缔约者实际上将这一边界看成以河为界,因此只需描述它的走向即可,这是一种合理解释,是理由之一。另外,边界条约关于"火地岛如此划分,西侧属智利,东侧属阿根廷"这一表述所自动产生的效力实际上将火地岛的南岸,即自靠近埃斯塔多斯岛的布恩苏塞索角向西至比格尔海峡的X点海岸,作为边界条约确定的阿根廷领土归属的南部界线,水域附属于陆地,而第3条岛屿条款划归的岛屿则不在此限。[2]

此外,另一种方法也能达到同样的结论,即审查边界条约规定的自圣灵角至比格尔海峡的垂直线是参照什么划出的。不可能是比格尔海峡。由于垂直线所划分的是火地岛,因此它的参照物只能是火地岛的整个南岸,即自其西端点向东一直延伸到比格尔海峡以外的东端点。边界条约提到了海峡,是因为它是这一地区最显著的特征。由此产生的不可避免的效果是,火地岛南岸的边界线不仅完全包括了自X点起向东的比格尔海峡北岸,而且包括了海峡北水道的北岸至其在圣皮奥角或可能是杰西角上的终端点。[3]

由此,仲裁庭得出的结论是,在比格尔海峡,自X点起向东至圣皮奥角或杰西角,南岸及其所属水域归属于智利,北岸及其所属水域归属于阿根廷。这样,仲裁庭实际上是肯定了智利的主张,沿火地岛南岸的比格尔海峡北水道构成1881年边界条约所规定的边界线。因此,所有以南的领土,包括3个争议岛屿皆被划归于智利。[4]

---

[1] Decision 1977, para. 93.
[2] Decision 1977, para. 94.
[3] Decision 1977, para. 95.
[4] Decision 1977, para. 98.

5. 关于海峡中的小岛归属问题

在海峡中还存在着一些岛屿、小岛和岩礁，它们被统称为"海峡中的小岛"。关于它们的归属，1881 年边界条约没有作出特别规定。它们既不在比格尔海峡以北，也不在比格尔海峡以南，而在比格尔海峡中，第 3 条岛屿归属的任何内容都不适用于它们。[1]

鉴于当事国在《仲裁协定》中已赋予仲裁庭在海图上画出一条边界线任务，仲裁庭认为它可以通过在比格尔海峡中划出一条自 X 点起至北水道东端点的边界线，并以此确定比格尔海峡中小岛的归属。[2]

智利认为，由于边界条约规定火地岛的南岸构成阿根廷归属的界限，因此整个比格尔海峡的水域及其中的岛屿都应归属于智利。仲裁庭不同意智利的这一观点，认为"根据一项压倒一切的法律一般原则，在没有明确作出相反规定的情况下，确定一项领土归属必然包括有关领土的所属水域，在海峡中，这一水域一直延伸至中间线"，而小岛的归属则根据其位置在中间线的哪一侧而确定。[3] 仲裁庭还指出："一项明显的归属原则要求，没有特别规定归属的附属和小型领土构成，应被看成同它们所属的邻近、更大的领土构成一体。"[4]

由此，仲裁庭划出一条海峡中间线并以此确定比格尔海峡中小岛的归属和当事国双方各自海洋管辖权的范围。仲裁庭所考虑的是归属因素、海岸构造和等距离，同时也考虑了航行方便及当事国双方都能够在属于自己的水域中航行的愿望。

（二）进一步证明和确认的事件及材料

仲裁庭明确而且一再说明，仲裁庭的决定是以对 1881 年边界条约的解释为基础，而不是以这一部分的事件和材料为基础。[5] 从法律上看，仲裁庭的决定只能建立在 1881 年边界条约的基础上，而不能像在其他岛屿领土主权争端案中一样，确定争议岛屿归属的依据可以是当事国国家权力的实际行使或其他因素。因此，在逻辑上，仲裁庭是在已

---

[1] Decision 1977, para. 106.
[2] Decision 1977, paras. 103–104.
[3] Decision 1977, para. 107.
[4] Decision 1977, para. 108.
[5] Decision 1977, paras. 112, 163, 165, 169.

经对争议问题作出基本、明确的回答后,再进一步审理当事国双方提出的其他证据,这一努力的目的是对仲裁庭已表述的观点进行检验。

在进行这一检验时,仲裁庭采取了同国际法院在审理明基埃群岛和埃克荷斯群岛主权争议案(英国与法国)中相似的立场,即审查在争议产生和明朗化前的事态自然发展和当事国各方的行为。[1] 所不同的是,在明基埃群岛和埃克荷斯群岛主权争议案中,国际法院是参照关键日期的概念来考虑这些因素的,而仲裁庭在本案中是参照1881年边界条约及其有关规定的实施来考虑这些因素的,其中特别重要的是,在争议产生和明朗化前,当事国各方对1881年边界条约的理解和态度。为此,仲裁庭先后对三个方面的事件和材料进行了审查:第一,1881年边界条约签订后初期当事国各自对条约的理解及其立场;第二,在本案中当事国提供的地图证据及其体现的各自对条约的理解和态度;第三,当事国的行使管辖行为作为进一步证明和确认的作用。

在涉及阿根廷方面主持条约起草和签订的外交部部长致英国公使私人通信的证据价值时,仲裁庭表述了重要的看法。仲裁庭认为,一位在职外交部部长致一位在职外国外交使团团长的私人通信,不能被看作单纯的私人行为。仲裁庭根据本案案情认为,私人通信的内容所显示对条约规定的理解,对于条约将3个争议岛屿划归于智利这一点,具有很高的证明价值。[2]

在本案审理过程中,当事国各方还提供了大量、重要的地图证据,总数超过400幅。[3] 仲裁庭在本案审理过程中,对适用于评价地图证明力的原则发表了一些具有普遍意义的重要看法。关于地图在解决一项领土争议中的证明力,不管是官方地图、准官方地图,还是民间地图,应注意如下几点:第一,关于来源于当事国的地图。如果当事国X的地图将特定领土标绘为归属于当事国Y,那么这一地图所具有的证明价值明显远远大于当事国Y自己的地图将同一领土标绘为归属于自己。当然,当事国Y一贯地在地图上将特定领土标绘为归属于自己,至少也能证明自己对这一特定领土归属的信念及其有效性。反之,如

---

[1] 参见本书"明基埃群岛和埃克荷斯群岛案(英国与法国)"。
[2] Decision 1977, para. 124.
[3] Decision 1977, para. 136.

果不是一贯地这样做,或者做得很少,这本身并不具有结论性,虽然不必然意味着对领土归属缺乏信心或关注,却趋向于说明一定程度的怀疑、缺乏关注或严肃的信念。第二,关于来源于第三国的地图。这些地图并不一定更准确或更客观。一般而言,这类地图如果不是当事国之一的地图翻版或另有政治动机,则具有独立的地位,由此可以赋予其很高的价值,这种价值在于能够说明对特定争议解决的一般理解。第三,结合时间和事件作出评价。对于地图的证明力,还必须结合时间和事件作出评价。一幅说明特定争议解决或争议边界的地图意义根据其出版的时间和年代有很大的不同,评价一幅地图的价值甚至还要考虑它是在什么情况下出版的。一般而言,在争议产生以前出版的地图比争议产生后出版的地图更可信。[1]

在批驳阿根廷关于因勘界尚未进行,当事国的行为包括管辖行为不具有证明价值时,仲裁庭对划界和勘界的关系作出了深刻的阐述。法院指出:"这些程序(勘界)的目的不是推迟对领土主权归属的分配,确定领土归属分配本身是由一项边界条约来确定的,这些程序只是对一些特定的线进行调整,因为这些线可能由于条约必须使用的一般词句而不是足够明确。这就是说,纯粹根据当地的条件,在不影响它们被采纳时所考虑的基础原则的情况下,可以对这些线进行调整。的确,这可能在已确定归属的地区内对条约词句实施有一定影响,但这远不能说由于勘界被推迟、拖延或者其他情况被悬搁而条约本身就不起作用了,或者说由此就造成在此期间当事国双方都没有在自认为应归属于自己的区域行动的行为能力。"[2] 关于条约签订后当事国实践对条约解释的意义,根据《维也纳条约法公约》第31条有关规定[3],仲裁庭认为,当事国在缔约后的实践本身虽不能独立地产生完善或修改条约的法律效果,但仍然可以对条约的解释起到一定的证据作用。[4]

---

[1] Decision 1977, para. 142.
[2] Decision 1977, para. 169.
[3] 《维也纳条约法公约》第31条第3款规定:"应与上下文一并考虑者尚有:(1)当事国嗣后所订关于条约之解释或其规定之适用之任何协定;(2)嗣后在条约适用方面确定各当事国对条约解释之协定之任何惯例;(3)适用于当事国间关系之任何有关国际法规则。"王铁崖、田如萱编:《国际法资料选编》,法律出版社1982年版,第709—710页。
[4] Decision 1977, para. 169.

（三）决定的执行部分

仲裁庭考虑到上述原因，特别是已经阐明的理由，一致决定：（1）皮克顿岛、努埃瓦岛和伦诺克斯岛，包括其所属的邻近小岛和岩礁属于智利共和国。（2）在《仲裁协定》第1条第4款规定的"锤形区域"范围内，随附的海图上画出的红线构成阿根廷共和国和智利共和国各自陆地和海洋管辖权之间的边界。这一海图名称为"边界线海图"，构成本决定不可分割的组成部分。（3）在上述区域内，所有位于红线北侧的岛屿、小岛、暗沙和暗礁的主权归属于阿根廷共和国，所有位于红线南侧的岛屿、小岛、暗沙和暗礁的主权归属于智利共和国。[1]

1881年边界条约及仲裁裁决裁定的领海边界，参见互联网上的示意图。[2]

在执行部分，仲裁庭还对当事国的执行期限、在执行过程中应采取的步骤和其他有关问题作出了规定。[3]

四、问题最终解决

仲裁庭的决定经英国政府批准成为仲裁裁决后，于1977年5月29日被送达当事国双方。根据仲裁裁决规定，仲裁裁决应自此起，在9个月内予以执行。但是，在这一期限届满前，阿根廷方面拒绝执行仲裁裁决，并于1978年1月25日发表声明，宣布仲裁裁决无效。[4] 阿

---

[1] Decision 1977, para. 176.
[2] https：//cn.bing.com/images/search? view = detailV2&ccid = mIpbBnii&id = 37C83FB1F 2EB4D42AA7320D22A8682F4B52BE7D1&thid = OIP. mIpbBniirNJiDiXghmXdDwHaCe& mediaurl = http% 3a% 2f% 2fwww.timvp.com% 2fsouthamerica% 2fbeaglechannelmap. jpg&exph = 474&expw = 1418&q = territorial + sea + + beagle + channel + map&simid = 607994517938900978&selectedIndex = 15&ajaxhist = 0.
[3] https：//cn.bing.com/images/search? view = detailV2&ccid = mIpbBnii&id = 37C83FB1F 2EB4D42AA7320D22A8682F4B52BE7D1&thid = OIP. mIpbBniirNJiDiXghmXdDwHaCe& mediaurl = http% 3a% 2f% 2fwww.timvp.com% 2fsouthamerica% 2fbeaglechannelmap. jpg&exph = 474&expw = 1418&q = territorial + sea + + beagle + channel + map&simid = 607994517938900978&selectedIndex = 15&ajaxhist = 0.
[4] Nordquist al. eds., *New Directions in the Law of the Sea*, London/New York, Dobbs Ferry/Oceana, 1980, Vol. 7, pp. 307 – 322.

根廷方面主要担心执行这一仲裁裁决，它自比格尔海峡北岸的海军基地乌苏怀亚进入大西洋的通道受到影响，而仲裁裁决赋予智利进入大西洋的权利也会影响到它进入南极基地的通道以及它对大西洋南部和南极地区潜在资源的主张。[1] 仲裁庭则认为，根据1971年7月22日《仲裁协定》第14条的规定，仲裁裁决具有法律约束力，阿根廷方面在法律上受裁决的约束，有义务执行裁决。

经教皇从1979年1月起进行调解，阿根廷和智利两国外长于1984年1月23日在罗马教廷签署了一项《和平友好条约草案》。这一条约草案确认了皮克顿岛、努埃瓦岛和伦诺克斯岛为智利领土，在大西洋水域中，智利主权的向海延伸只能自这些岛屿起至12海里范围的区域止。而在此区域以外，阿根廷可以主张200海里的海洋管辖权。两国于1984年10月18日在布宜诺斯艾利斯正式签订《智利共和国和阿根廷共和国和平友好条约》（以下简称《和平友好条约》），圆满地解决了这一争议。[2]

《和平友好条约》对两国之间的海洋边界线作出了详细的规定。根据这一条约，自仲裁裁决确定的比格尔海峡边界线终端点（A点），即地理坐标南纬55°07.3′、西经66°25′起，两国在南部海域的领土、领海和底土的分界线沿一条等角航线向东南方向延伸，至火地岛和努埃瓦岛海峡之间的一点（B点），即南纬55°11′、西经66°04.7′。自此点起，以东南走向按45°延伸至下一点（C点），即南纬55°22.9′、西经65°43.6′。自此点起，沿经度子午线延伸至同南纬56°22.8′平行线相交的一点（D点），然后沿距离合恩岛最南端24海里的纬度平行线，向西直到同最南端的一条经度子午线相交（E点），即南纬56°22.8′、西经67°16′。自此，继续向南至南纬58°21.1′、西经67°16′一点（F点）。智利和阿根廷两国各自的专属经济区，分别向分界线的东西两个不同的方向扩展。[3] 在终端点（F点）以南、西经68°16′经度子午线以西，智利的专属经济区可以向东扩展，直至国际法所允许的范围，

---

[1] H. W. Degenhardt, *Maritime Affaires—A World Handbook*, Oxford, Longman, 1985, p. 210.

[2] H. W. Degenhardt, *Maritime Affaires—A World Handbook*, Oxford, Longman, 1985, pp. 210-211.

[3] 《智利共和国和阿根廷共和国和平友好条约》第7条。国家海洋局政策研究室编：《国际海域划界条约集》，海洋出版社1989年版，第588页。

同公海衔接。[1]

在合恩角和埃斯塔多斯岛东端点之间的区域，在双边关系上，双方在各自领海中行使管辖权的范围仅限于自基线起量3海里，但这不妨碍任何一方在对第三国的关系上主张国际法所允许的最大限度领海宽度。[2]

此外，《和平友好条约》及其附件还对麦哲伦海峡、阿根廷船只经比格尔海峡往返南极的航行、一方船只通过或出入另一方专属经济区的航行等作出了规定。

五、评　论

本案当事国之间的争议在表面上是对1881年边界条约领土归属条款解释的分歧，但实质上是岛屿领土主权争议。根据国际法，陆地领土主权是沿海国海洋管辖权的基础，而沿海国的海洋管辖权则是陆地领土主权的向海延伸，因此岛屿领土作为陆地领土的一种表现形式，在法律上必然包含着潜在的海洋管辖权，而岛屿领土主权的争议同海洋管辖权区域划界的争议是有密切联系的。

本案当事国之间的争议，最初为岛屿领土争议，后来发展为海洋管辖权争议，并且还包含对南极主权要求的可能性。仲裁庭实际上并没有被赋予解决这一系列复杂问题的权限，也没有指示解决这一系列问题的办法和途径，这是仲裁裁决本身的局限性，也是它不能为阿根廷所接受的主要原因。对于这一问题，必须从两方面看：一方面，仲裁裁决只限于解决岛屿领土归属问题，它不能为阿根廷所接受并不有损于裁决本身的正确性和公正性；另一方面，当事国之间的争议最终解决充分说明，包含潜在海洋管辖权冲突的岛屿领土主权问题的解决往往需要当事国从两国关系长远、全面的利益考虑，采取一种一揽子解决办法，这也是本案当事国智利和阿根廷最终选择的解决办法。

在本案中，当事国双方都确认3个争议岛屿是在1881年边界条约

---

[1] 1984年《和平友好条约》确定的海洋边界：https://sovereignlimits.com/wp-content/uploads/sites/2/2018/07/ARG_CHL.jpg。

[2] 《智利共和国和阿根廷共和国和平友好条约》第8条。国家海洋局政策研究室编：《国际海域划界条约集》，海洋出版社1989年版，第589页。

所规定的领土归属范围内的,因此,仲裁庭从开始起就排除了无主地的可能性,并且明确地表示只能在1881年边界条约的规定中寻找解决办法。这是本案不同于其他岛屿领土争端案的特点之一。这就是说,在其他岛屿领土争端案中当事国可以提出的依据,例如原始取得,条约继承,长期、持续、和平地行使主权,实际占领,时效,地图证据,等等,在本案中都不能作为主要依据,最多只能构成一种辅助证据,从侧面证明或者确认对边界条约的正确解释的结论。应该说,在本案审理过程中,仲裁庭比较妥善地处理了条约同其他证据之间的关系。至于仲裁庭在对条约进行解释过程中参考其他历史资料和文献,这也是解释条约所必需的,无可厚非。

关于仲裁庭在本案中对1881年边界条约的解释,包括对当事国各方的解释所进行的分析,从总体上看遵循了1969年《维也纳条约法公约》所确认的关于条约解释的习惯法规则,并且是在规则所允许的范围内进行的。在解释条约过程中,仲裁庭还就边界条约规定的领土归属原则的具体适用、领土主体部分同附属部分的关系、地图的证明力、划界与勘界的关系及当事国签约后的实践对于条约解释的作用等问题发表了一些一般性的意见。这些意见包括仲裁庭本身的实践对于国际上现有边界领土争议的解决具有重要的参考价值。特别是仲裁庭结合条约签订后、争议产生和明朗化前当事国的实践,以判断地图的证明力的做法,完全可以运用到关于中国对南沙群岛主权的研究中。这项研究涉及的法律文件应包括1943年《开罗宣言》[1]、1945年《波茨坦公告》[2]、1951年旧金山《对日和约》[3] 和1952年日本同中国台湾地区当局签订的《日华和约》[4],及在这一段时期中及其前后、在其他国家对南沙群岛提出领土要求前所有参与这些文件谈判和起草国家的实践及其出版的地图。[5]

---

[1] 《国际条约集(1934—1944)》,世界知识出版社1961年版,第407页。
[2] 《国际条约集(1945—1947)》,世界知识出版社1959年版,第77页。
[3] United Nations, United Nations Treaty Series, Vol. 136, 1952, p.49;《国际条约集(1950—1952)》,世界知识出版社1959年版,第335页。
[4] United Nations, United Nations Treaty Series, Vol. 138, 1952, p.41.
[5] 韩振华主编:《我国南海诸岛史料汇编》,东方出版社1988年版,第561—662页。

第二部分
大陆架和专属经济区划界案例

北海大陆架划界案(德国与丹麦、德国与荷兰)

(国际法院1969年2月20日判决)

一、争议的产生

北海(Northsea)位于欧洲大陆和英国之间,在形状上为一个呈东西向分布的椭圆。北海在一定程度上为一个半闭海。围绕北海的海岸,在东边由北向南有挪威、丹麦、德国、荷兰、比利时和法国,在西边有英国的奥克尼群岛和设得兰群岛。德国位于丹麦和荷兰之间。北海的水域较浅,整个海床除挪威海槽外,均由水深不超过200米的大陆架所构成。

北海大陆架的大部分已由有关沿海国通过协议予以划定。德国同荷兰于1964年12月1日签订一个关于近岸海域大陆架侧向划界的条约[1],在等距离原则(principle of equidistance)基础上部分划定两国在北海自1922年4月22日协定规定的领海界线终端点起向海延伸26海里的大陆架界线。德国还同丹麦于1965年6月9日签订一个类似的协定。[2] 但是,3个国家未能就海岸附近的大陆架界线向海延伸的终点达成协议。丹麦和荷兰主张界线应根据等距离原则来确定,因为海

---

[1]《荷兰王国和德意志联邦共和国关于在邻近海岸地区划定大陆架侧面界线的条约》,1964年12月1日,in United Nations, United Nations Treaty Series, Vol. 123, 1965, p. 505;另载国家海洋局政策研究室编:《国际海域划界条约集》,海洋出版社1989年版,第457—458页。

[2]《丹麦王国和德意志联邦共和国关于沿海地区北海大陆架的划界协定》,1965年6月9日,in United Nations, United Nations Treaty Series, Vol. 91, 1965, p. 570;另载国家海洋局政策研究室编:《国际海域划界条约集》,海洋出版社1989年版,第459—460页。

岸附近的界线是据此来确定的。但德国认为，德国在北海的海岸线向内弯曲很大，如根据等距离原则来确定界线向海延伸，将造成对德国不公平的结果。1966年3月31日，丹麦和荷兰在等距离原则的基础上签订一项划界协定，划分了两国彼此认为分属各自的向海延伸的大陆架。[1] 该协定规定，两国主张的大陆架区域是相邻的，两国应在等距离原则基础上与德国进行大陆架划界。对此，德国提出了抗议。德国认为，一条建立在等距离原则基础上的边界线即等距离线，使每一当事国都得到较之另一当事国海岸任何一点都更为接近本国海岸一点的全部大陆架部分。在类似德国在北海凹陷形海岸的情况下，等距离方法的效果是将边界线向内朝凹陷方向拉入。如果划出两条等距离线，在凹陷明显的情况下，两条线将必然会在靠海岸相对较近的距离内相交，由此"阻断"（cutting-off）德国作为沿海国同其海岸外大陆架区域的联系。与此相反，等距离方法在类似丹麦和荷兰凸出或向外弯曲的海岸所产生的效果是，边界线按照相反方向离开海岸，具有向海岸外扩大大陆架区域的倾向。[2]

经谈判，德国分别同丹麦和荷兰于1967年2月2日签订了关于将北海大陆架划界争端提交国际法院的特别协定，并于同年2月20日将争议提交国际法院审理。由于丹麦和荷兰的诉讼利益是一致的，法院于1968年4月26作出裁定，将两案的诉讼合并，视丹麦政府和荷兰政府为诉讼利益一致的一方当事人，德国为另一方当事人。[3] 在特别协定中，当事国请求法院决定：当事国在划分1964年、1965年协定所确定的部分界线以外属于每一方的北海大陆架区域时，应适用何种国际法原则和规则。[4] 特别协定还规定，当事国政府将按照国际法院所作出的判决，通过协议划分它们之间的大陆架。[5]

---

[1] 《荷兰和丹麦关于划分两国之间北海大陆架的协定》。国家海洋局政策研究室编：《国际海域划界条约集》，海洋出版社1989年版，第461—462页。

[2] International Court of Justice, The North Sea Continental Shelf Cases, Judgment of 20 February 1969, in International Court of Justice, Reports of Judgments, Advisory Opinions and Orders, 1969（以下简称"I. C. J. Reports 1969"），paras. 6, 8.

[3] I. C. J. Reports 1969, paras. 9-10; see also International Court of Justice, Decision Concerning the North Sea Continental Shelf Cases, in International Court of Justice, Reports of Judgments, Advisory Opinions and Orders, 1968.

[4] 1967年2月2日德国分别同丹麦和荷兰签订的特别协定，第1条第1款。

[5] 1967年2月2日德国分别同丹麦和荷兰签订的特别协定，第1条第2款。

国际法院于 1969 年 2 月 20 日作出判决。

二、当事国的主张和论据

德国不是 1958 年《大陆架公约》的缔约国。德国在诉讼请求中要求法院确认并予以宣布：（1）当事国之间的划界应为每一沿海国有权得到正确和公平的份额这一原则所制约。（2）等距离方法不是习惯国际法规则，不是适用于大陆架划界的方法。（3）1958 年《大陆架公约》第 6 条第 2 款的规则[1]还没有成为习惯国际法。即使第 6 条规则适用于当事国之间的大陆架划界，由于该规则所指的特殊情况的存在，也应该排除等距离方法在本案中适用。（4）等距离方法，除非被协议、仲裁或其他方式确认为能够达到在有关国家之间合理和公平地分配大陆架，否则，不能在大陆架划界中运用。[2]

德国认为，在北海这样的地理条件下，为避免在德国海岸外产生"阻断"效果，适用于大陆架划界的规则应该是，每一个有关国家都应该得到"与其海岸线或临海面的长度构成比例的可得到的大陆架"。德国否认等距离方法和 1958 年《大陆架公约》第 6 条具有习惯国际法性质并应适用于北海大陆架划界的观点，德国主张，即使法院作出相反的结论，德国的海岸凹陷也构成一项特殊情况，因此背离等距离/特殊情况规则是正当的。[3]

荷兰和丹麦是 1958 年《大陆架公约》的缔约国，其在合并诉讼请求中要求法院宣布：（1）当事国之间的大陆架划界适用 1958 年《大陆架公约》第 6 条第 2 款所表述的国际法原则和规则，即等距离/特殊情况规则。（2）在当事国各方存在意见分歧不能达成协议时，如果没有特殊情况证明另一条界线是正当的，其之间的大陆架界线应通过适用等距离方法确定。（3）德国在北海的海岸对两条界线而言，本身不构

---

[1] 1958 年《大陆架公约》第 6 条第 2 款规定："如果同一大陆架邻接两个相邻国家的领土，大陆架的边界由两国之间的协定予以决定。在无协定的情形下，除根据特殊情况另定边界外，边界应适用与测算各国领海宽度的基线的最近距离相等的原则予以决定。"国家海洋局政策研究室编：《国际海域划界条约集》，海洋出版社 1989 年版，第 8—9 页。

[2] I. C. J. Reports 1969, para. 15.

[3] I. C. J. Reports 1969, paras. 15-16.

成一项特殊情况。因此，当事国之间的界限应适用等距离原则确定。除强调等距离为习惯国际法规则外，荷兰和丹麦提出：德国虽然不是《大陆架公约》的缔约国，但是，德国已通过其行为、公开声明和宣告以及其他方式单方面承担了公约义务或宣布接受公约制度；在第6条框架内，德国海岸的凹陷不足以构成一项特殊情况，因为它不会产生"不成比例的扭曲效果"（disproportionately distortion effect）。两国还认为，在不存在特殊情况和协定情形下，《大陆架公约》第6条是习惯国际法，具有强制性质。[1]

三、判决书的主要内容

在审理过程中，国际法院先后对大陆架的权利依据、性质，大陆架划界的法律含义，1958年《大陆架公约》的适用性，等距离原则是否构成一项习惯法规则，及适用于大陆架划界的国际法原则和规则，进行了全面、系统、深入的讨论。法院主要观点如下：

（一）驳回德国的份额分配理论

法院认为，无法接受德国关于划界是当事国之间正确和公平份额分配这一特殊形式的说法。法院的任务是划界，而不是有关区域的分配。法院表示："划界是一个过程，是确立已原则上归属于沿海国的一个区域的界限，而不是重新（de novo）确定这样一个区域。"[2] 关于划界是正确和公平份额分配这一学说，同大陆架法律制度最基本的原则是完全相抵触的。大陆架法律制度最基本的原则是，沿海国对大陆架区域的权利来源于其陆地领土向海和在海底的自然延伸，是通过其陆地领土主权，根据事实本身（ipso facto）从开始起（ab initio）就存在的。这是一种固有权利（inherent right）。行使这一权利，无须经过任何特别法律程序，也无须履行任何特别法律行为。这种权利自始至终就一直存在着。由此，将划界区域看作一个整体并进行公平份额分配的想法，同大陆架的权利依据基本概念是不能相容的。大陆架权利

---

[1] I. C. J. Reports 1969, para. 13.
[2] I. C. J. Reports 1969, para. 18.

和基本概念根本不容许存在任何可供分配的尚未分割的东西。法院指出，按照大陆架权利概念，划界的真正含义是，在已归属于一个和另一个国家的区域之间划出一条界线。[1]

（二）《大陆架公约》第 6 条在条约法上的地位

法院对德国是否有义务接受等距离原则问题进行了审理。法院首先肯定，等距离方法同时具有操作方便和适用精确的优点，但是这些因素本身并不足以将一种方法转变为法律原则。等距离方法是否构成对德国有约束力的法律原则，必须从条约法和习惯法两个方面来审查。

从条约法角度看，涉及的问题是 1958 年《大陆架公约》对当事国各方是否具有拘束力。对此，法院作出分析。《大陆架公约》共有 46 个签字国，根据其第 11 条，该公约在收到第 22 份批准书后自 1964 年 6 月 10 日起开始在当事国之间生效。丹麦和荷兰都签署并批准这一公约，是该公约的缔约国。德国虽然在《大陆架公约》上签字，但是未批准该公约，不是缔约国。按照《大陆架公约》规定，其仅对缔约国有效。[2] 关于德国是否以某种方式接受《大陆架公约》第 6 条，并使之对德国有拘束力的问题，法院认为，德国既没有以其单方面的行为来接受《大陆架公约》规定的义务，也没有作出接受《大陆架公约》制度的明确表示。因此，法院认为："从联邦共和国的这些宣告中推论对沿海国大陆架权利的基本概念承认是一回事，从这里发现其对公约所含划界规则的接受则是另外一回事。"[3] 法院进一步说明，即使德国批准《大陆架公约》，德国还可以利用该公约第 12 条规定[4]，对第 6 条作出保留。法院的结论是，《大陆架公约》第 6 条不适用于本案当事国之间的划界。[5]

---

[1] I. C. J. Reports 1969, paras. 18-20, 39.
[2] I. C. J. Reports 1969, para. 21. 另见，1958 年《大陆架公约》第 13 条。国家海洋局政策研究室编：《国际海域划界条约集》，海洋出版社 1989 年版，第 9 页。
[3] I. C. J. Reports 1969, para. 30.
[4] 《大陆架公约》第 12 条规定："在签字、加入时，任何国家均得对第 1 条至第 3 条以外的其他条文作出保留。"国家海洋局政策研究室编：《国际海域划界条约集》，海洋出版社 1989 年版，第 9 页。
[5] I. C. J. Reports 1969, para. 36.

(三)《大陆架公约》第 6 条在习惯法上的地位

丹麦和荷兰认为:"不管联邦德国对日内瓦公约采取何种立场,它都应该有义务接受在等距离/特殊情况基础上的划界,因为该方法的使用在本质上并不是单纯的公约义务,而是或者必须认为包含着这样一项规则:它是一般国际法整体的一部分,如同其他一般习惯国际法规则,它自动地对联邦共和国具有约束力,而不取决于其直接或间接的特别同意。"根据丹麦和荷兰的观点,"等距离原则应被认为是大陆架权利的整个基本概念中所固有(inherent)的",并具有"优先性质"。丹麦和荷兰还认为,"划界必须通过将距离一国海岸最近的区域保留给这一国的方法来实现";"自然延伸同邻近(proximity)是一致的,它要求的是一条等距离线"。[1] 由此,两国提出的观点可以概括为,《大陆架公约》所确认的等距离原则是邻近原则的体现,是大陆架概念所固有的,构成一项习惯法原则,对德国自动具有约束力。

对此,在回顾第 6 条包括等距离划界方法的起源和发展[2]后,法院得出的结论是:

(1)等距离在大陆架制度中并不具有优先性质,也不是大陆架制度所固有的。"那种认为等距离由于逻辑上的必然性是大陆架基本学说的天然伴随物的思想是错误的。"[3]在国际法委员会的讨论中,"等距离的概念不仅从来没有被作为具有内在必然性、优先性的这一观点来考虑,而且它从来未被特别地突出过,并且肯定没有被给予优先地位"[4]。

(2)《大陆架公约》第 6 条所包含的规则是综合等距离/特殊情况规则,是一项条约法规则,因此不能被援引对抗德国。在条约法规则范围内,等距离是一个重要因素,但其本身不是一项独立的规则。在1958 年《大陆架公约》中,"等距离原则被采纳,在很大程度上是以专家委员会的建议为基础的,并且,尽管如此,文本仍给予协议划界以优先考虑,同时提出'特殊情况'这样一种例外……促使专家们这

---

[1] I. C. J. Reports 1969, paras. 37–39.
[2] I. C. J. Reports 1969, para. 47.
[3] I. C. J. Reports 1969, para. 46.
[4] I. C. J. Reports 1969, para. 50.

样做的并不是法律上的考虑,而是实践上的便利"[1]。等距离在条约法中具有附属性质,它的适用性取决于无协定和不存在特殊情况。"完全不同的观点从一开始就确实出现在当今的法律思想中。这种观点始终为两种信念所支配:第一,任何一种划界方法都不能被认为在所有情况下都是符合要求的,因此,划界应通过协议进行(或者通过仲裁);第二,划界应在公平原则基础上进行。国际法委员会按照第一种思想,在草案中……赋予协议以优先地位……并且按照第二种思想提出'特殊情况'这一例外。"[2]

(3) 等距离自1958年以来在国家实践中有所体现,但是,至1969年止,还不足以获得习惯法性质。法院在分析有关国家划界实践后,针对适用等距离-中间线的情况指出:"在某些情况下(并非很多时候),有关国家同意按照等距离原则划分有关边界,或者确实这样划分了它们之间的边界,但这并不能证明,这样做是由于这些国家感觉到存在着迫使其这样做的习惯法规则,因而有义务按照这一方式划分其边界——尤其是考虑到,这些国家可能是以其他各种因素为动机的。"[3] 而且,"在实践中,根据特定的情况,或者在特定的当事国之间,可以通过协议而不遵守某些国际法规则"[4]。

(4) 等距离不是一项法律原则,而只是一种划界方法。它所具有的优点是:它是一种非常方便、精确的方法,"任何制图员事实上都能够在适当的地图或海图上描绘出这样的界线,并且称职的制图员所描绘的这些界线实际上是一致的","任何其他方法均不能像等距离方法一样把适用的实际方便性和精确性结合起来"[5] 其缺陷是:"等距离的严格适用在某些情况下具有不合理之处,海岸的地理构造会使边界在不公平的基础上划出。"[6]"在海岸形状的某些条件下,侧向等距离线的歪曲效果在领水界限内仍然是很小的,但在主要大陆架区域进一步向外延伸的情况下,此种歪曲效果会产生最大的影响。"[7]"等距离

---

[1] I. C. J. Reports 1969, para. 53.
[2] I. C. J. Reports 1969, para. 55.
[3] I. C. J. Reports 1969, para. 78.
[4] I. C. J. Reports 1969, para. 72.
[5] I. C. J. Reports 1969, paras. 22–23.
[6] I. C. J. Reports 1969, para. 53.
[7] I. C. J. Reports 1969, para. 59.

方法尽管具有某些众所周知的优点，但在下述意义上会产生不公平：（甲）就大陆架划界结果而论，海岸线上最细小的不规则现象都会被等距离线自动地扩大。因此，在凹面和凸面海岸线的情况下，这种不规则越大和划界区域距离海岸越远，所产生的结果就越不合理。因此，对于这种自然地理构造的后果的增大必须予以纠正或尽可能给予补偿，否则就会产生不公平。"[1]

法院认为，等距离是许多划界方法之一。"等距离实际上仅仅是专家们提议的四种方法之一，其他三种是，按照两个有关相邻国家间陆地边界的向海方向延长其边界线、在边界与陆地边界的交叉点上划分与海岸垂直的界线，以及划分与海岸的'一般方向'线相垂直的界线的方法。"

法院的结论是，等距离方法不是大陆架法律制度所固有的原则，不构成一项国际法原则，它的使用在国际法上不具有强制性。得出这一结论，实际上就否定了等距离原则的适用性。因此，法院认为已没有必要再论证德国海岸是否构成一项"特殊情况"。

（四）适用于划界的原则和规则

在既否定德国的主张又否定丹麦和荷兰的主张后，法院必须回答"适用于大陆架划界的法律原则和规则是什么"。

对于这个问题，法院从大陆架法律制度的发展史中找到了答案。对所有国家具有拘束力的大陆架划界规则是，"划界必须是国家协议的客体，而这种协议则应按照公平原则来取得"[2]。由此，国际法院确认的大陆架划界法律原则和规则是：（1）协议划界；（2）公平原则。

（五）判决执行部分

最后，法院以11票赞成对6票反对作出了如下判决：

（1）等距离不是大陆架权利概念的必然结果，不是一项习惯国际法规则。因此，等距离方法的使用在当事国间不是强制性的。

---

[1] I. C. J. Reports 1969，para. 89.
[2] I. C. J. Reports 1969，para. 85.

（2）不存在任何在所有情况下都适用的强制性划界方法。

（3）适用于本案当事国（具有普遍意义的）大陆架划界的法律原则是："（甲）划界应通过协议，按照公平原则，并考虑到所有有关情况，以使每一个国家得到构成其陆地领土向海中和海底的自然延伸的全部大陆架部分，并且不侵犯另一国家陆地领土的自然延伸"；"（乙）如果由于适用前项规定进行划界致使各方的区域重叠，这些区域应按照协议的比例在各方之间分割，或者在协议不成时由各方平分，除非各方决定对重叠区域或其中任何部分实施共同管辖、使用或开发制度"。[1]

（4）在谈判划界中应考虑的因素包括：各当事国海岸的一般构造以及任何特殊或异常特征的存在；已知的或容易查明的有关大陆架的自然和地质构造及其自然资源；按照公平原则进行划界应符合沿海国的大陆架区域范围与依海岸线一般方向测算的海岸长度之间的合理比例要素。

四、划界问题解决

根据国际法院1969年2月20日判决，德国与丹麦和荷兰于1971年1月28日共同并分别签订《丹麦、德意志联邦共和国和荷兰关于北海大陆架划界的几项协议》《德意志联邦共和国和丹麦王国关于北海下面的大陆架的划界条约》《荷兰王国和德意志联邦共和国关于北海下面的大陆架的划界条约》。在国际法院所确认的公平原则基础上，而不是根据等距离-中间线方法，当事国确定了各自大陆架向北海中央延伸的界线。[2]

丹麦和德国在北海大陆架的界线是：

S1	北纬 55°10′03.4″	东经 07°33′09.6″
S2	北纬 55°30′40.3″	东经 05°45′00.0″
S3	北纬 55°15′00.0″	东经 05°24′12.0″
S4	北纬 55°15′00.0″	东经 05°09′00.0″

---

[1] I. C. J. Reports 1969, para. 101.
[2] National Legislative Series, UN Doc. No. ST/LEG/SER. B/16, 1974, pp. 419, 424；另载国家海洋局政策研究室编：《国际海域划界条约集》，海洋出版社1989年版，第463—469页。

S5 北纬 55°24′15.0″   东经 04°45′00.0″
S6 北纬 55°46′21.8″   东经 04°15′00.0″
S7 北纬 55°55′09.4″   东经 03°21′00.0″

这一大陆架界线自1965年协定规定的26海里大陆架界线终端点起，向北海中央延伸169海里，总计达195海里，使德国同英国有一条共同的大陆架界线。在划界过程中，当事国考虑到丹麦已在一些区域颁发石油许可证这一情况，采取了实用的方法，在S2至S5段，将界线稍向南偏离，把丹麦已进行钻探的一部分油井保留在界线的丹麦一侧。

荷兰和德国在北海大陆架的界线是：
E3 根据 1964 年 12 月 1 日协定的规定
E4 北纬 54°11′12″   东经 06°00′00″
E5 北纬 54°37′12″   东经 05°00′00″
E6 北纬 55°00′00″   东经 05°00′00″
E7 北纬 55°20′00″   东经 04°20′00″
E8 北纬 55°45′54″   东经 03°22′13″

同丹麦和德国在北海的大陆架界线一样，荷兰和德国在北海的大陆架界线首先由1964年协定界线构成，这一界线自陆地边界终端点起长26海里。1971年协定在公平原则基础上，将这一界线延长至北海中央。由此，大陆架界线总长增加到177海里。[1]

五、评　论

20世纪60年代，海上石油勘探和开采技术已获得迅猛的发展，石油在国家经济生活中的地位越来越重要。正是在这样的背景下，当事国第一次将一项大陆架划界争议案提交国际法院，而在国际实践中国际法院也是第一次审理这样的案件。这一争议案发生在较早进行石油开发的北海，发生在工业水平比较发达的德国、丹麦和荷兰之间，并不令人奇怪。本案同渔业案（英国与挪威）相比较，后者是在1958

---

[1] 北海大陆架界线示意图：https://www.researchgate.net/profile/Ahmad_Kashfi/publication/320871588/figure/fig1/AS:568571018977280@1512569302645/1969-North-Sea-case-a-Nuno-Marques-Antunes-Towards-the-delimitation-of-maritime.png。

年日内瓦海洋法四公约[1]诞生之前由国际法院审理的,而本案则是在日内瓦海洋法四公约签署生效之后由国际法院审理的。国际法院对两案的判决对于宣示习惯国际法的存在都具有重要作用,同时也都为国际法发展作出巨大贡献。

首先,本案判决确认了自1947年《杜鲁门宣言》[2]以来,大陆架法律制度的形成和发展及其在习惯国际法上地位。

国际法院明确指出"陆地统治海洋","陆地是一个国家对其领土向海洋延伸部分行使权力的法律渊源"[3],沿海国对陆地领土的主权构成一切海洋权益的法律基础。

作为这一原则的适用,沿海国的陆地领土向海洋并在海底的"自然延伸"构成大陆架权利的法律基础。1958年《大陆架公约》虽然已经包含沿海国陆地领土的"自然延伸"这一概念,但是没有作出明确的规定,是国际法院在本案判决中予以明确化,确立了这一概念作为沿海国大陆架权利法律基础的地位。由此产生的一系列结果是明显的,这就是法院在本案中所做的,一方面是正面肯定沿海国对大陆架的主权是根据事实本身自始就有的固有权利,另一方面是反面否定等距离方法和其他任何划界方法作为法律原则的效力。

其次,国际法院对协议划界、公平原则、不侵犯自然延伸和划界应考虑的有关情况等一系列重要的国际海洋划界法律原则作出了精辟、详细的阐述。

(1) 协议划界。法院指出,当事国通过谈判以协议划界的这一义务是从1947年《杜鲁门宣言》所确立的大陆架法律制度中产生的,也

---

[1] 联合国第一次海洋法会议产生的4个公约,除《领海及毗连区公约》和《大陆架公约》外,还包括《公海公约》和《公海渔业与生物资源养护公约》。

[2] 1947年9月28日,《杜鲁门宣言》宣布:"鉴于保全和慎重利用自然资源的迫切需要,美利坚合众国政府认为,处于公海下但毗连美国海岸的大陆架底土和海床的自然资源属于美国,受美国的管辖和控制。在大陆架延伸至他国海岸或与邻国共处于同一大陆架的情况下,边界应由美国与有关国家根据公平原则予以确定。" M. Whiteman, *A Digest of International Law*, Washington, U. S. Government Printing Office, 1965, Vol. IV, pp. 756–757. 另,关于《杜鲁门宣言》在大陆架法律制度确立过程中的作用,参见 R. R. Churchill & A. V. Lowe, *The Law of the Sea*, Manchester University Press, 2nd ed., 1988, p. 122; Dupuy & Vignes, eds., Traite du Nouveau Droit de la Mer, pp. 285–286.

[3] I. C. J. Reports 1969, para. 96.

是《联合国宪章》第33条关于和平解决争端的义务[1]在大陆架划界领域的一种特殊适用形式。谈判义务包括:"为取得协议,当事国有义务进行谈判。并且,这种谈判义务不仅作为缺乏协议时自行适用某种划界方法的前提条件,也是必须经过的一种正式谈判程序,沿海国还有义务使谈判富有意义。但是,如果每一方都坚持己见而不准备作出任何修正,谈判将不会如此。"[2]协议划界为国家实践和1982年《联合国海洋法公约》所确认[3],是国家之间解决大陆架乃至所有海洋划界问题的最基本法律义务和形式。

(2)公平原则。法院明确指出了公平原则的概念:"这不是把公平简单地作为抽象的公正来适用的问题,而是按照那些构成大陆架法律制度在这一领域里发展了的思想,适用一项其本身要求适用公平原则的法律规则问题……"[4] 法院认为,有必要解释根据公允及善良原则与根据作为一般法律原则的公平原则作出判决的区别:建立在公平原则基础上的判决不是抽象的公正,是"建立在规则范围之内,而不是之外的考虑中找到了其客观的正当理由,并且在这个领域要求适用公平原则恰恰就是一项法律原则"[5]。在这个意义上,适用公平原则就是以大陆架法律制度为基础进行划界。

法院还阐述了公平原则的内容,适用公平原则包括:①考虑所有有关情况。"当事国有义务这样去行为,即在特定情况下,并且考虑到一切情况。根据有关的区域特征来适用公平原则,划界应该或可以考虑的因素,除海岸线形状、长度之外,还包括地质方面、地理方面、矿床统一性、海岸线的地理构造等。"[6] ②取得公平结果。法院认为,

---

[1]《联合国宪章》第33条第1款规定:"任何争端之当事国,于争端之继续存在足以危及国际和平与安全之维持时,应尽先以谈判、调查、调停、和解、公断、司法解决、区域机关或区域办法之利用,或各该国自行选择之其他和平方法,求得解决。"王铁崖、田如萱编:《国际法资料选编》,法律出版社1982年版,第827页。
[2] I. C. J. Reports 1969,para. 85.
[3]《联合国海洋法公约》第74条、第83条规定,海岸相向或相邻国家间专属经济区(大陆架)的界限,应在国际法院规约第38条所指国际法的基础上以协议划定,以便得到公平解决。《联合国海洋法公约》,海洋出版社1992年版,第37页、第42页。
[4] I. C. J. Reports 1969,para. 85.
[5] I. C. J. Reports 1969,para. 88.
[6] I. C. J. Reports 1969,para. 97.

根据公平原则划界,"必须寻求的不是一种划界方法,而是一种目标",即公平结果。[1] 为此,应考虑划归有关国家的大陆架范围和各自海岸线长度之间的合理比例等。[2] ③为达到公平的结果,国家可以考虑的因素是没有法律限制的,在很多情况下,是考虑所有因素的平衡,而不是只考虑其中之一而排除其他,赋予不同因素的相对比重问题当然是根据案件的情况而变化的。[3] 作为补充,法院还指出,适用公平原则,可使用等距离方法,也可以使用其他方法,甚至可以单独或合并使用一种或几种划界方法。[4]

(3) 不侵犯他国自然延伸原则。法院确认,大陆架区域是一国陆地领土在海洋和海底的自然延伸,大陆架划界是确认已归属于一国的大陆架区域,而不是公平份额的分配。因此,任何国家的大陆架都必须是其陆地领土的自然延伸,而不应该侵犯另一国领土的自然延伸。[5] 这里,法院还指明了公平原则与自然地理因素的关系。法院指出,一方面,公平不意味着"完全重塑地理或现实状况"[6],公平必须建立在沿海国对大陆架权利的法律基础上,适用不侵犯自然延伸原则;另一方面,公平原则要求在一国自然延伸不侵犯他国自然延伸的条件下,"减轻偶然的特殊特征所引起的后果"[7],特别是不公平的后果,以最终达到公平的结果。

不可否认,不侵犯自然延伸原则在理论上存在着一定的缺陷。根据这一原则,对同一大陆架的不同部分,法律上不可能同时有两个以上的国家具有同等的权利依据。在海岸相向的情况下,是可以这么说的,但在海岸相邻的情况下,确定两个国家各自不同的自然延伸往往是不可能的。实际上,这一原则在大陆架划界中的作用是有限的。

(4) 接近比例性(proportionality)原则。在本案中,3个当事国在北海的海岸线长度大体相当,它们在本质上要求得到广泛的公平待遇,而比较特殊的是,其中一个国家的海岸构造在适用等距离方法的

---

[1] I. C. J. Reports 1969, paras. 90–92.
[2] I. C. J. Reports 1969, para. 97.
[3] I. C. J. Reports 1969, para. 93.
[4] I. C. J. Reports 1969, para. 85.
[5] I. C. J. Reports 1969, para. 85.
[6] I. C. J. Reports 1969, para. 91.
[7] I. C. J. Reports 1969, para. 91.

情况下将被剥夺其与其他两国同等和类似的待遇。由此产生的结果是，理论上的公平可能造成事实上的不公平。[1] 通过这一分析，法院确认了"接近比例性"原则在纠正由于偶然的特殊地理特征所造成的不公平中的作用。法院指出，公平原则要求归属于沿海国各自的大陆架范围应与它们各自有关海岸（线）长度构成合理的比例，这就是接近比例性原则。它不是一个独立的法律原则，而是公平原则在具体情况中适用的一种表现形式。

（5）共同开发。法院对共同开发作出了重要的阐述，这一点一般不为人们所注意。在对大陆架矿产资源统一性问题进行评述时，法院指出："同一矿床位于两国之间大陆架边界两侧的情况是经常存在的，由于这种矿床可以从任何一侧进行开发，因此，由哪一国开发才不是有害或浪费的问题就会立即出现。"[2] 由此，法院肯定了北海一些沿海国共同开发的实践，并指出矿床的统一性是大陆架划界应予以合理考虑的一种实际因素。

在国际法院对共同开发的实践予以肯定的基础上，《联合国海洋法公约》规定，在达成专属经济区（或大陆架）划界协议前，"有关各国应基于谅解和合作的精神，尽一切努力作出实际性的临时安排，并在此过渡期间，不危害或阻碍最后协议的达成。这种安排应不妨害最后界线的划定"[3]。这一规定发展了国际法院的思想，在确认共同开发的国际实践的同时，为共同开发提供了法律框架。

最后，概言之，国际法院所阐述的这些划界法律原则和规则，丰富和发展了关于海洋划界的国际法，对以后的国家海洋划界实践产生了重要、深刻的影响。法院关于大陆架法律制度和海洋划界国际法原则和规则的论述，对第三次联合国海洋法会议的进程，及其对1958年《大陆架公约》的修改补充，都产生了重要影响，对形成1982年《联合国海洋法公约》具有重要意义。

---

[1] I. C. J. Reports 1969, para. 91.
[2] I. C. J. Reports 1969, para. 91.
[3] 《联合国海洋法公约》第74条第3款，第83条第3款。

大陆架划界案（英国与法国）

（仲裁庭 1977 年 6 月 30 日裁决）

一、争端的产生

从 20 世纪 60 年代起，英国和法国就对两国在英吉利海峡及这一海峡西南口外大西洋一带的大陆架划界发生争议。英国于 1964 年 2 月向法国建议，以中间线划分两国各自的大陆架。法国在 1964 年 8 月 7 日口头照会中，明确表示大西洋和海峡群岛海域存在着特殊情况，不适用等距离原则，但同意双方就此进行谈判。1964 年 5 月，英国成为 1958 年《大陆架公约》的缔约国。法国则于 1965 年批准这一公约。但是在批准该公约时，法国将格朗维尔湾（Bay of Granville）、多佛尔海峡（Strait of Dover）和北海南部都视为特殊情况，并提出了保留。英国则拒绝接受法国的保留。从 1970 年 10 月起，两国开始正式谈判，并持续至 1974 年止。

经过谈判，两国于 1975 年 7 月 10 日达成了一项《仲裁协定》，将有关争议提交由双方成立的仲裁庭解决。两国请求仲裁庭确定：（1）适用于本案两国之间划界的国际法规则。（2）在格林尼治西经 00°30′以西至 1000 米水深止的海域，分属于英国及其海峡群岛和法国大陆架的边界线走向。[1]《仲裁协定》所确定的划界区域一是海峡群岛区域（the Channel Islands region），二是大西洋区域（the Atlantic region），即从海

---

[1]《仲裁协定》第 2 条规定，仲裁庭被请求按照适用于双方之间本事项的国际法规则，决定下列问题：格林尼治子午线西经 00°30′以西直至 1000 米等深线为止，分别归属于联合王国及海峡群岛和归属于法兰西共和国的大陆架部分之间的界线走向。
International Legal Materials, 1979, p. 400.

峡的西南口至大西洋 1000 米等深线为止的区域。仲裁庭的裁决应包括"在海图上标绘界线的走向"[1]。

仲裁庭设立在日内瓦，并于 1976 年 1 月 20 日通过了其《程序规则》。仲裁庭于 1977 年 6 月 30 日作出仲裁裁决。在裁决中，仲裁庭具体指示了大陆架边界线的具体走向，包括对各转折点的经纬度文字叙述和在海图上的标绘。

二、当事国的主张

在本案中，当事国双方对一系列问题存在着分歧，其中主要涉及 1958 年《大陆架公约》对本案的适用性、海峡群岛的划界地位和大西洋区域两国海岸之间的关系。

（一）1958 年《大陆架公约》的适用性问题

英国和法国都批准了 1958 年《大陆架公约》。法国在批准该公约时对第 6 条作出的保留是，在没有特殊情况的情形下，法国不接受援引以适用等距离原则确定的任何一条大陆架界线来对抗法国的情况如下：如果该界线从 1958 年 4 月 29 日以后所确定的基线起算；如果该界线扩展到 200 米等深线以外；如果该界线位于法国政府认为有第 6 条意义的"特殊情况"地区，即比斯开湾、格朗维尔湾以及多佛尔海峡和法国海岸外的北海海域。[2] 英国对法国这些保留的有效性提出了异议。

法国的观点是：(1) 由于英国没有接受法国的保留，《大陆架公约》或者至少其第 6 条从来没有在两国之间生效，因此不适用于本案；(2) 即使《大陆架公约》适用，由于第三次联合国海洋法会议对于划界国际法发展的影响，特别是专属经济区制度的概念也使该公约失去了意义；(3) 适用于本案的法律应该是国际法院在 1969 年关于北海大陆架划界案（德国与丹麦、德国与荷兰）的判决中所表述的习惯国际

---

[1]《仲裁协定》。International Legal Materials, 1979, p. 401。
[2] 由联合国秘书长承担保存职能的边界条约（签署、批准和加入情况一览表），1976 年 12 月 31 日，in United Nations Documents, UN Doc. ST/LEG/SER. D/10, New York, 1977, p. 518；另参见 International Legal Materials, 1979, p. 413。

法规则，这些规则为国家实践和第三次联合国海洋法会议的工作所确认；(4) 即使仲裁庭确认《大陆架公约》适用于本案，法国仍坚持认为，在海峡群岛和大西洋区域存在着特殊情况，可禁止适用等距离原则。[1]

英国则认为：(1) 法国的保留在国际法上不构成真正的保留，《大陆架公约》包括第6条在两国之间是有效的；(2) 专属经济区制度不影响大陆架作为独立法律制度的适用；(3) 即使《大陆架公约》不适用，其第6条依然适用，因为法国的行为确认了这项原则；(4) 假设仲裁庭认定第6条不适用，那么根据一国自然延伸不侵犯他国的自然延伸原则，由于划界区域构成一个地质学上单一的大陆架，也应适用等距离方法；(5) 两国之间的划界区域不存在任何需要对中间线进行调整的特殊情况。[2]

综上所述，英国和法国在认识上的分歧及其向仲裁庭提出的法律问题包括：(1)《大陆架公约》及其第6条的适用性问题。如仲裁庭确定第6条适用，双方对这一条款的含义有不同意见。英方认为，在争议区域内不存在特殊情况；相反，法方则认为，存在着特殊情况并构成适用等距离原则的障碍。(2) 即使仲裁庭确认适用于本案的法律为习惯国际法规则和原则，双方对习惯国际法规则和原则的内容也存在着不同看法。英国认为，根据习惯法规则也应适用等距离原则；法国则主张，根据国际法院在北海大陆架划界案（德国与丹麦、德国与荷兰）中所确认的公平原则，应对等距离-中间线进行适当调整。

据此，仲裁庭把双方的请求确定为：(1) 决定什么是现行适用于法国和英国之间在仲裁区域划定大陆架界线的国际法规则和原则。(2) 在解决此问题后，必须确定对这些规则和原则的内容及其解释，特别是就是否存在特殊情况问题作出决定。

（二）关于海峡群岛区域的划界问题

英吉利海峡区域，又称海峡群岛区域，自它的东端多佛尔海峡开

---

[1] Case Concerning the Delimitation of the Continental Shelf Between the United Kingdom of Great Britain and Northern Ireland, and the French Republic, in United Nations, Reports of International Arbitral Awards, Vol. XVIII（以下简称"Arbitral Award 1977, in U. N., R. I. A. A., Vol. XVIII"）, paras. 30, 32-33, 36, 40, 45.

[2] Arbitral Award 1977, in U. N., R. I. A. A., Vol. XVIII, paras. 34, 41-43, 46.

始,大致沿西、南、西方向,延伸 300 余海里,其宽度由多佛尔海峡的 18 海里逐渐扩大到西端的 100 海里。海峡南部界线的全部 300 海里完全由法国大陆海岸所构成,海峡的北部界线则由英国本土海岸所构成。两国海岸都有一些凸出部分,按照一般走向,两国海岸大致以平等的关系隔海相望。[1] 两国在海峡群岛区域的主要争议是,海峡群岛在划界中的法律地位问题。

海峡群岛是英国主权管辖下的一组岛屿,处在英吉利海峡中部的重要位置,其中包括:(1) 阿尔德内群岛(the Alderney Group),主要有阿尔德雷岛、布尔荷岛(Burhou)、奥塔克岛(Ortac)和卡斯凯茨岛(Casquests)等,这些岛屿距离法国海岸仅 8 海里;(2) 根西群岛(the Guernsey),主要有根西岛、萨克岛(Sark)、赫姆岛(Herm)和杰荷岛(Jehou)等;(3) 泽西群岛(the Jersey Group),主要有泽西岛、埃克荷斯群岛等,距离法国诺曼底海岸约 6.6 海里;(4) 明基埃群岛。海峡群岛陆地面积约 195 平方千米,有居民约 13 万人。海峡群岛享有某种自治地位,有独立的立法、政治、法律制度和经济生活,但对外关系和防御是由英国来掌管的。[2] 海峡群岛的突出特点是,距离法国海岸近,最近距离为 6.8 海里;而距离英国本土海岸则远,最近距离为 49 海里。

法国认为,海峡群岛既不是群岛国,也不是远洋群岛,而是靠近法国海岸的另一国家的岛屿,构成"特殊情况"。如在划界中赋予海峡群岛以全部效力,将使分界线深深凸出到法国海岸的大陆架内,将法国的大陆架分割成两个互相分离的区域,影响法国的安全、国防和航行利益。正确适用公平原则要求考虑接近比例性原则,国家平等原则也要求考虑两国海岸长度大致相等。因此,不应把海峡群岛作为法国海岸与英国海岸之间确定中间线的基点。对于海峡群岛,可作"飞地"处理,即海峡群岛可单独拥有 3 海里的领海和 3 海里的大陆架。但在以两国本土海岸为基础的划界中,海峡群岛不发生作用。[3]

英国的观点是,反对把海峡群岛当作《大陆架公约》第 6 条范围

---

[1] Arbitral Award 1977, in U. N., R. I. A. A., Vol. XVIII, para. 181.
[2] Arbitral Award 1977, in U. N., R. I. A. A., Vol. XVIII, para. 176.
[3] Arbitral Award 1977, in U. N., R. I. A. A., Vol. XVIII, paras. 156–166.

内或相对于公平原则而言的"特殊情况"来处理。即使仲裁庭认定适用于本案的法律是习惯国际法,也不存在任何规则要求对等距离-中间线进行调整。除涉及岛屿的位置外,英国还提出,综合人口、政治法律地位和经济生活三方面的因素,应予以英国的岛屿以应有的地位,根据1958年《大陆架公约》第6条,只有很小的岛屿才能够不被赋予全部效力。英国同时还否定了法国关于航行、安全和国防利益在划界中作用的观点。英国主张,考虑海峡群岛的作用,两国大陆架此段界线应是一条向法国海岸凸出的半环状线。[1]

此外,两国还就赫德海渊和赫德海渊断层(Hurd Deep Fault)与艾迪斯通礁(Eddystone Rock)在划界中的作用存在分歧。英国认为赫德海渊和赫德海渊断层这一地质特点构成两国之间的自然延伸中断,而法国的观点是该地质特点不足以影响到划界。关于艾迪斯通礁,英国主张这一岩礁在英国海岸12海里领海范围内,应视为岛屿,可作为基点;而法国则认为,艾迪斯通礁是一个低潮高地,不能作为基点。[2]

(三) 关于大西洋区域的大陆架划界问题

大西洋区域指的是从英吉利海峡西南口,即西经5°18′至大西洋1000米等深线为止的区域。这一区域位于两国海岸外,而不是在两国海岸之间。在这个区域内,英法两国的海岸呈半岛形,海岸线很短。英国的科尼什半岛(Cornish Peninsula)与法国的布列塔尼半岛之间相距约100海里,两国海岸外都有一些岛屿:英国有锡利群岛(Isles of Scilly),包括48个岛屿和2500人;法国有韦桑岛(Island of Ushant)。这一区域的大陆架很宽,直到1000米等深线,大致呈西南走向;这一区域的分布同两国的海岸线是一致的。[3] 锡利群岛距离英国本土海岸21—31海里;韦桑岛距离法国本土海岸14.1海里。英国的锡利群岛把英国本土海岸向西扩展到大西洋的距离,远远超过法国的韦桑岛把法国本土海岸扩展到大西洋的距离。

在这一大西洋区域的大陆架划界,双方分歧主要涉及两个问题:

---

[1] Arbitral Award 1977, in U. N., R. I. A. A., Vol. XVIII, paras. 168-173.
[2] Arbitral Award 1977, in U. N., R. I. A. A., Vol. XVIII, paras. 143-144.
[3] Arbitral Award 1977, in U. N., R. I. A. A., Vol. XVIII, para. 204.

一是两国在法律上是不是"相向"国家;二是适用于该区域划界的方法是什么。

英国主张,在大西洋区域,两国之间的划界是相向海岸之间的划界,不存在特殊情况,应适用《大陆架公约》第6条等距离-中间线原则。英国还提出,锡利群岛在地质上是科尼什半岛的延伸,因此是英国陆地领土的组成部分,应在划界中被赋予全部效力。鉴于此,英国请求仲裁庭宣布,西南部的界线应是英国南部海岸的现有基线和湾口封口线,包括锡利群岛及所有其他岛屿和低潮高地起量的中间线。[1]

法国认为,锡利群岛相对于法国韦桑岛的位置,构成一项非正常地理特征,在锡利群岛和韦桑岛连线西端造成不相称的效果。这是从两国在大西洋区域的海岸地理关系背景下看可以得出的结论。因此,法国要求适用公平原则对扭曲性效果予以纠正,综合适用自然延伸、不侵犯他国的自然延伸、海岸线一般走向及接近比例性原则进行划界。法国提出的划界方法是延长海峡中间线,直到1000米等深线,但是法国的这一方法不是以两国领海的基线起算的,而是以法国海岸一般方向和英国海岸一般方向作为基础起算的。[2]

三、仲裁裁决及其主要观点

仲裁庭在对涉及司法管辖权的两个先决问题作出回答后,对当事国之间争议的实质性问题进行了审议。

(一)《大陆架公约》的适用性问题

仲裁庭以1969年《维也纳条约法公约》[3]为依据,分析研究了当事国双方的主张和主要观点,并指出:(1)英国反对法国对《大陆架公约》第6条的保留并不是有意阻止该公约在两国之间生效,因此《大陆架公约》在两国之间仍然是一个有效的条约。[4](2)法国对第

---

[1] Arbitral Award 1977, in U. N., R. I. A. A., Vol. XVIII, paras. 210-212, 221-231.
[2] Arbitral Award 1977, in U. N., R. I. A. A., Vol. XVIII, paras. 214-220.
[3] 参见《维也纳条约法公约》第19—23条关于保留及其效力问题。王铁崖、田如萱编:《国际法资料选编》,法律出版社1982年版,第705—707页。
[4] Arbitral Award 1977, in U. N., R. I. A. A., Vol. XVIII, para. 48.

6条的保留是真正的和可以容许的，因此是有效的。[1]（3）关于法国保留的效果，仲裁庭认为，由于英国表示了反对，所以根据《维也纳条约法公约》第21条第3款[2]，第6条"在保留范围内，而且仅仅在保留范围内不适用于两国之间"[3]。（4）法国的第一项保留与本案无关；鉴于当事国双方同意把划界范围扩大至1000米等深线，法国以自己的行为放弃了第二项保留，英国的反对也不再有意义。因此，第6条原则上适用于大西洋区域的大陆架划界[4]。（5）在海峡群岛区域，由于法国在声明中明确地把海峡群岛所在的格朗维尔湾列为保留区域，因此第6条作为整体不适用于海峡群岛区域，划界必须参照习惯国际法予以决定。[5]

（二）关于海峡群岛区域划界问题

鉴于仲裁庭已确认《大陆架公约》第6条不适用于英法两国在英吉利海峡，即海峡群岛区域的划界，仲裁庭面临的任务是，就这一区域适用习惯国际法规则进行划界提出自己的意见。

对此，仲裁庭采用了类似国际法院在北海大陆架划界案（德国与丹麦、德国与荷兰）中的推理，认为：（1）英法两国的海岸线构成大致平等的相向关系。在两个相向国家的海岸线本身就大陆架来说大体相等的地方，"不但分界线在正常情况下应是中间线，而且中间线两侧保留给每一当事国的大陆架区域也应大致相等，或者至少相似"。这样的划界是符合按照公平原则所进行的划界[6]。（2）但是，在这样一个大的地理背景下，海峡群岛不仅存在，而且位于两国本土之间所确定的中间线法国一侧，并在法国海岸的一个海湾中，这种情况"打乱了地理情况的平衡"[7]。（3）这一情况是否影响海峡群岛区

---

[1] Arbitral Award 1977, in U. N., R. I. A. A., Vol. XVIII, paras. 49-55.
[2] 《维也纳条约法公约》第21条第3款规定："倘反对保留之国家未反对条约在其国与保留国间生效，此项保留所关涉之规定在保留之范围内于该两国间不适用之。"王铁崖、田如萱编：《国际法资料选编》，法律出版社1982年，第706页。
[3] Arbitral Award 1977, in U. N., R. I. A. A., Vol. XVIII, paras. 56-61.
[4] Arbitral Award 1977, in U. N., R. I. A. A., Vol. XVIII, para. 73.
[5] Arbitral Award 1977, in U. N., R. I. A. A., Vol. XVIII, para. 74.
[6] Arbitral Award 1977, in U. N., R. I. A. A., Vol. XVIII, para. 182.
[7] Arbitral Award 1977, in U. N., R. I. A. A., Vol. XVIII, para. 183.

域划界必须以法律规范来确定。从法律规范看,仲裁庭认为,如果在划界中给予这些岛屿以完全效力,其结果必然会使本来应归属于法国的大陆架区域大大缩小,因此造成不公平。因此,需要采用一种"将在某种程度上纠正不公平的划界方法"[1]。

针对法国的论据,仲裁庭否定了关于法国大陆领土的自然延伸在一定程度上环绕海峡群岛的论点,并指出法国所援引的国家平等原则在本案中不适用,因为海峡群岛也有权对其本身在水下的领土适用自然延伸原则。[2] 针对英国的观点,仲裁庭虽指出海峡群岛不是半独立国家[3],但肯定了海峡群岛本身在面积、人口、经济方面的重要性[4]。仲裁庭还考虑到,英国已于1964年在海峡群岛海岸外建立了12海里渔区,且英国还具有把群岛领海从3海里扩展到12海里的潜在可能性。[5] 仲裁庭的结论是:海峡群岛是分离于联合王国的岛屿,但不是另成一体的国家。[6] 仲裁庭提出的问题是:"哪些大陆架区域将被看成海峡群岛而不是法国本土的自然延伸?"[7]

仲裁庭阐述了大陆架和自然延伸两个概念之间的关系,指出:"国际法上的大陆架概念是一个法律概念。这个概念所包含的是每个国家的陆地领土在水下的自然延伸,而不是任何一个大陆上土地在水下的自然延伸……应用这一概念的范围及条件并不仅仅由地理上的自然事实所决定,也由法律规则所决定。"[8] "无论在《大陆架公约》第6条中插入'特殊情况',还是习惯法强调'公平原则',都清楚地表明'领土自然延伸'这个重要原则的力量不是绝对的,而是取决于在特殊情况下的识别问题。"[9] 仲裁庭认为,特别是"当属于一国的岛屿位于可能构成另一国领土自然延伸的大陆架上时,既不能忽视领土自

---

[1] Arbitral Award 1977, in U. N., R. I. A. A., Vol. XVIII, paras. 183, 198, 199.

[2] 关于法国大陆的自然延伸环绕海峡群岛,参见 Arbitral Award 1977, in U. N., R. I. A. A., Vol. XVIII, para. 193。关于国家平等原则,参见 Arbitral Award 1977, in U. N., R. I. A. A., Vol. XVIII, para. 195。

[3] Arbitral Award 1977, in U. N., R. I. A. A., Vol. XVIII, para. 186.

[4] Arbitral Award 1977, in U. N., R. I. A. A., Vol. XVIII, para. 184.

[5] Arbitral Award 1977, in U. N., R. I. A. A., Vol. XVIII, para. 190.

[6] Arbitral Award 1977, in U. N., R. I. A. A., Vol. XVIII, para. 190.

[7] Arbitral Award 1977, in U. N., R. I. A. A., Vol. XVIII, para. 191.

[8] Arbitral Award 1977, in U. N., R. I. A. A., Vol. XVIII, para. 191.

[9] Arbitral Award 1977, in U. N., R. I. A. A., Vol. XVIII, para. 191.

然延伸原则，也不能将其视为绝对的"[1]。"当出现这样的问题，即从地理上可能被视为两国领土自然延伸的大陆架区域是否更属于一国而不属于另一国时，构成大陆架法律概念的法律规则起主导作用，并对问题作出决定。因此，在这种情况下，赋予沿海国陆地领土自然延伸原则的作用，永远不仅取决于特殊地理及其他情况，而且取决于法律和公平原则的各种有关考虑。"[2]

仲裁庭在确认上述原则后即付诸实践，认为："英吉利海峡两岸当事国双方本土海岸线大致上平等，在不考虑海峡群岛本身的情况下，上述平等关系所引起的海峡大陆架在地理关系上是平等的。"但是，"如果在大陆架划界中，使靠近法国海岸的这些英国岛屿的存在发挥充分作用，将明显地使本来可以属于法国的大陆架地区大大减少。在仲裁庭初步看来，这一事实本身就是一种产生不公平的情况，需要一种在一定程度上能对这种不公平加以纠正的划界方法"[3]。仲裁庭还指出，从条约法角度而言，"靠近法国海岸的海峡群岛构成一种'特殊情况'，这种'特殊情况'为另外一种划界提供了依据，而不是联合王国所建议的中间线"[4]。

关于海峡群岛在海峡区域划界中的地位，仲裁庭认为：（1）海峡群岛有别于可拥有自己大陆架权利的半独立国家的岛屿；（2）联合王国关于只有小岛才构成特殊情况的说法不成立；（3）"联合王国援引的只有小岛才采用飞地方法的先例与本案不相干"[5]。海峡群岛不仅位于海峡中部中间线"不适当的一边"，而且从地理上来讲，完全独立于联合王国。这"与那些许多小岛从本土向远处密布展开的案例不同"[6]。因此，仲裁庭否定了英国将海峡群岛的大陆架与联合王国本土的大陆架连成一片的要求。

至于当事国双方关于各自航行、国防和安全利益的观点，仲裁庭认为，由于英吉利海峡构成重要的国际航行通道等，这些考虑对本案划界不具有决定性的作用。但是，仲裁庭还是倾向于确认，在这些问

---

[1] Arbitral Award 1977, in U.N., R.I.A.A., Vol. XVIII, para. 194.
[2] Arbitral Award 1977, in U.N., R.I.A.A., Vol. XVIII, para. 194.
[3] Arbitral Award 1977, in U.N., R.I.A.A., Vol. XVIII, para. 196.
[4] Arbitral Award 1977, in U.N., R.I.A.A., Vol. XVIII, para. 196.
[5] Arbitral Award 1977, in U.N., R.I.A.A., Vol. XVIII, paras. 199, 200.
[6] Arbitral Award 1977, in U.N., R.I.A.A., Vol. XVIII, para. 199.

题上,法国在英吉利海峡南部区域占有压倒优势的利益。

为了使这两个海岸线大致相等的英吉利海峡沿海国大陆架保持平衡,仲裁庭提出了双重解决办法:

(1) 第一条分界线,即"大陆架基本分界线",仲裁庭认为应"是一条海峡中间线,即在划定海峡群岛区域 D 点与 E 点之间分界线走向时,对海峡群岛本身的存在不加以考虑",这就是说,海峡群岛在划定构成大陆架分界线的中间线时不作为基点。[1]

(2) 第二条分界线,"是确定与法国毗连的、位于海峡群岛处的南部界线……仲裁庭进一步决定这条分界线将在距海峡群岛现有领海基线起12海里处划定,其结果将使法国拥有一片连接海峡群岛区域东西两侧大陆架的、位于海峡中部的大面积大陆架地带,同时将留给海峡群岛一片自两个执政官管辖区基线向北向西扩展12海里的海床和底土区域"[2]。

(三) 关于大西洋区域的划界问题

鉴于仲裁庭已确认《大陆架公约》第6条的规定适用于英法两国在大西洋区域的划界,仲裁庭即以此为依据来进行划界。

关于"相向"和"相邻"关系及其区别,仲裁庭指出,"相向"或"相邻"国家的关系不过是地理事实的反映,在法律上从《大陆架公约》到习惯法的转变并不改变地理事实。同样明显的是,仲裁庭在两种地理情况之间所作的区别并不是来自法律理论,而是来自这两种情况之间差异的本质。[3] 关于英法之间对两国在大西洋区域的海岸是"相邻"还是"相向"的争议,仲裁庭的看法是,"确定大西洋区域精确的法律上归类在本仲裁庭看来是没有多大意义的",因为"第6条两段中所规定的划界规则基本上是相同的……北海大陆架划界案(德国与丹麦、德国与荷兰)就'相向'与'相邻'国家情况的不同所强调的重点,并非反映两种情况下适用法律制度的不同,而是适用法律制度的地理条件不同"。[4] 尽管如此,仲裁庭仍倾向于认为,在本案中,

---

[1] Arbitral Award 1977, in U. N., R. I. A. A., Vol. XVIII, para. 201.
[2] Arbitral Award 1977, in U. N., R. I. A. A., Vol. XVIII, para. 202.
[3] Arbitral Award 1977, in U. N., R. I. A. A., Vol. XVIII, para. 95.
[4] Arbitral Award 1977, in U. N., R. I. A. A., Vol. XVIII, para. 238.

当事国双方"相互之间的地理关系就有待于划界的大陆架而言,是侧向而不是相向海岸之间的地理关系"[1]。

就大西洋区域划界应选择的方法问题,当事国双方的分歧还涉及是否适用《大陆架公约》第6条所指的"特殊情况"。仲裁庭首先对第6条规定的等距离/特殊情况规则作出了解释,认为:(1)第6条没有把等距离和"特殊情况"规定为两项不同的原则,规定在两种情形之任何一种中的规则都是一项单一的规则,即一项等距离/特殊情况综合规则[2]。(2)等距离/特殊情况相结合的性质意味着,运用等距离原则总是受"除特殊情况使有理由采用另一条界线外"这一条件的限制[3]。(3)第6条的"特殊情况"这个条件的作用是保证公平的划界,而"等距离/特殊情况"相结合规则在实际上是给一项一般性规范以特殊的表现,这个规范就是:在未达成协议的情况下,邻接同一大陆架的各国之间的界线,要依据公平原则来划定[4]。就此,仲裁庭将划界的条约法规则和习惯法规则统一于公平原则中。

根据公平原则,仲裁庭对大西洋区域的地理和地质情况进行了分析,确认在大西洋区域的实际情况下,锡利群岛比韦桑岛更向西伸展。重要的是,这一地理情况是否构成第6条所指的"特殊情况",从而有必要对等距离-中间线进行调整。仲裁庭指出,从锡利群岛起划出等距离线,比从英国本土起划出等距离线,使英国能多得的大陆架区域约4000平方海里,从而使法国得到的大陆架区域相应减少。但是,仅仅这一事实还不足以使另一种划界方法变得正当。问题是必须确定,这一事实是否就是等距离方法本身所造成的扭曲效果,是否与公平原则的要求相符合。

仲裁庭从两国拥有的海岸线长度大体相等、两国对大陆架的关系大致相似出发,以"接近比例性"概念来衡量锡利群岛在划定一直延伸至1000米等深线的等距离线时是否会产生扭曲效果。仲裁庭认为,必须注意的另一点是,"两国海岸侧向关系及大陆架自那些海岸向海扩展的距离"[5]。仲裁庭指出,科尼什半岛和锡利群岛较之布列塔尼半

---

[1] Arbitral Award 1977, in U. N., R. I. A. A., Vol. XVIII, para. 233.
[2] Arbitral Award 1977, in U. N., R. I. A. A., Vol. XVIII, para. 241.
[3] Arbitral Award 1977, in U. N., R. I. A. A., Vol. XVIII, para. 70.
[4] Arbitral Award 1977, in U. N., R. I. A. A., Vol. XVIII, para. 70.
[5] Arbitral Award 1977, in U. N., R. I. A. A., Vol. XVIII, para. 244.

岛及韦桑岛更远地向海洋方向伸入大西洋,这个地理事实是产生扭曲效果的一个因素,即锡利群岛的位置构成一种"特殊情况"。这一特殊情况的存在"在客观上证明排除严格的中间线而以另外一条线来划界是有道理的"[1]。仲裁庭指出,这里"公平原则的作用不是使处理绝对平等,而是适当减轻一些地理特征在划界中所产生的不公平效果"[2]。由此,仲裁庭给予接近比例性原则以有限的作用,即在宏观地理背景下,纠正微观地理特征可能造成的扭曲效果。

在确定锡利群岛的位置构成特殊情况后,仲裁庭否定了法国所提出的划界方法,因为这一方法"使划界几乎完全脱离实际上与大西洋区域大陆架相连接的海岸,因而难以同大陆架是一国领土在海底自然延伸这一根本原则相符合",就是说,这一方法与大陆架法律制度不相容。[3] 仲裁庭以大陆架法律制度为依据提出,确定这一区域的大陆架分界线,既不能忽视锡利群岛和韦桑岛,又要找出一种方法,在适当程度上纠正锡利群岛相对于韦桑岛的位置可能造成的扭曲效果。仲裁庭选择的划界方法是给予锡利群岛以一半效果,即先不用该群岛作为基点,在两国海岸之间划出一条等距离线,然后以该群岛为基点划出另一条等距离线,最后再在这两条等距离线之间划出第三条角度平分线,并以这一最后的角度平分线作为两国在大西洋区域的大陆架分界线。[4]

(四) 裁决执行部分

最终,仲裁庭一致裁定的大陆架界线如下:

1. 海峡群岛地区

第一段,海峡群岛东部,裁定确认了当事国双方协商达成的一条简化等距离线,即从划界区域的东部界线西经0°30′起:

A 点	北纬 50°07′29″	西经 00°30′00″
B 点	北纬 50°08′27″	西经 01°00′00″
C 点	北纬 50°09′15″	西经 01°30′00″
D 点	北纬 50°09′14″	西经 02°03′26″

---

[1] Arbitral Award 1977, in U. N., R. I. A. A., Vol. XVIII, para. 244.
[2] Arbitral Award 1977, in U. N., R. I. A. A., Vol. XVIII, para. 251.
[3] Arbitral Award 1977, in U. N., R. I. A. A., Vol. XVIII, para. 245.
[4] Arbitral Award 1977, in U. N., R. I. A. A., Vol. XVIII, para. 251.

第二段，海峡群岛中部，裁定划出了一条不考虑海峡群岛作用的等距离线：

D 点	北纬 50°09′14″	西经 02°03′26″
D1 点	北纬 49°57′50″	西经 02°48′24″
D2 点	北纬 49°46′30″	西经 02°56′30″
D3 点	北纬 49°38′30″	西经 03°21′00″
D4 点	北纬 49°33′12″	西经 03°34′50″
E 点	北纬 49°32′42″	西经 03°42′44″

第三段，海峡群岛西部，裁定确认了当事国双方达成协议的一条简化等距离线：

| E 点 | 北纬 49°32′42″ | 西经 03°42′44″ |
| F 点 | 北纬 49°32′08″ | 西经 03°55′47″ |

第四段，此段涉及艾迪斯通礁的法律地位及其对界线走向的影响，仲裁庭从它对确定中间线的影响角度进行考虑，确认艾迪斯通礁是一个恰当的基点，因此此段的界线为：

F 点	北纬 49°32′08″	西经 03°55′47″
F1 点	北纬 49°27′40″	西经 04°17′54″
G 点	北纬 49°27′23″	西经 04°21′46″

第五段，由 G 点至 J 点，仲裁庭确认当事国双方达成协议的简化等距离线，其中 J 点是双方达成协议简化等距离线西侧的终点：

G 点	北纬 49°27′23″	西经 04°21′46″
H 点	北纬 49°23′14″	西经 04°32′39″
I 点	北纬 49°14′28″	西经 05°11′00″
J 点	北纬 49°13′22″	西经 05°18′00″

以上为海峡群岛地区的划界，除上述界线外，仲裁庭还在海峡群岛西北部划出一条由 X 点至 Y 点的界线，即自根西岛的贝尔利尼克基线起，以半径为 12 海里圆弧所构成的界线：

X 点	北纬 49°55′05″	西经 02°03′26″
X1 点	北纬 49°55′40″	西经 02°08′45″
X2 点	北纬 49°55′15″	西经 02°22′00″
X3 点	北纬 49°39′40″	西经 02°40′30″
X4 点	北纬 49°34′30″	西经 02°55′30″
Y 点	北纬 49°18′22″	西经 02°56′10″

2. 大西洋地区

第一段，即自海峡群岛地区与大西洋地区的分界点 J 点起至 L 点止。仲裁庭确认，在这一段两国海岸是相向关系。因此，紧接 J 点以西一段的分界线由连接如下各点的中间线所构成：

J 点	北纬 49°13′22″	西经 05°18′00″
K 点	北纬 49°13′00″	西经 05°20′40″
L 点	北纬 49°12′10″	西经 05°40′30″

第二段，自 L 点向西，仲裁庭认为，两国海岸的关系由相向转变为相邻。在确定此段分界线时，仲裁庭给予英国的锡利群岛以一半作用。M 点是中间线，即 K 点至 L 点线的延伸部分同赋予锡利群岛一半作用的等距离线相交之处，自 M 点至 N 点，则由考虑和不考虑锡利群岛作用的两条等距离线（方位角分别是 236°51′30″、255°27′44″）所形成的夹角平分线（方位角为 247°09′37″）构成，这一分界线长约 170 海里，与 1000 米等深线在 N 点相交。上述分界线的坐标为：

L 点	北纬 49°12′10″	西经 05°40′30″
M 点	北纬 49°12′00″	西经 05°41′30″
N 点	北纬 48°06′00″	西经 09°36′30″

由此，仲裁庭划定了分属于英国和法国的大陆架分界线的全部走向，并将这一分界线标绘在海图上。[1]

四、划界问题最终解决

继仲裁庭 1977 年裁决后，英国就仲裁裁决的含义及其范围两个问题请求仲裁庭作出解释。就此，仲裁庭于 1978 年 3 月 14 日作出另一项裁决。[2]

---

[1] 经仲裁庭 1978 年裁决修正和两国协议确定的英国和法国大陆架界线：https：//upload. wikimedia. org/wikipedia/commons/thumb/8/86/Maritime_ boundaries_ between_ UK_ and_ France_ in_ Europe-fr. svg/1280px-Maritime_ boundaries_ between_ UK_ and_ France_ in_ Europe-fr. svg. png。

[2] Case Concerning the Delimitation of the Continental Shelf between the United Kingdom of Great Britain and Northern Ireland, and the French Republic, Decision of 14 March 1978（以下简称"Decision 1978"），in United Nations, Reports of International Arbitral Awards, Vol. XVIII, pp. 231–330.

关于海峡群岛以北和以西的边界，仲裁庭一致确认：（1）1977年裁决执行部分第2段所确定的边界走向，不是对仲裁庭在裁决第202段中所明确阐述应适用于这一边界的划界原则之准确适用。（2）1977年6月30日裁决第202段阐述了仲裁庭的意图，海峡群岛以北和以西的边界定义现在应作出修正，由自根西岛的贝尔利尼克基线上的A至M基点起，以半径为12海里圆弧及其12个转折点之间的连线所构成。（3）附录所列的A至M基点和12个转折点坐标是根据1950年欧洲数据体系测定的。[1]

关于M点向西的边界走向，仲裁庭以4票赞成对1票反对决定：在裁决执行部分确定并在海图上标绘的M—N线同仲裁庭在1977年6月30日裁决第251、第253和第254段中所阐述的内容和描述的划界方法并不存在矛盾。英国关于修正这一段边界的请求没有依据，应予以驳回。[2]

此后，法国和英国经过谈判于1982年6月24日签订《关于在格林尼治子午线西经30°以东区域的大陆架划界协定》[3]，划定了两国在英吉利海峡东部、多佛尔海峡和北海最南部的大陆架边界。这一协定自1983年2月2日起生效，它所确定的大陆架边界是[4]：

1点	北纬50°07′29″	西经00°30′00″
2点	北纬50°13′13″	西经00°15′30″
3点	北纬50°14′12″	西经00°02′14″
4点	北纬50°19′41″	西经00°36′12″
5点	北纬50°23′22″	西经00°46′39″
6点	北纬50°38′38″	西经01°07′26″
7点	北纬50°47′50″	西经01°15′28″
8点	北纬50°53′47″	西经01°16′58″

---

[1] Decision 1978, in U. N., R. I. A. A., Vol. XVIII, para. 114.

[2] Decision 1978, in U. N., R. I. A. A., Vol. XVIII, para. 114.

[3] See United Kingdom, Treaty Series, No. 20, 1983, Cmnd. 8859. See also Charney, J. I. & Alexander, L. M., eds., *International Maritime Boundaries*, Martinus Nijhoff Publishers, 1993, pp. 1750-1752.

[4] See United Kingdom, Treaty Series, No. 20, 1983, Cmnd. 8859. See also Charney, J. I. & Alexander, L. M., eds., *International Maritime Boundaries*, Martinus Nijhoff Publishers, 1993, pp. 1750-1752.

9 点	北纬 50°57′00″	西经 01°21′25″
10 点	北纬 51°02′19″	西经 01°32′53″
11 点	北纬 51°05′58″	西经 01°43′31″
12 点	北纬 51°14′27″	西经 01°57′18″
13 点	北纬 51°19′38″	西经 02°01′48″
14 点	北纬 51°30′14″	西经 02°06′51″

在英国自 1987 年 10 月 1 日起将领海扩展至 12 海里后，法国同英国签订一项《在多佛尔海峡的领海划界协定》[1]。这一协定实际上是将两国在多佛尔海峡的大陆架边界改变为领海边界。协定所确定的由等角航线构成的领海边界为[2]：

1 点	北纬 50°49′30.95″	西经 01°15′53.43″
2 点	北纬 50°53′47.00″	西经 01°16′58.00″
3 点	北纬 50°57′00.00″	西经 01°21′25.00″
4 点	北纬 51°02′19.00″	西经 01°32′53.00″
5 点	北纬 51°05′58.00″	西经 01°43′31.00″
6 点	北纬 51°12′00.72″	西经 01°53′20.07″

最后，两国于 1991 年 7 月 25 日又签订《大陆架划界补充协定》。这一协定将两国在北海南部的大陆架边界推进至第 15 点，即英国、法国和比利时的大陆架边界交界点[3]。至此，英国和法国解决了彼此之间的全部大陆架划界问题[4]。

五、评 论

英国和法国大陆架划界案是继北海大陆架划界案（德国与丹麦、德国与荷兰）之后一起重要的提交司法解决的大陆架划界案例。它与北

---

[1] United Kingdom, Treaty Series, No. 26, 1989, Cmnd. 733. 另参见 Charney & Alexander, eds., International Maritime Boundaries, Martinus Nijhoff Publishers, 1993, pp. 1752-1753.
[2] United Kingdom, Treaty Series, No. 26, 1989, Cmnd. 733. 另参见 Charney & Alexander, eds., International Maritime Boundaries, Martinus Nijhoff Publishers, 1993, pp. 1752-1753.
[3] White Papers of United Kingdom, 1991.
[4] 经仲裁庭 1978 年裁决修正和两国协议确定的英国和法国大陆架界线：https://upload.wikimedia.org/wikipedia/commons/thumb/8/86/Maritime_ boundaries_ between_ UK_ and_ France_ in_ Europe-fr.svg/1280px-Maritime_ boundaries_ between_ UK_ and_ France_ in_ Europe-fr. svg. png。

海大陆架划界案（德国与丹麦、德国与荷兰）的不同之处在于：（1）英法两国政府决定不将大陆架划界争议提交国际法院，而是成立仲裁庭并由仲裁庭来作出裁决；（2）两国都是1958年《大陆架公约》的缔约国，但《大陆架公约》未能在两国大陆架划界中完全适用；（3）海峡群岛、锡利群岛和韦桑岛的存在使有关界区域的宏观地理背景在本质上完全不同于北海大陆架划界案（德国与丹麦、德国与荷兰），仲裁庭需要考虑的有关情况更为复杂；（4）仲裁庭的任务不仅是确定适用的国际法原则和规则，还包括指出界线的实际走向。实际上，仲裁庭在裁决中非常具体地划定了分属于英国和法国的大陆架边界线的全部走向，并在海图上予以标绘。此外，在划界过程中，仲裁庭查阅了大比例尺海图。在确定法国海岸的特征和基点时，主要查阅法国海军出版的1∶20万海图；在确定英国海岸的特征和基点时，则查阅英国皇家海军出版的1∶25万海图。

除上述特点外，值得注意的是，仲裁庭在国际法院关于北海大陆架划界案（德国与丹麦、德国与荷兰）的判决基础上，进一步阐述并确认了一些大陆架划界重要的法律原则。

（一）自然延伸原则不适用于共处一个大陆架情况

仲裁庭在本案中讨论了赫德海渊/赫德海渊断层和自然延伸原则的适用问题。仲裁庭"不认为在大西洋地区或英吉利海峡的分界线划定中，赫德海渊和赫德海渊断层是一个能施加实质性影响的地理特征"[1]。按照仲裁庭的观点，赫德海渊和赫德海渊断层"与北海深深的挪威海槽相比，是大陆架地理构造上的小断层"，不影响"大西洋地区大陆架的基本完整性"和它的"延续性"[2]。由此，仲裁庭确认，在本案中，英法两国是共处同一个大陆架的国家。

在共处同一个大陆架的情况下，自然延伸原则的含义仅仅是，双方有争议的大陆架地区不是一个国家陆地领土的自然延伸，而是两个国家陆地领土的共同自然延伸。两个国家对构成其共同自然延伸的大陆架拥有同等的权利。对此，用仲裁庭的话说，"这个结论说明问题而

---

[1] Arbitral Award 1977, in U. N., R. I. A. A., Vol. XVIII, paras. 107–108.
[2] Arbitral Award 1977, in U. N., R. I. A. A., Vol. XVIII, paras. 107–108.

没有解决问题"[1]。因此，在共处一个大陆架的情况下，自然延伸原则在划界中的作用不是绝对的，而是有限的。所谓"有限作用"，就是说自然延伸原则依然构成当事国双方对大陆架主权的权利依据和法律基础，但是在确定分界线走向和位置时，它基本上不产生任何作用。

对于仲裁庭的这一观点，有的学者认为，它降低了自然延伸原则在大陆架划界中的作用，这是值得商榷的。[2] 客观地说，仲裁庭的这一见解是恰当的，至少仲裁庭没有提到，在不是共处一个大陆架的情况下，自然延伸原则的作用也是有限的，或者划界可以不考虑海洋地质和地貌情况。

（二）"有关情况"和"特殊情况"的统一

针对本案两个划界区域适用法律的情况不同，仲裁庭指出："第6条的'特殊情况'这个条件的作用是保证公平的划界，而'等距离/特殊情况'相结合规则在实际上是给一项一般性规范以特殊的表现，这个规范就是：在未达成协议的情况下，邻接同一大陆架的各国之间的界线，要依据公平原则来划定。"[3] 由此，仲裁庭实际上是将条约法上的等距离/特殊情况规则同习惯法上适用公平原则要求考虑的所有有关情况等同起来。特殊情况和有关情况两个不同的概念在公平原则中找到了共同点。通过这一共同点，仲裁庭确立了公平原则在条约法和习惯法上同等重要的法律地位。无论特殊情况还是有关情况，指的都是地理、地质或其他方面的事实状况，这些因素在划界中的作用，需要通过适用公平原则予以衡量和确定。仲裁庭这一观点对海洋划界国际法的发展作出了重要贡献。[4]

（三）肯定"接近比例性"概念的作用

在本案中，仲裁庭确认了"接近比例性"概念在适用公平原则进

---

[1] Arbitral Award 1977, in U.N., R.I.A.A., Vol. XVIII, para. 79.
[2] 邵津：《英法大陆架划界案仲裁裁决与公平原则》，载中国国际法学会主编：《中国国际法年刊》，中国对外翻译出版公司1982年版，第253页。
[3] Arbitral Award 1977, in U.N., R.I.A.A., Vol. XVIII, para. 70.
[4] P. Weil, Perspectives du droit de la délimitation maritime, Paris, Ed. A. Pedone, 1988, pp. 223-224.

行划界并达成公平的结果中所起的重要作用。使大陆架区域和海岸线长度符合合理比例,在这个意义上适用接近比例性概念不能算是"公平分配"。[1] "接近比例性"概念的作用,是在总体(或宏观地理)关系中确定,一项特殊地理特征是否会对理论上可以被视为公平的划界(如中间线)产生不符合比例的效果。仲裁庭认为,"接近比例性"概念表明了一种标准或因素,以此可评价某些地理情况的公平性。把"接近比例性"原则与微观地理特征联系起来,可作为对特定地理特征的扭曲效果及其不公平结果从宏观上来进行评价,必要时进行调整的标准。[2]

同时,仲裁庭也指出,"接近比例性"概念不是公平原则,不是在任何情况下都可以适用。接近比例性只是在决定划界结果是否公平时应予以考虑的一个因素:"可作为有关标准或因素考虑的是比例不相称,而不是接近比例性的一般原则。"接近比例性应作为划界考虑的有关因素标准,而不是一般法律原则,不能构成对大陆架区域权利的独立渊源。[3]

(四) 确认公平结果决定划界方法

对于在海洋划界中选择划界方法的问题,仲裁庭也作出了一般性的指示。在国际法院1969年北海大陆架划界案(德国与丹麦、德国与荷兰)的判决基础上,仲裁庭再次确认,按照公平原则划界,应达到公平的结果。对划界方法的选择起决定作用的是公平原则和公平结果的要求。仲裁庭指出:"无论是根据习惯法还是第6条,问题绝不是对方法的完全选择自由或无选择自由,因为方法的适当性即公平性质总是特殊地理情况的一种功能"[4],"在任何特定情形下选择一种或几种方法,无论依据1958年公约还是习惯法,都应该参照这些情况和划界必须按照公平原则这个基本规范予以决定"[5]。

仲裁庭认为,等距离只是划界方法之一。"即使依据第6条,使用

---

[1] Arbitral Award 1977, in U. N., R. I. A. A., Vol. XVIII, para. 101.
[2] Arbitral Award 1977, in U. N., R. I. A. A., Vol. XVIII, paras. 110, 250.
[3] Arbitral Award 1977, in U. N., R. I. A. A., Vol. XVIII, para. 101.
[4] Arbitral Award 1977, in U. N., R. I. A. A., Vol. XVIII, para. 84.
[5] Arbitral Award 1977, in U. N., R. I. A. A., Vol. XVIII, para. 97.

等距离原则或某种其他方法是否适合于达成公平划界,也在很大程度上是一个参照地理和其他情况加以估量的问题。"[1] "即使依据第6条,也只有某一特定案例的地理和其他情况,才能指示并证明使用等距离方法是达到公平解决的手段,而不是这个方法的固有特性使其成为一项划界法律规范。"[2]

---

[1] Arbitral Award 1977, in U.N., R.I.A.A., Vol. XVIII, para. 70.
[2] Arbitral Award 1977, in U.N., R.I.A.A., Vol. XVIII, para. 70.

关于扬马延岛和冰岛之间的大陆架区域划界案（挪威与冰岛）

（国际调解委员会1981年5月调解报告和建议书）

一、争议的产生

扬马延岛（Jan Mayen Island）是在挪威主权下的一个岛屿，位于北纬70°49′至北纬71°10′、西经7°53′至西经9°05′。整个岛屿沿一条东北-西南中心线延伸，长约513千米，最宽处在岛屿的北部，有15千米—20千米，总面积约373平方千米。扬马延岛有许多突起的火山，北部的比伦贝格火山海拔高达2277米，南部为高原，最高的火山海拔高达769米。[1] 至今，岛上仍有火山活动，常常发生地震。最近一次火山爆发是1970年，火山熔岩沿比伦贝格火山东北侧一条6千米长的裂缝流出，形成一个4平方千米的海岸台地。[2]

挪威于1912年在扬马延岛上建立了一个气象站，自此挪威气象学院的人员长期在岛上的气象站工作。此后，挪威在岛上还相继建立了双曲线无线电导航系统、多区无线电信标和海岸无线电电台等工作站，隶属于挪威国防部。岛上长年有工作人员居住，每年有30—40人在岛屿中部的东海岸地区越冬。

扬马延岛与冰岛的最短距离为290海里，距离格陵兰岛246海里。

---

[1] 扬马延岛及其地形地貌特点示意图：https://www.npolar.no/wp-content/uploads/2018/10/jan-mayen.png。

[2]《冰岛和扬马延间大陆架区域调解委员会致冰岛政府和挪威政府的报告和建议书》（以下简称"1981年报告和建议书"）。国家海洋局政策研究室编：《国际海域划界条约集》，海洋出版社1989年版，第194—195页。

挪威和冰岛之间关于扬马延岛和大陆架区域划界争议是基于两个事实而产生的：

一是两国都单方面建立了200海里海洋区域。冰岛于1979年6月1日通过《关于领海、大陆架和经济区的法律》，建立了200海里经济区。而挪威则通过其1980年5月23日《皇家法令》宣布在扬马延岛周围建立200海里渔区。这一法令还规定，扬马延岛与邻国的边界应通过协议来划定。

二是继上述事件后，两国于1980年5月28日签订《关于渔业和大陆架问题的协定》，划定一条自冰岛的基线起200海里的渔业管辖权分界线[1]。《关于渔业和大陆架问题的协定》序言部分还规定，在冰岛和扬马延岛之间距离不足400海里的区域，冰岛在法律上具有将其经济区扩展到200海里的权利。另外，《关于渔业和大陆架问题的协定》也在各种程度上确认了扬马延岛具有主张其本身专属经济区和大陆架的权利。挪威决定接受冰岛将其渔业管辖权充分扩展到200海里，所考虑的主要因素是冰岛对渔业的依赖。在谈判中，冰岛还提出，鉴于其在这些区域有重要经济利益，冰岛拥有主张延伸至200海里以外的大陆架区域的权利。实际上，这意味着冰岛对其东部和扬马延岛之间的扬马延突起地带（Ridge Area）主张权利。

扬马延突起地带水深在200米至1600米。北纬68°至北纬69°的一个地质凹陷将这一突起地带分为南北两块，其地质和地貌结构都非常复杂。突起地带的某些部分被认为具有良好的石油勘探前景和开发潜力[2]。

由于通过谈判在冰岛和扬马延岛之间的大陆架划界问题上仍未能打破僵局，两国遂决定在1980年《关于渔业和大陆架问题的协定》中增加一个条款，即第9条。《关于渔业和大陆架问题的协定》第9条规定，组建一个由3名成员组成的调解委员会，其中当事国双方各指定1名本国人为调解员，并共同指定1名第三国人担任调解委员会主席。调解委员会被授权"提出关于冰岛和扬马延岛之间大陆架区域分界线

---

[1] 《关于渔业和大陆架问题的协定》。国家海洋局政策研究室编：《国际海域划界条约集》，海洋出版社1989年版，第192页。

[2] 1981年报告和建议书。国家海洋局政策研究室编：《国际海域划界条约集》，海洋出版社1989年版，第198页、第201页、第204页。

的建议书",并且"在准备建议书时,委员会应考虑到冰岛在这些海域的强大经济利益、现有的地理和地质因素以及其他特殊情况"。第 9 条还规定,调解委员会的建议对于当事国不具有约束力,但是两国同意双方"在将来谈判中,予以合理考虑"[1]。

调解委员会于 1980 年 8 月 16 日成立,由冰岛的安德生、挪威的艾文生和第三国美国的里查德生 3 位当时参加第三次联合国海洋法会议的大使担任调解员。1981 年 5 月,调解委员会向冰岛和挪威政府提出了调解报告和建议书。

二、调解报告和建议书的主要观点

调解委员会不是法院,但其自认为必须"全面审查国家实践和法院判决,以便为有关问题实际和公平的解决提供可能的指导"[2]。

首先,调解委员会就扬马延岛的法律地位进行了调查,并在 1980 年 8 月 27 日《联合国海洋法公约(草案)》第 121 条基础上作出了结论。该草案第 121 条规定:"1. 岛屿是四面环水并在高潮时高于水面的自然形成的陆地区域。2. 除第 3 款另有规定外,岛屿的领海、毗连区、专属经济区和大陆架应按照本公约适用于其他陆地领土的规定加以确定。3. 不能维持人类居住或其本身经济生活的岩礁,不应有专属经济区和大陆架。"[3] 调解委员会认为,该草案第 121 条反映了在岛屿地位问题上国际法的现状。据此,调解委员会确认,扬马延岛及其地理特点符合《联合国海洋法公约(草案)》第 121 条第 1 款、第 2 款关于岛屿的定义,"有主张领海、专属经济区和大陆架的权利"[4]。

然后,调解委员会从《联合国海洋法公约(草案)》第 74 条和第 83 条规定的角度指出,这些条款要求"依照国际法通过协议划界,协议必须符合公平原则、在合适的情况下运用中间线或等距离线,并考

---

[1] 国家海洋局政策研究室编:《国际海域划界条约集》,海洋出版社 1989 年版,第 192 页。
[2] 1981 年报告和建议书。国家海洋局政策研究室编:《国际海域划界条约集》,海洋出版社 1989 年版,第 205 页。
[3] 《联合国海洋法公约(草案)》文本第 121 条同 1982 年《联合国海洋法公约》第 121 条的文本是一致的。
[4] 1981 年报告和建议书。国家海洋局政策研究室编:《国际海域划界条约集》,海洋出版社 1989 年版,第 195—196 页。

虑有关区域的所有情况"[1]。当事国双方的国内法规定和外交谈判的实践是符合这些规定的。[2]

调解委员会的理解是，专家提交的关于有关区域主要地质、地貌和经济因素报告的结果，可以被认为是《联合国海洋法公约（草案）》第74条、第83条所提到的"所有情况"。在此基础上，调解委员会认为，法律上，"自然延伸概念不构成解决超出部分问题的适宜基础"[3]。调解委员会还一一考察了距离和其他有关因素，并考虑了岛屿在划界中发生作用的一些事例，但是都没有提出结论性意见。最后，调解委员会将注意力集中到共同开发的可能性上。[4]

为了赋予最后的建议以一定的法律意义，调解委员会援引国际法院在北海大陆架划界案（德国与丹麦、德国与荷兰）的判决中对于国家之间协议解决的一段话。国际法院提出："实际上，国家为保证适用公平程序而可能作出的考虑是没有任何法律限制的，并且通常正是权衡这些考虑，而不是依赖其一排斥其他，才能够产生这种结果。赋予各种考虑以相应的重要性，在本质上是随情况而变化的。"[5] 由此，调解委员会确立了自己的建议在法律上的地位，并提出了这一建议："与其提出一条与经济区线不同的大陆架分界线，委员会建议接受一项实际覆盖全部具有油气生产前景区域的共同开发协议。委员会提出此建议的理由包括进一步促进冰岛和挪威之间的合作和友好关系。"[6]

---

[1] 1981年报告和建议书。国家海洋局政策研究室编：《国际海域划界条约集》，海洋出版社1989年版，第196页。关于第74条、第83条，《联合国海洋法公约（草案）》文本与1982年《联合国海洋法公约》文本存在着很大的不同。1982年《联合国海洋法公约》第74条第1款、第83条第1款的规定为："海岸相向或相邻的国家间专属经济区的界限，应在国际法院规约第三十八条所指国际法的基础上以协议划定，以便得到公平解决。"另外，关于这两个条款的演变，参见沈韦良、许光建：《第三次联合国海洋法会议和海洋法公约》，载中国国际法学会主编：《中国国际法年刊》，中国对外翻译出版公司1982年版，第417—419页。

[2] 1981年报告和建议书。国家海洋局政策研究室编：《国际海域划界条约集》，海洋出版社1989年版，第196页。

[3] 1981年报告和建议书。国家海洋局政策研究室编：《国际海域划界条约集》，海洋出版社1989年版，第205页。

[4] 1981年报告和建议书。国家海洋局政策研究室编：《国际海域划界条约集》，海洋出版社1989年版，第206页。

[5] I. C. J. Reports 1969, para. 93.

[6] 1981年报告和建议书。国家海洋局政策研究室编：《国际海域划界条约集》，海洋出版社1989年版，第207页。

这一建议首先考虑到，冰岛和挪威之间就冰岛拥有扩展到中间线以外至 200 海里经济区权利问题已达成协议；其次也考虑到，在当事国之间大陆架争议地区，油气储存情况还不明确。此外，这一建议还考虑了如下因素：(1) 冰岛对能源产品进口的完全依赖。(2) 冰岛周围大陆架被科学家认为只有很低的油气前景。(3) 在扬马延岛和冰岛 200 海里经济区之间的扬马延突起地带是被认为具有储藏能源可能性的唯一区域。专家认为，整个区域有很高的地质危险性。(4) 扬马延突起水地带深过大，目前技术还难以开发。开采的价值与能源特别是天然气的自由贸易价格差距太大。只有发现大量的能源储量，开发才能获得商业价值。[1]

调解委员会的建议包括两项内容：第一，以一条线同时划分经济区和大陆架，即在冰岛和扬马延岛之间不足 400 海里（实际上最近是 290 海里）的区域，冰岛的经济区和大陆架都可以充分扩展到 200 海里，并以自冰岛海岸起量，向外延伸 200 海里的一条线作为两国在这一海域的经济区和大陆架分界线。第二，在这一分界线的两侧划出一定的区域，作为两国的共同开发区，共同开发区的具体范围是：北纬 68°00′至北纬 70°35′、西经 06°30′至西经 10°30′的区域。[2]

调解委员会所建议的共同开发区共 45475 平方千米，可分为一个冰岛区域和一个挪威区域。冰岛区域在冰岛经济区内，为 12725 平方千米；挪威区域在挪威经济区内，为 32750 平方千米。对共同开发区中本国部分的自然资源，两国仍各自享有完全的主权，但调解委员会对整个共同开发区作出各种共同开发的安排。为分享资源，即跨越"特定区域的分界线两侧"或跨越"冰岛 200 海里经济区线南北"的石油储藏，调解委员会建议采取"通常的利用、开发和分配程序"。[3]

1981 年 10 月 22 日，冰岛和挪威以调解委员会的建议为基础，签

---

[1] 1981 年报告和建议书。国家海洋局政策研究室编：《国际海域划界条约集》，海洋出版社 1989 年版，第 207 页。

[2] 1981 年报告和建议书。国家海洋局政策研究室编：《国际海域划界条约集》，海洋出版社 1989 年版，第 207 页。

[3] 1981 年报告和建议书。国家海洋局政策研究室编：《国际海域划界条约集》，海洋出版社 1989 年版，第 215—216 页。

订了《挪威和冰岛关于冰岛和扬马延之间大陆架区域的协定》。[1] 由此，两国通过友好协商解决了两国之间的大陆架区域划界争议。[2]

三、评　论

本案所面临的地质、地貌情况与大陆架划界案（英国与法国）不同，两者在法律上是不能直接作比较的。正如地质报告所指出的那样，在本案中不存在一个共有的大陆架。由于挪威在扬马延岛周围仅建立了200海里渔区，冰岛以《联合国海洋法公约（草案）》第76条为依据，主张超过200海里的大陆架。考虑到冰岛对石油进口的依赖，其采取这一立场是可以理解的。从地质情况看，挪威也完全可以主张扬马延突起地带为扬马延岛岛架的自然延伸。但实际上，由于挪威已接受冰岛延伸至200海里经济区，而经济区或专属经济区的权利及于海床及其底土，因此适用自然延伸原则已经不可能。从有关区域的地质和地貌情况看，地质专家的结论是"从地貌上看，扬马延突起地带可以被视为扬马延岛岛架向南方向的延伸"。由此看，最终的解决方案是挪威对冰岛的一种让步和友好表示。实际上，本案最值得注意的是一些完全不同于其他海洋划界案的鲜明特点：

第一，本案当事国没有选择通过国际法院或国际仲裁的国际司法程序解决争议，而是选择了形式上更简单、更灵活的国际调解程序。这一程序的特点是，调解委员会的报告，包括任何结论和建议，只具有澄清事实的道义力量，在法律上对当事国各方均无拘束力。[3] 在本案中当事国双方运用这一和平解决国际争端方法，成功地解决了两国之间的海洋划界争议。这在国家海洋划界实践中是第一次，这次调解成功最重要的基础是当事国之间真诚、友好的合作愿望。这一实践也为其他国家解决海洋划界争议提供了很好的范例。

---

[1]《挪威和冰岛关于冰岛和扬马延之间大陆架区域的协定》。国家海洋局政策研究室编：《国际海域划界条约集》，海洋出版社1989年版，第497—501页。

[2] 扬马延岛（挪威）和冰岛的大陆架界线及共同开发区示意图：https://www.regjeringen.no/contentassets/19da7cee551741b28edae71cc9aae287/EN-GB/HFIG/fig6-5.jpg。

[3] 周鲠生：《国际法》（下册），商务印书馆1983年版，第765—766页；王铁崖主编：《国际法》，法律出版社1981年版，第462—463页。

第二，本案的另一特点是，这一争议发生在新的海洋法形成过程中，调解委员会完全由3名当时参加第三次联合国海洋法会议的大使所组成。在调查和分析本案的过程中，他们参照了《联合国海洋法公约（草案）》，实际上是参照了正在形成中的新的海洋法。此外，他们还参照了国际法院在1969年北海大陆架划界案（德国与丹麦、德国与荷兰）的判决中所确认的习惯国际法一些规范。调解委员会的这一努力使其提出的报告包括建议具有很好的法律基础，这也是其报告和建议容易为当事国所接受的一个重要原因。此外，这在某种意义上也是对新的海洋法规范进行的一次实验。

第三，本案倡导了共同开发的实践，而且还是在海洋划界实践中最早以一条线同时划分经济区和大陆架。

第四，在调解委员会提出的解决方案中，冰岛的经济利益及其对能源进口的依赖占有重要的地位。这是在海洋划界案中明确将经济利益，包括未探明的油气储藏可能性作为有关情况予以考虑，而当时这些因素都没有被看作海洋划界国际法应予以考虑的因素。这一例子从另一方面说明，经济利益对海洋划界协议是否能够达成具有重要的影响。[1] 而国际法院则在之后审理的海洋划界案中从另一个侧面说明，经济利益，特别是同国家海洋管辖权扩展直接有关的经济利益，构成海洋划界应予以考虑的有关情况。

---

[1] M. D. Evans, *Relevant Circumstances and Maritime Delimitation*, Oxford, 1989, p. 197.

大陆架划界案（突尼斯与利比亚）

（国际法院 1982 年 2 月 24 日判决）

一、争议的产生

突尼斯和利比亚都是非洲大陆北部的地中海沿岸国。相对而言，突尼斯海岸偏西北，其位置大致在北纬 30°至北纬 38°、东经 7°至东经 12°；利比亚海岸则偏东和东南，其位置大致在北纬 19°至北纬 34°、东经 9°至东经 25°。突尼斯海岸东部形成一个三角凹陷，自凹陷处，海岸线可分成东西面和南北面，东西面比南北面长。沿利比亚海岸的苏尔特湾（Bay of Silt）向西，至两国陆地边界终端点附近，海岸线大致呈西北走向。海岸线至陆地边界终端点以西，越过杰尔巴岛（the Island of Djerba）后进入加贝斯湾（Gulf of Gabes）的凹陷处。这一段海岸线呈弧形，连接一条大致东北走向的海岸线通往卡布迪阿角（Ras Kaboudia）。此后的海岸线是哈马梅特湾（Gulf of Hammamet）、邦角突出部以及突尼斯湾和突尼斯最后一段海岸。

突尼斯和利比亚分别于 1964 年和 1968 年各自批准第一个近海石油租让合同区。突尼斯于 1971 年 8 月 20 日同意大利签订一项划界协议，在等距离-中间线基础上，通过赋予意大利的兰佩杜萨岛（Lampedusa）、潘泰莱里亚岛（Pantelleria）等以不同的效力，从而解决了两国之间海岸相向的大陆架划界问题。突尼斯于 1972 年批准一个石油租让合同区，并将这一区域的东南部界线当成"突尼斯和利比亚之间的海洋边界"。同年，突尼斯和利比亚就大陆架划界问题进行谈判。1972 年 12 月 18 日，两国首脑达成一项政治协议，表示"将考虑把两个兄弟国家各自享有的大陆架、海床和渔区看作一个经济整体，由两国在平等基础上共同利用和开发"。但这一协议没有得到实施。

1974年，突尼斯将东南部界线称为"在突尼斯和利比亚就各自大陆架管辖权达成协议前，构成一个根据国际法原则和规则划定的等距离线"。同年，利比亚也批准一个石油合同租让区，租让区的西部界线从阿杰迪尔角（Ras Ajdir）起，是一条同经度子午线形成26°夹角的线，较等距离线更偏西。由此，两国的大陆架权利主张在自海岸起约50海里的范围内产生重叠。[1]

1976年，双方互相进行交涉并提出抗议。通过外交谈判，两国于1977年6月10日签署一个特别协定，决定将有关争议提交国际法院审理。突尼斯于1978年11月25日通过外交部部长致国际法院的信，将双方的这一协定通知国际法院。在特别协定中，当事国双方要求国际法院：

一是确定适用于划定归属于突尼斯共和国的大陆架区域和归属于利比亚的大陆架区域的国际法原则和规则。为此，要求法院考虑三个因素：（1）公平原则；（2）作为划界地区特点的有关情况；（3）第三次海洋法会议所公认的新趋势。

二是"确切地说明适用上述原则和规则的实用方法，以便两国专家们能够毫无困难地划分这一区域"[2]。

在预审过程中，国际法院还收到马耳他要求参加诉讼的请求，但经审理后驳回了这一请求。[3] 法院于1982年2月24日就此案实体问题作出判决。

二、当事国的主张和依据

就两国之间的大陆架划界所涉及的一系列问题，如划界区域范围、

---

[1] International Court of Justice, Case Concerning the Delimitation of Continental Shelf Between Tunisia and Libya, Judgment of 24 February 1982, in International Court of Justice, Reports of Judgments, Advisory Opinions and Orders, 1982（以下简称"I. C. J. Reports 1982"）, para. 21.

[2] 突尼斯与利比亚1977年6月10日特别协定第1条, in I. C. J. Reports 1982, para. 2, 4；协定全文, in International Legal Materials, No. 1, 1979, pp. 49–55。

[3] International Court of Justice, Case Concerning the Delimitation of Continental Shelf Between Tunisia and Libya, Judgment of 14 April, 1989, in International Court of Justice, Reports of Judgments, Advisory Opinions and Orders, 1981（以下简称"I. C. J. Reports 1981"）。

对自然延伸的认识、对公平原则的理解和划界应予以考虑的有关情况等，突尼斯和利比亚之间存在着很大的分歧。

（一）关于划界区域

在划界区域问题上，两国没有达成一致。特别协定没有明确提交国际法院判决的大陆架划界所涉及的争议地区，也没有说明划界区域是否包括两国领海以内的海域。[1]

突尼斯认为，划界区域应局限于佩拉杰海（Pelagian Sea）内毗邻突尼斯和利比亚海岸、位于阿杰迪尔角东西两侧的部分海域。突尼斯没有明确指示划界区域北侧的界线，但认为靠近突尼斯和意大利划界协定所规定的界线的区域应被排除在划界区域外。[2] 对于突尼斯来说，向海方向、同意大利相向的范围是明确的，即至突尼斯和意大利划界协定规定的界线处止。但是，划界区域侧向的范围不明确。利比亚则主张，划界"有关区域"东侧的界线，是一条连接意大利兰佩杜萨岛和利比亚领海外部界线上同一经度（东经12°36′）点的直线。[3] 利比亚没有指出划界区域北侧同马耳他相向部分的范围。

实际上，当事国双方把确定划界区域的任务交给了国际法院。法院必须根据特别协定和当事国的主张确定划界有关区域的范围。[4]

（二）对自然延伸的认识

双方一致同意，自然延伸不侵犯他国自然延伸原则是解决大陆架划界问题的基本规范。因此，划界应"使每一国都得到构成其陆地领土向海中和海底全部自然延伸的大陆架部分，并且不侵犯另一国陆地领土的自然延伸"。

但是，双方对说明自然延伸方向的科学数据及其解释产生了分歧。利比亚认为，位于其海岸前沿的佩拉杰地块（Pelagian Block）构成非洲北部大陆块向北方向的地质延伸。因此，突尼斯和利比亚的大陆架边缘是突尼斯北部和利比亚东西海岸的自然延伸。突尼斯则认为，从

---

[1] I. C. J. Reports 1982, paras. 17, 20.
[2] I. C. J. Reports 1982, para. 35.
[3] I. C. J. Reports 1982, para. 35.
[4] I. C. J. Reports 1982, para. 35.

历史和发展看，佩拉杰地块是突尼斯大陆向东方向的自然延伸。[1]

此外，双方还对适用"自然延伸"规范可能产生的效果存在着分歧。利比亚认为，在本案中，仅适用"自然延伸"原则即可产生公平的结果。"实行自然延伸原则的划界一定是按照公平原则的，因为这种方法产生各国固有的权利。"突尼斯则主张，确定地质上的自然延伸方向及其与公平原则之间的关系，要求为实现划界目的，不能简单地适用地质科学的数据。因此，在一个特殊的地质区域中，"识别自然延伸"是实现公平原则的一部分。

国际法院把双方的分歧归纳为："双方在这个问题上争端是，如果不考虑公平原则，只按科学方法确定自然延伸是否确实是划界的'自然延伸'。"[2]

（三）关于公平原则和有关情况

双方同意，任何划界都应达到公平的结果，这意味着适用公平原则并考虑"显示区域特征的有关情况"。实际上，双方主要对适用公平原则应予以考虑的有关情况在理解和解释上存在着分歧。

突尼斯提出的有关情况包括：（1）突尼斯拥有历史性权利的区域，即朝利比亚一侧至 Zénith Vertical 45°线，向地中海至 50 米等深线以内的区域；（2）突尼斯的自然延伸向东一直到 250 米至 300 米等深线的区域，向东南一直到济拉和祖瓦拉海底山脊（Zira & Zuwarah Ridges）区域；（3）两国之间划界区域的地理特征，包括：突尼斯东部海岸前方存在一系列岛屿和低潮高地，并构成突尼斯海岸组成部分的事实；两国海岸线的走向所揭示的自然延伸方向；突尼斯海岸与利比亚海岸结合而形成的夹角和两国边界在海岸上的终端点位置对突尼斯可能产生的阻断效果；在划界区域内，利比亚海岸的一般规则性和由于一系列凹陷和凸出所产生的突尼斯海岸不规则的特点，使突尼斯同第三国进行划界所处的地位较利比亚更不利。[3]

利比亚则认为，根据自然延伸原则，"有关情况"概念应仅仅局限于大陆架的地质结构和各自海岸地理关系。利比亚认为应予以考虑的

---

[1] I. C. J. Reports 1982, para. 38.
[2] I. C. J. Reports 1982, para. 39.
[3] I. C. J. Reports 1982, paras. 15–16.

有关情况是:(1)划界区域的一般地质和地理特征,而不是一些特殊地形所造成的海岸线走向变化;(2)非洲北部大陆块的向北自然延伸方向;(3)两国陆地边界终端点的位置及其向海延伸的方向;(4)"接近比例性"概念作为评价地理特征在划界中的作用是否符合公平原则要求的一个因素。在口头诉讼程序中,利比亚提出的有关情况还包括:大陆架的地质构造及其同相邻大陆块的关系;划界区域大陆架的连续性、同一性特点;陆地边界的走向;两国与第三国之间划界问题的存在;当事国双方有关捕鱼、领海和石油租让的立法及油气资源的实际开发情况;等等。[1]

(四) 关于划界实用方法

本案中,当事国双方在诉讼请求第二部分还要求法院指示适用于划界的实用方法。利比亚认为,确定当事国之间的具体划界方法已被排除在法院的司法管辖权之外。相反,突尼斯则认为,特别协定第1条要求法院明确指示运用有关原则和规则进行划界的具体方法,"使两国专家在确定其含义和方法时不会出现任何困难"[2]。

直到1976年,突尼斯似乎主张适用等距离方法,但后来认为适用等距离方法会导致不公平的结果。突尼斯提出了两种划界方法:一种是以海洋地质、地貌和水深等因素为基础,确定两国各自的自然延伸方法;另一种是考虑当事国海岸构造、临海面和接近比例性因素的几何学方法。

利比亚的态度是,在当事国间适用等距离方法不是条约法和习惯法规定的义务。等距离方法本身不是一项法律原则或规则。由于在特殊情况下适用等距离规则可能产生不公平的结果,因此等距离方法本身并不是必然公平的。在本案中,鉴于特殊的地理形状,适用等距离方法产生的大陆架划界结果可能是不公平、不适当,并且不符合国际法的。[3] 利比亚提出,以陆地边界向海延伸的方法和划出一条与海岸一般方向相垂直的线的方法来划界。其中垂直线方法,即以两国陆地边界与海岸线的交接点作为起点,划出一条严格垂直于海岸一般走向

---

[1] I. C. J. Reports 1982, paras. 15–16, 73.
[2] I. C. J. Reports 1982, paras. 28, 27.
[3] I. C. J. Reports 1982, paras. 17–18.

的线。利比亚认为，上述两种方法都为实践所接受。[1]

对此，突尼斯表示反对，其理由是，无论海岸一般走向还是陆地边界一般走向，都不能证明适用这两种方法是合理的。同时，突尼斯否认利比亚主张的陆地边界向海延伸方法为国家实践所公认。[2]

三、法院判决及其主要观点

（一）关于划界区域

法院注意到，突尼斯和利比亚之间划界区域的海床，从地质上看是佩拉杰地块地貌整体的一部分。这一整体还包括哈马梅特湾以南突尼斯东部和利比亚北部大陆。佩拉杰地块向北延伸至班泰雷利亚、马耳他和利诺萨海槽（Troughs of Pantelleria, Malta and Linosa），而伊奥尼亚弯曲（the Ionian Flexure）则构成佩拉杰地块的东部界限。法院认为，佩拉杰地块是一个比两个当事国的划界区域更为广阔的区域，包括与当事国争议无关的一些地区，其中涉及其他第三国的领土。因此，法院把涉及第三国权利的地区排除在本案划界区域外。[3]

关于确定两个当事国之间的争议区域及哪些是与争议有关的地区，法院以沿海国对大陆架固有的主权为依据。法院认为："对海底区域的排他性权利属于沿海国。海岸与近海岸水下区域的地理关系，构成沿海国法律权利的依据……大陆架是一个法律概念，在这一概念中，运用了陆地统治海洋的原则……大陆架权利在法律上既来源于又附属于沿海国的领土主权……国家领土的海岸是毗连海岸海底区域之所有权的决定因素。因此，当事国各方的海岸就是起始线，应当从这条线出发，以确定各当事国的海底区域相对于其相邻或相向的邻国在向海的方向上延伸了多远。"[4]

---

[1] I. C. J. Reports 1982, para. 86.
[2] I. C. J. Reports 1982, para. 119.
[3] I. C. J. Reports 1982, paras. 32–33.
[4] I. C. J. Reports 1982, paras. 73–74; See also I. C. J. Reports 1969, para. 96; International Court of Justice, Case Concerning theAegean Sea Continental Shelf (Greece v. Turkey), Judgment of 19 December 1978, in International Court of Justice, Reports of Judgments, Advisory Opinions and Orders, 1978, para. 86.

确定划界区域需要识别相关海岸，这一程序的目的是把与划界无关的海岸排除在划界考虑之外。法院认为："为两个当事国大陆架划界之目的，要考虑的并不是当事国各方的整个海岸；一当事国海岸的任何部分由于其地理位置，其海底延伸不能与另一国的海底延伸重叠，将不再被法院进一步考虑……从地图上看很清楚，在当事国海岸上有一点，在该点以外的海岸同与海洋划界当事国的有关海岸再无任何关系。"[1]

法院一方面将涉及第三国权利的地区排除在划界区域外，另一方面将当事国海岸与本案争议无关的部分排除在划界区域外，由此确定了本案的划界区域。

（二）国际法新发展

两国要求法院考虑第三次联合国海洋法会议以来国际法的发展趋势，特别是《联合国海洋法公约（草案）》所体现的新趋势。对此，法院认为："即使两个当事国在特别协定中未曾提及，本法院也会自动地考虑该会议取得的进展。因为只要本法院断定公约草案的某一条款体现已存在的或即将出现的习惯法规定，因而这一条款的内容对国际社会的所有成员都具有约束力，法院就不能无视这一条款。"[2]

在对第三次联合国海洋法会议的情况及其形成的《联合国海洋法公约（草案）》进行研究后，法院指出，《联合国海洋法公约（草案）》把自然延伸作为一国拥有大陆架权利的基础，并没有改变现有的法律。但是，法院认为，根据《联合国海洋法公约（草案）》第76条，自然延伸不侵犯他国自然延伸原则在共处一个大陆架的划界中不发生作用。在涉及第83条时，法院仅指出，新文本没有"为有关国家获得公平解决的努力提供指导"，并认为"对于本案而言，新文本在这个领域并没有影响自然延伸概念的作用"。[3]

（三）自然延伸问题

在本案中，当事国双方从自然延伸原则出发，提出了大量的地质

---

[1] I. C. J. Reports 1982, para. 75.
[2] I. C. J. Reports 1982, para. 24.
[3] I. C. J. Reports 1982, para. 50.

学、地貌学及等深线证据来支持其各自的主张,以确定两国在佩拉杰地块中属于各自自然延伸的大陆架区域。

对此,法院指出:"本法院无法接受利比亚的论点,即'只要决定了一国的自然延伸,划界就成为按照自然条件来进行的一件简单的事情'。如果设想在所有案件中或在大多数案件中能恰当地确定某一国的自然延伸,在涉及另一国的自然延伸时,即到此为止,不再延伸。这样,两部分的自然延伸就会以一条极易划定的线会合。这种设想将是错误的。"[1] 因此,法院考虑国际法发展的新趋势得出的结论是,自然延伸不侵犯他国自然延伸原则的重要性是有限的。

法院还再次表示了这样的观点:"沿海国的自然延伸是在法律上对大陆架拥有主权的根据,在本案中并不必然是提供适用于划定归属于相邻国家区域的标准。"[2] 法院在审理双方的论据前就作出了这个结论。法院的意图是把不侵犯他国自然延伸从自然延伸中剥离,从而不把其当作一项独立的划界规则。在当事国双方对大陆架都具有正当权利的情况下,不侵犯他国的自然延伸原则不发生作用。法院把自然延伸作为大陆架权利的依据与作为大陆架划界的原则相区别,认为后者在划界中的作用是有限的。[3]

(四) 公平原则

公平原则作为适用于划界的习惯国际法规则,为当事国双方所确认。突尼斯不仅要求,划界应建立在1969年判决所确认的自然延伸和不侵犯他国自然延伸原则基础上,而且在反诉备忘录中还要求:"划界必须符合公平原则并考虑所有显示本案特点的有关情况,即在各种情况间必须建立一种平衡,不重塑自然,以达到公平的结果。"[4] 突尼斯没有说明所提及的公平原则是什么,但提出了一系列应考虑的有关情况。而利比亚的立场是,如果能在科学基础上明确地确定自然延伸,那么适用自然延伸原则必然是公平的,符合公平原则。

本案中,法院对当事国在公平原则上的立场分歧进行了总结,并

---

[1] I. C. J. Reports 1982, para. 44.
[2] I. C. J. Reports 1982, para. 48.
[3] I. C. J. Reports 1982, paras. 67–68.
[4] I. C. J. Reports 1982, para. 27.

表述如下:"双方在这个问题上的争端是,如果不考虑公平原则,只按科学方法确定自然延伸是否确实是划界的'自然延伸'。"[1] 法院认为,其有义务指示,根据习惯法在已确认自然延伸不适用的情况下公平原则如何发生作用,或者如何使公平具体化。法院全面地阐述了公平原则及其在划界中的作用。

1. 公平的法律概念

关于公平的法律概念之含义,法院认为:"公平作为法律概念直接来源于公正思想。法院本身即以实现公正为己任……公平的法律概念是一项可以直接作为法律适用的一般原则。进一步说,在适用实在国际法时,一个法院可以在几种可能的法律解释中选择一种根据案件的情况来看是最接近公正要求的解释。"在海洋划界中,这一公平概念要求适用公平原则。在本案中,法院认为:"有义务把公平原则当作国际法的一部分来适用,并权衡各种法院认为是与取得公平结果有关的考虑。"[2] 因此,国际法院实际上是将公平原则确认为海洋划界最基本的法律规范。

2. 公平原则与公平结果的关系

法院明确指出公平原则与公平结果有密切的关系:"适用公平原则的结果必然是公平的,这一表述被广泛地运用,但是它并不是令人满意的。因为它应用'公平'一词来说明取得的结果,及为达到此结果而运用的手段的特征。但是,结果才是压倒一切的,原则是从属于目标的。一项原则的公平性必须根据它是否有助于达到公平的结果来评价,并不是每一个这样的原则本身就是公平的。它可以通过结果的公平性而获得公平属性。应由本法院指示的公平原则将根据其达到公平结果的恰当性来选择。从这一考虑出发,'公平原则'一词不能抽象地来解释,它涉及那些为达到公平结果可能是恰当的原则和规定。"[3] 这从另一方面也要求,公平原则必须体现在公平结果中。公平结果是划界需要达到的目的,这一目的只有通过适用公平原则才能够达到。在这个意义上,公平原则是实现公平结果的手段,手段是服务于目的的,同时也是实现目的必不可少的保证。

---

[1] I. C. J. Reports 1982, para. 39.

[2] I. C. J. Reports 1982, para. 71.

[3] I. C. J. Reports 1982, para. 70.

(五) 公平原则和有关情况

划界适用公平原则是为了取得公平的结果。在取得公平结果的过程中也要求适用公平原则，这就要求以公平原则为依据来考虑有关情况，并以公平原则来权衡有关情况的作用及其对结果公平性的影响。法院认为："在一特定案件中，什么是合理、公平的，取决于该案件的特殊情况。毫无疑问，不考虑该地区有关的特殊情况，在任何划界中要获得公平的解决都是不可能的。"[1]

公平原则是国际法原则。有关情况是事实，不具有法律性质。一项事实是否构成有关情况，取决于这一事实与大陆架制度的法律联系，取决于这一因素是有助于还是不利于划界达成公平的结果。国际法院从这个角度对有关情况进行归纳并审查，其中值得注意的是法院对有关情况进行了分类并就此表述意见如下：

1. 地理和地质的有关情况

这类有关情况包括当事国海岸的一般走向、海岸走向的突然改变、当事国在划界区域中的岛屿及划界区域的地质特征。

关于杰尔巴岛和盖尔甘奈群岛（Kerkennah），法院原则上不接受不考虑它们作用的观点。但实践中，法院未赋予杰尔巴岛以任何作用，对于盖尔甘奈群岛，也只赋予了一定的作用。

关于的黎波里塔尼亚海沟（Tripolitanian Furrow），法院认为，除非它破坏了大陆架的基本整体性，以至能说明在以它为两个自然延伸区域分界的基础上进行划界是正确的，否则它就不适合被列入为获得公平划界需要权衡的各种因素中。[2] 在本案中，法院不认为的黎波里塔尼亚海沟破坏大陆架的基本连续性，因此未予以考虑。

2. 陆地边界位置及向海延伸的海洋界限

陆地边界的位置揭示沿海国领土之间的相对关系，是沿海国之间政治地理的重要内容，构成划界的有关情况。利比亚和突尼斯之间的陆地边界是奥斯曼帝国与突尼斯通过 1910 年 5 月 19 日条约划定的。法院认为，利用陆地边界的位置指示阿杰迪尔角在陆地边界与海岸交

---

[1] I. C. J. Reports 1982, para. 72.
[2] I. C. J. Reports 1982, para. 80.

接点的情况与划界有关。阿杰迪尔角的相关性是在两条单方面确定的界线（渔业保护线和石油立法线）的背景中予以考虑的。由此，法院根据具体情况，同意将陆地边界作为划界应予以考虑的一项有关情况。但是，由于种种原因，法院否定两条单方面确定的界线本身可以作为有关情况予以考虑。法院指出，其关心被称为"正常的、垂直于陆地边界起始点的海岸部分的那条线"，"其方向大约是北北东"，即两国所默认的事实上的分界线。[1] 法院在这一问题上，既注意了历史，也考虑到这一方法曾为联合国国际法委员会在 1953 年至 1958 年的会议上提出过，并且已经有国家实践的先例。

3. 历史性权利

在本案中，突尼斯还提出传统捕鱼权问题。突尼斯提出的传统渔区包括"从凯布迪耶角 50 米等深线处起至该等深线与从阿杰迪尔角起向东北方 Zénith Vertical 45°划出的一条线的相交处之间的区域"[2]。利比亚不否认突尼斯传统捕鱼活动的存在，但提出："突尼斯所要求的区域有可能同利比亚陆地领土的自然延伸重叠，一国的捕鱼活动原则上不能优越于另一国因其自然延伸而固有的权利。"[3] 对于历史性权利，特别是对于定居鱼类历史性捕鱼权和历史性航行权，法院原则上予以确认。法院提出："历史性权利应受到尊重，而且应保留其长期使用的原貌。"同时，法院也指出："一般国际法没有为'历史性水域'或'历史性海湾'规定单独的制度，而只是为每一个具体的、公认的'历史性水域'或'历史性海湾'案件作了规定。"法院的结论是："事实是，基本上可以说，历史性权利或历史性水域的概念和大陆架的概念是由习惯国际法中不同的法律规章制度支配的。第一种规章制度以获得和占有为根据，而第二种规章制度则以'根据事实本身和自始就有'的权利的存在为依据。"[4] 由此，法院实际上默认历史性权利可能对划界结果产生影响，是划界应予以考虑的有关情况之一。

在本案中，法院实际上是结合双方单方面行为所确认的临时界线来承认历史性捕鱼权的。法院认为："由于没有双方同意的、明确确定

---

[1] I. C. J. Reports 1982, paras. 92–93.
[2] The Continental Shelf Case (Tunisia/Libya): Tunisia Memorandum, 1982, p. 12.
[3] I. C. J. Reports 1982, para. 98.
[4] I. C. J. Reports 1982, para. 100.

的海上边界，长期尊重这种解决争端的临时协定（双方都没有正式表示抗议）可以充分地说明这条线已被接受，这是两国之间大陆架划界方法选择的历史正当理由。这就使突尼斯要求的历史性权利在'权宜之计'线以东，利比亚无论如何不能反对。"[1]

关于历史性航行权，法院意见是："只有在本法院认为妥当的划界方法可能侵犯历史性权利区域的时候，本法院才不得不根据大陆架划界的情况来决定这些权利的有效性和范围以及利比亚对这些权利的可反对性。"在本案中，法院不认为划定的界线可能侵犯这一权利，因此，没有进一步表示意见。

4. 经济利益有关情况

在本案中，突尼斯认为，其经济利益比利比亚的经济利益更应得到考虑，其传统捕鱼权对国家具有生存意义。利比亚不认为应考虑经济因素，但提出应考虑石油、天然气的矿藏分布，这不是因为公平的要求，而是由于它有利于加强关于其陆地向海中自然延伸方向的地质学证据。

法院指出，双方都同意自然延伸的重要性，"两国的主要争端在于，从这一概念推衍出来的原则和规定应如何适用于本案的特殊情形，为划界之目的，还应考虑哪些因素"[2]。法院基本上否定了两国提出的各自经济利益和经济上相对优势和劣势对比的理由。法院只考虑了一点，即钻探井的存在问题。关于贫穷与生存权问题，法院认为："在划定属于当事国各方大陆架区域的界线时，这些经济方面的因素不能予以考虑。它们实际上是不相关的因素，因为它们是变数……至于在划界区域内油井的出现，根据事实，这可能是在权衡所有有关因素以获得公平结果的过程中应考虑的一个因素。"[3] 法院在这里明确指出，实际存在并且已构成既成事实的经济利益，是划界应予以考虑的有关情况，而笼统的、变化的、概而言之的经济利益，则不构成划界应予以考虑的有关情况。

（六）划界实用方法

法院首先对等距离方法作出一般性评述，认为："充分考虑有关海

---

[1] I. C. J. Reports 1982, para. 95.
[2] I. C. J. Reports 1982, para. 36.
[3] I. C. J. Reports 1982, para. 107.

岸的所有变化是等距离线方法的优点，虽然也可能是它的缺点。"[1]"等距离既不是一种强制性的法律原则，也不是一种比其他方法更优越的方法。"[2]法院总的看法是："从一系列关于大陆架界线的条约看，显然表明，等距离方法已被应用于许多案件，但是这些条约也表明国家可以不采用等距离方法，而应用其他划界标准，只要当事国认为这样更容易达成协议。"[3]

在此基础上，法院确认："对方法的任何审定，如同对可适用的原则和规定的审定一样，必须把特殊的地理形势，特别是公认的与划界有关的区域之特征和范围，作为出发点。"[4] 针对本案的情况，法院指出："就与划界有关的大陆架区域前方的海岸线而言，其最明显的地理特征是以加贝斯湾为标志的突尼斯海岸线的根本改变。"[5] 对此，双方都没有异议。双方的分歧是，这种方向的改变是在突尼斯海岸上的哪一点，及其对划界有什么影响。法院认为，考虑到这一情况，一条与海岸相垂直的线在原则上是公平的，这条线同时也考虑了当事国双方的各自单方面行为（即自当事国临海面划出的两条分界线）。[6] 在这里，当事国各自单方面的行为被作为法院在选择划界方法时予以考虑的有关情况。

利比亚认为，应该忽视杰尔巴岛和盖尔甘奈群岛的存在，因为这些岛屿构成"例外的特征"，并能够引起"不相干的复杂情况"。[7] 盖尔甘奈群岛被一些低潮高地和小岛所环绕，位于突尼斯海岸的前方、加贝斯湾的北方，距离突尼斯的斯法克斯镇（Sfax）约11海里。这一群岛涉及一个180平方千米的区域。群岛朝海的方向有许多沙洲和低潮高地，被一条宽度为9千米至27千米的沙洲和低潮高地地带包围。

法院认为，盖尔甘奈群岛的"位置和面积构成了一个与划界有关的情况。因此，本法院必须使它们发挥一定的作用……本法院必须考

---

[1] I. C. J. Reports 1982, para. 126.
[2] I. C. J. Reports 1982, para. 110.
[3] I. C. J. Reports 1982, para. 109.
[4] I. C. J. Reports 1982, para. 114.
[5] I. C. J. Reports 1982, para. 122.
[6] I. C. J. Reports 1982, para. 125.
[7] I. C. J. Reports 1982, para. 79.

虑的不仅是群岛，还有低潮高地"[1]。法院给予该群岛以"一种类似的'半效力'（half-effect）"[2]，即突尼斯海岸线和盖尔甘奈群岛向海方向的海岸线的夹角平分线，与子午线构成52°角，划界线从穿过加贝斯湾最西端点的纬度线向海方向延伸[3]。

为证明这样做是符合法律的，法院作出说明：

> 在划界的国家实践中有许多这样的例子。在这些例子中，只给予位于近海岸的岛屿以部分作用。采用的方法也根据这些案件不同的地理和其他情况而不尽相同。根据采用几何方法划界的情况，为此目的，有一个可能的方法是"半效力"或"半角度"方法。简言之，这一方法包括划出两条划界线，一条充分反映使用的划界方法赋予该岛屿的作用；另一条完全忽视该岛屿，似乎它并不存在。那么，实际采用的划界线介于前两条线之间，要么平分它们之间的区域，要么作为它们之间夹角的平分线，要么可以把该岛屿当作从它的位置向大陆移动一半的实际距离来处理。[4]

（七）接近比例性问题

双方存在分歧的问题之一是，"沿海国大陆架区域范围与根据海岸一般方向测算的海岸线长度之间的合理程度接近比例性要素"[5]。突尼斯考虑到它以直线基线划定其领海，因此提出在计算比例时，应不包括某些内水和领海水域。利比亚则认为，突尼斯不能援引直线基线来对抗利比亚。接近比例性要求考虑各自有关海岸的长度[6]。

对此，法院表述了如下原则：（1）法院提到"起公平作用的接近

---

[1] I. C. J. Reports 1982, para. 128.
[2] 赋予盖尔甘奈群岛一半作用的方法示意图：http://www.worldcourts.com/icj/eng/decisions/1982.02.24_ continental_ shelf_ 274_ 1. jpg.
[3] I. C. J. Reports 1982, para. 129.
[4] I. C. J. Reports 1982, para. 129.
[5] I. C. J. Reports 1982, para. 37.
[6] I. C. J. Reports 1982, para. 101.

比例性问题"[1],并肯定"确保有关国家之间公平划界这一基本原则确实要求考虑这个因素"[2]。(2) 法院同时指出,接近比例性因素与当事国的有关海岸长度有关,而不是与那些在海岸周围划定的直线基线有关[3]。(3) 关于接近比例性问题,另一项原则是"公平的唯一、绝对的要求就是用相似的东西与相似的东西比较"。(4) 法院不能把接近比例性概念作为判定它所指定的方法是否公平的标准,除非它能够得出比较清楚的有关划界两侧区域范围的概念[4],即接近比例性不等于公平分配。

关于本案的具体比例计算,法院注意到,"利比亚海岸线的长度(按海岸线测量,不考虑小湾、小港和环礁湖)从塔米拉角到阿杰迪尔角约为185千米。突尼斯海岸线的长度(以同样的方法测量,把杰尔巴岛当作一个海角),从阿杰迪尔角到卡布迪阿角约为420千米。因此,利比亚的有关海岸和突尼斯的有关海岸的比例约为31:69"。

法院注意到,"从塔米拉角划到阿杰迪尔角的一条直线所代表的利比亚海岸,和从卡布迪阿角划到加贝斯湾最西头一点的直线以及从那一点划到阿杰迪尔角的另一条直线所代表的突尼斯两个海岸,它们之间的比例约为34:66"[5]。在划界有关区域内位于低潮线以下的大陆架区域,根据法院所指定的方法划界,分别归属于两国的面积之比约为40(利比亚):60(突尼斯)。法院在适用上述原则审查后认为:"这个结果……满足了接近比例性标准作为公平一个方面的所有要求。"[6]

(八) 判决执行部分

在上述分析和推理基础上,法院最后以10票赞成、4票反对作出如下决定[7]:

一是适用于本案突尼斯和利比亚之间通过协议在佩拉杰地块区域

---

[1] I. C. J. Reports 1982, para. 104.
[2] I. C. J. Reports 1982, para. 103.
[3] I. C. J. Reports 1982, para. 104.
[4] I. C. J. Reports 1982, para. 104.
[5] I. C. J. Reports 1982, para. 131.
[6] I. C. J. Reports 1982, para. 131.
[7] I. C. J. Reports 1982, para. 133.

内进行大陆架划界的国际法原则和规则是：（1）划界进行应按照公平原则，并考虑所有有关情况；（2）有关划界区域是一个构成两个当事国陆地领土自然延伸的同一大陆架，所以本案大陆架区域划界的标准不能从自然延伸原则中产生；（3）在本案特殊地理情况下，大陆架区域的自然结构不能够确定一条公平划界的分界线。

二是根据上述原则，在本案中，为寻求公平划界应予以考虑的有关情况是：（1）本案有关划界区域是突尼斯的阿杰迪尔角至卡布迪阿角的海岸、利比亚的阿杰迪尔角至塔米拉角海岸以外的海域，两侧的范围是穿过卡布迪阿角的纬度线和塔米拉角的经度线向海一侧，以保留第三国的权利为限；（2）两个当事国海岸的一般形状，特别是在阿杰迪尔角和卡布迪阿角之间突尼斯海岸线走向的显著变化；（3）盖尔甘奈群岛的存在及其位置；（4）两个当事国之间的陆地边界，及它们在1974年以前批准石油租让区行为所产生的一条事实上的海上界线；（5）按照公平原则划界应予以考虑的、合理程度的接近比例性因素，即归属于沿海国的大陆架区域同其海岸线有关部分长度之间合理程度的接近比例性，以及为此目的应予以考虑的对同一区域内国家之间任何其他大陆架划界的现实和将来的效果。

三是在本案特殊情况下，运用上述国际法原则和规则的实用方法为：（1）将有关划界区域分为两段，每一段都要求运用一种特定的划界方法，以达成总体上公平的解决。（2）第一段划界区域，即靠近当事国海岸的部分，划界线的起点是两国领海外部界线与从阿杰迪尔角两国陆地边界终端点起连接北纬33°55′、东经12°点的一条直线的相交点。以此为起点，与两国先前的实践基本符合。自这一起点，两国大陆架的界线向东北方向延伸，通过北纬33°55′、东经12°点并继续延伸，直至同穿过在卡布迪阿角和阿杰迪尔角之间突尼斯海岸线最西端点（即加贝斯湾海岸低潮线最西端点）的纬度线相交。（3）第二段划界区域，即加贝斯湾海岸线最西端点的纬度线以外的向海延伸区域，两国之间的大陆架的划界线应向东偏转，以考虑到盖尔甘奈群岛的存在，即自加贝斯湾的最西端点起，划出一条突尼斯海岸线（42°）和盖尔甘奈群岛向海方向海岸线（62°）所形成的夹角平分线，划界线同这一条夹角平分线保持平行，与经度子午线构成52°方位角。考虑保留第三国权利的原则，这一划界线向东北方向的延伸应取决于同第三国的划界。

四、反对意见

对本案的判决，施韦贝尔、格罗斯发表了个人意见，小田兹法官及艾文生专案法官提出了反对意见。

小田兹法官认为，法院没有指示任何国际法的实体原则和规则，法院所建议的线没有建立在任何有说服力的考虑上。判决书像是根据《国际法院规约》第38条第2款的公允及善良原则作出的。鉴于距离原则在大陆架界线的新概念中占据主导地位，以及专属经济区的界线不可避免地对海底矿产资源的开发具有重要影响，一项等距离方法原则上适合于突尼斯和利比亚之间的大陆架划界，但这是有条件的，即界线应根据海岸特征作出调整，否则这些特征对总体海岸线长度和所属海域之间的比例而言，可能产生扭曲性效果。他建议，本案作为两个海岸相邻国家之间的正常划界案，可采纳一条自两国海岸起量的等距离线，忽视盖尔甘奈群岛和周围低潮高地的存在。[1]

艾文生专案法官主张，即使公平构成国际法的一部分，也不能够在法律虚无中起作用。在本案中，两国海岸既是相邻的又几乎是相向的，法院没有对这一地理事实给予充分的重视。而且，法院也忽视了例如杰尔巴岛、扎尔兹海角和盖尔甘奈群岛及其周围的低潮高地等有关海岸的特征。同样，法院也没有充分重视《联合国海洋法公约》中规定的200海里专属经济区所体现的新趋势及在大陆架的某些方面倾向于距离原则的趋势。他认为，在本案中，等距离标准应该为划界目的建立一个起点，然后以公平的考虑来调整，这比法院所建议的方法更合适。他认为，法院区别建立在根据《国际法院规约》第38条所规定的国际法原则和规则基础上的判决和建立在第38条第2款所规定的公允及善良原则基础上的判决，使事情更混乱了。[2]

---

[1] United Nations, *Summaries of Judgment, Advisory Opinions and Orders of the International Court of Justice 1948-1991*, United Nations, ST/LEG/SER. F/1, New York, 1992, pp. 117-118.

[2] I. C. J. Reports 1982, para. 118.

五、划界问题的最终解决

继 1982 年判决后,国际法院于 1985 年 12 月 10 日作出另一判决,驳回突尼斯关于重新审理 1982 年判决的诉讼请求,并对 1982 年判决中关于"加贝斯湾最西点"等问题作出了解释。[1]

在 1982 年判决基础上,突尼斯和利比亚于 1988 年 8 月 8 日签订《关于执行国际法院在突尼斯和利比亚大陆架划界案中判决的协定》。[2] 该协定第 1 条规定,两国之间的大陆架分界线由如下两部分组成:

第一部分,从阿杰迪尔角上两国陆地边界点起向海方向划出一条 26°方位角的直线,穿过北纬 33°55′、东经 12°,大陆架分界线自此线与领海外部界线相交点起,以同样的方位角延伸至同北纬 34°10′30″线相交点止。

第二部分,自北纬 34°10′30″线上的已定点起,分界线转东北方向,以 52°方位角向东北方向延伸至同第三国分界线相交处止。

当事国双方还在 1∶798700 的海图上标绘出分界线的走向[3],以此作为《关于执行国际法院在突尼斯和利比亚大陆架划界案中判决的协定》的组成部分。

六、评 论

(一)关于海洋法的新发展

本案判决是在《联合国海洋法公约(草案)》已基本形成的背景下作出的,考虑了国际海洋法的新发展。实际上,早在渔业管辖权案

---

[1] International Court of Justice, Case Concerning the Delimitation of Continental Shelf Between Tunisia and Libya, Judgment of 10 December 1985, in International Court of Justice, Reports of Judgments, Advisory Opinions and Orders, 1985.

[2] Charney, J. I. & Alexander, L. M., eds., *International Maritime Boundaries*, Dordrecht/Boston/London, Martinus Nijhoff Publishers, 1993, pp. 1679-1680.

[3] 突尼斯和利比亚的大陆架界线: https://sovereignlimits.com/wp-content/uploads/sites/2/2019/04/LBY_ TUN_ web. jpg。

中，国际法院就已对第三次联合国海洋法会议发表了意见。[1] 法院注意到，相比之下，在本案审理时，第三次联合国海洋法会议已获得了很大的进展。[2] 在本案中，国际法院从习惯国际法的角度，结合新近的法律发展，包括国家实践和第三次联合国海洋法会议的进展，对自然延伸在大陆架划界中的作用进行了系统、全面的分析研究，这是对国际法状况作出的一次重要总结。遗憾的是，国际法院仅仅局限于对《联合国海洋法公约（草案）》第76条进行分析，而没有对第83条及其起草和谈判过程进行调查并充分发表意见。实际上，涉及海洋划界问题核心的是这一通过外交妥协所达成的条款内容。法院是否有意回避这一争议最大的海洋划界问题呢？[3]

（二）关于自然延伸原则

继仲裁庭作出关于大陆架划界案（英国与法国）的裁决之后，国际法院再次确认，自然延伸原则构成沿海国大陆架权利的法律基础，正在形成的新海洋法并没有改变这一根本的法律观念。但是在两个沿海国海岸共同面临同一个大陆架的情况下，自然延伸原则不能作为划界标准，在具体划界过程中不起作用。国际法院所阐述的思想是明白的。自然延伸构成沿海国大陆架权利的依据和法律基础，但是这一概念本身并不足以确定一个国家相对于另一个国家的大陆架权利扩展的广度。因此，在两个沿海国共处同一个大陆架情况下，自然延伸不足以也不适合构成划界标准。自然延伸原则在划界中有双重作用：其一，确定权利依据和基础，这一作用存在于所有的情况；其二，作为划界标准，这一作用并不是在任何情况下都具有。在本案的特殊情况下，国际法院认为，应排除自然延伸产生第二种作用的可能性。值得注意，同样令人遗憾的是，国际法院并没有说明在什么样的情况下，自然延伸可以理所当然地发挥确定一个沿海国大陆架权利

---

[1] International Court of Justice, Case Concerning Fisheries Jurisdictions, Judgments on the Merits of 25 July 1974, in International Court of Justice, Reports of Judgments, Advisory Opinions and Orders, 1974, p. 23.

[2] I. C. J. Reports 1982, para. 23.

[3] G. J. Tanja, *The Legal Determination of International Maritime Boundaries*, Deventer / Boston, 1990, pp. 188–189.

扩展范围及其广度的作用。[1]

(三) 关于公平原则和有关情况

本案的另一特点是，国际法院发展了国际法关于海洋划界按照公平原则并考虑所有有关情况的理论，丰富了有关情况的概念。在海洋划界中应予以考虑的重要有关情况包括：（1）当事国面临划界区域的海岸，它们之间的相邻、相向关系，及同第三国海岸的政治地理关系；（2）当事国海岸的一般形状及其走向的显著变化，及由此引起的相邻、相向关系的变化；（3）当事国海岸外有无岛屿存在，其相对于当事国海岸的位置，及其对划界结果公平性的影响；（4）海岸相邻的当事国之间的陆地边界位置，及其对划界结果的公平性影响；（5）当事国的海洋政策实践，因为承认或默认行为可能产生或形成事实上的海洋界线；（6）归属于当事国的海洋区域同其海岸线有关部分长度之间合理程度的接近比例性，以及这种接近比例性在现在和将来对当事国在同一区域内同第三国或第三国之间海洋划界的影响。

(四) 关于接近比例性概念

在本案中，国际法院对"接近比例性"概念在实施公平原则过程中的重要作用予以积极肯定。

关于"接近比例性"概念，国际法理论有两种意见：一是认为它是公平原则的直接体现，这一概念可直接运用于划界结果的计算，即从海岸线长度同海洋区域面积的比例中直接求得公平的划界结果。[2] 二是认为"接近比例性"概念不是公平原则本身，它不具有绝对公平性，不能直接产生公平结果。"接近比例性"概念仅仅适用于在根据其他方法产生初步的划界结果时，对这一初步的划界结果进行检验，只

---

[1] Zoller, E., "Recherches sur les méthodes de délimitation du plateau continental Tunisie/Libye", in *Revue Générale de Droit International Public*, 1982, pp. 645–678; Freldman, M. B., "The Tunisia-Libya Continental Shelf Case: Geographical Justice or Judicial Justice Compromise?", in *American Journal of International Law*, Vol. 77, 1983, pp. 219–220.

[2] International Hydrograhic Bureau ed., *Technical Aspects of Maritime Delimitation*, Monaco, 1990.

要初步的划界结果同当事国之间的海岸线长度与海洋区域面积之间的比例相差不大,就应认为初步的划界结果基本符合比例,不需要再进行调整,因此可将初步划界结果确认为最终的公平结果。只有初步划界结果同当事国之间的海岸线长度与海洋区域面积之间的比例相差很大,即明显不符合"接近比例性"的情况下,才需要根据公平原则进行具体的比例计算,并以计算所得出的比例为依据,对初步的划界成果进行调整。调整的目的是保证结果符合"接近比例性",而不是机械地与当事国之间的海岸线长度与海洋区域面积比例完全一致。[1]

在本案中,国际法院采纳了后一种观点,并且认为,即使在同第三国不存在划界协定的情况下,也不妨碍根据接近比例性概念对划界结果的公平性进行检验。值得注意的是,同先前的划界案例不同,在本案中,法院第一次直接进行了具体的比例计算,并将有关比例作为衡量划界结果公平性的标准。这一实践对国际海洋划界实践具有重要的指导意义。

---

[1] Evans, M. D., *Relevant Circumstances and Maritime Delimitation*, Clarendon Press, Oxford, 1989, pp. 230-231.

缅因湾海洋边界划界案（美国与加拿大）

（国际法院分庭 1984 年 10 月 12 日判决）

一、争议的产生

缅因湾（Gulf of Maine）是北美洲大陆东海岸一片广阔的凹形海湾，为美国和加拿大两国陆地所环绕。湾内海岸主要为美国的缅因州，湾西南为美国马萨诸塞州，湾东北为加拿大新斯科舍半岛（Nova Scotian Peninsula），湾口有一个水下浅滩——乔治滩（George Bank）。

美国和加拿大之间的缅因湾海洋边界划界争端起源于20世纪60年代。自此，双方在缅因湾的乔治滩北部颁发石油、天然气开采许可证。1966—1968年，双方就重叠海域问题进行了一些外交协商和接触。美国于1968年5月10日向加拿大提交一份备忘录，建议双方暂停在乔治滩北部的作业并举行外交谈判。1969年11月5日，美国向加拿大政府递交外交照会，表示不同意加拿大在两国还未准确地划定大陆架界线的情况下颁发在乔治滩北部石油、天然气开采许可证的做法，并正式建议举行双边谈判。1969年12月1日，加拿大正式答复美国照会，表示接受美国关于进行谈判的建议，但拒绝美国关于石油、天然气开发的建议。自此，争议明朗化。两国自1970年7月9日起正式开始谈判。加拿大主张根据1958年日内瓦《大陆架公约》，以等距离线划界；美国则主张以100米等深线划界，沿东北水道（the Northeast Channel）延伸。双方争执不下。[1]

---

[1] International Court of Justice, Case Concerning the Delimitation of the Maritime Boundary in the Gulf of Maine Area (Canada/United States of America), Judgment of 12 October 1984, in International Court of Justice, Reports of Judgments, Advisory Opinions and Orders, 1984（以下简称"I. C. J. Reports 1984"）, paras, 61-65.

谈判期间，美国于 1974 年 1 月颁布关于美洲龙虾的立法，由此引起"龙虾战"。后考虑谈判前景，美国通知加拿大方面，此立法不适用于加拿大渔民。1976 年 4 月 13 日至 11 月 1 日，谈判陷入僵局。1976 年 11 月 1 日，美国通过《渔业养护和管理法》，并于 1977 年 3 月 1 日起生效。1977 年年初，加拿大政府宣布建立 200 海里专属经济区。由此，争端从大陆架扩展到上覆水域。双方于 1977 年 2 月 24 日签署一项《临时互惠渔业协定》，规定保持两国在东、西海岸边界地区以东和以外地区渔业的"现有格局"。这一协定的基本内容是，双方渔民可以继续在争议地区捕鱼，在争议解决前，任何一方都不得将自己的国内法强加于另一方渔民。这一临时措施被称为"船旗国执行程序"，即各自作出自我克制，仅将管辖权适用于本国和第三国的渔民。这一临时措施一直维持至国际法院审理争议之时。[1] 谈判期间，双方均颁发了石油、天然气开采许可证，但为不妨碍谈判，双方均未付诸实施。

两国政府任命的特别谈判代表于 1977 年 7 月报告全面解决海洋划界问题及有关问题的原则，并于同年 10 月提出一份联合报告。此后，谈判进展缓慢，困难重重。1979 年，双方代表达成协议，向各自政府提出一揽子解决的两个条约，即《关于将缅因湾海洋边界划定的争议提交有拘束力司法解决的协议》（以下简称《提交有拘束力司法解决协议》）和《关于东海岸渔业资源的协定》（以下简称《渔业协定》），并请求批准。《渔业协定》于 1981 年被美国总统否决，但是《提交有拘束力司法解决协议》经修改后批准生效。

1981 年 11 月 25 日，加拿大和美国联合致信国际法院书记长官，递交了特别协定的正式文本。[2] 1982 年 1 月 20 日，国际法院成立由阿果、格罗斯、莫斯勒、施韦贝尔法官和科恩专案法官组成的分庭，开始审理此案。[3] 在案件审理期间，美国于 1983 年 10 月也宣布建立 200 海里专属经济区。

国际法院分庭于 1984 年 10 月 12 日对本案作出判决。

---

[1] I. C. J. Reports 1984, paras. 66-69.
[2] I. C. J. Reports 1984, paras. 69, 75-76.
[3] International Court of Justice, Case Concerning the Delimitation of the Maritime Boundary in the Gulf of Maine Area (Canada/United States of America), Order of 20 January 1982 (Constitution of Chamber), in International Court of Justice, Reports of Judgments, Advisory Opinions and Orders, 1982.

二、当事国的主张和依据

双方争端的核心是确定"适用于当事国双方争端的国际法原则和规则"。直到 1976 年,争端仅涉及大陆架划界问题。自 1976 年起,由于双方都提出 200 海里专属经济区的主张,争端获得了双重性质。双方都同意适用于本案的原则和规则包括考虑所有有关情况以达到公平结果的公平原则。双方都把公平原则视为划界的基本原则,但是侧重点不同。法院注意到这一点,并指出:"在当事国双方都宣布各自的专属渔区后,它们之间的争端显示了双重性质。在这个问题上,美国特别重视的是争端的渔业方面,而加拿大一直优先考虑争端的原始方面,即大陆架问题。"[1]

双方争议的焦点是对渔业资源非常丰富的乔治滩的主权。美国认为它对整个浅滩海域拥有主权,而加拿大则认为适用等距离原则,它对这一浅滩的大部分海域拥有主权。当事国双方对一些重要问题包括划界应予以考虑的有关情况都提出了不同看法。加拿大和美国都各自长篇大论地阐述自己的立场和观点,并都提出了一条有具体经纬度坐标的界线。

(一) 加拿大的观点

1976 年 11 月 1 日,加拿大公布一条严格的等距离-中间线的地理坐标。1977 年 10 月 14 日,加拿大改变自己的立场,提出科德角半岛(the Cape Cod Peninsula)的向海延伸、南达科特岛(Nantuket Island)和马太凡尼亚岛(Martha's Vaneyard)的位置以及波士顿东南海岸明显的凹陷情况符合 1958 年《大陆架公约》第 6 条规定的"特殊情况",要求在划界中予以考虑。由于这些特殊的地理特征对等距离-中间线具有不成比例的扭曲效果,在划界过程中应使它们不产生这种效果。因此,经调整后的中间线应更偏向于马萨诸塞州海岸,将乔治滩东北部的一大部分(近 40% 的渔业资源)划归加拿大。[2] 1977 年 11 月 3

---

[1] I. C. J. Reports 1984, para. 70.
[2] 加拿大和美国的主张线示意图:http://ocwus.us.es/geografia-humana/handbook-on-marine-policy-in-the-us-and-the-eu-an-approach-to-emerging-issues/handbook_ web/5. htm/ 5_ clip_ image004. jpg。

日，加拿大以外交照会的形式将其新的立场通知美国，并于1978年9月13日在加拿大政府公报中正式宣布。[1]

1977年，加拿大政府为达到发放开采许可证的目的，参照1958年《大陆架公约》第6条的规定，划出一条"事实上的等距离线"。据加拿大掌握的情况，美国国土管理局在20世纪60年代至70年代，也曾使用同样的一条线。对此，美国未予以承认。加拿大认为，双方的实践，包括发放许可证和在乔治滩的地震测量确认了一条在形成中的中间线。[2]加拿大还提出，在加拿大发放石油开采许可证后的几年中，美国的行为是同意这条事实上的界线的。因此，美国提出另外一条界线的行为构成违反"禁止反言"。分庭正确地指出：加拿大相继提出的两条线虽然均为同时适用于大陆架和渔区划界的单一界线，但主要目的用于大陆架划界。[3]此外，加拿大还反对美国关于区别"主要海岸"和"次要海岸"的说法。[4]

（二）美国的观点

美国强烈反对加拿大的立场。直到1976年年底，美国从来没有正式说明其关于缅因湾大陆架划界问题的立场。在1969年11月5日的备忘录中，美国仅表示不能同意加拿大允许在乔治滩进行自然资源的勘探和开采。美国否认存在任何临时或事实上的界线。美国的观点是：（1）否定1976年线是因为它不正确地反映了某些特殊情况；（2）1977年线适用第6条特殊情况的规定是不恰当的，国际法不能为加拿大忽视科德角半岛、南达科特岛和马太凡尼亚岛的论点提供依据。[5]美国比加拿大更详细地阐述了自己的立场。

美国认为："符合公平原则的是这样一条线，它考虑了该地区的海岸结构（Coastal Configuretion）（或形状），尤其是考虑了美国海岸线的

---

[1] I. C. J. Reports 1984, para. 71.
[2] I. C. J. Reports 1984, para. 69.
[3] I. C. J. Reports 1984, paras. 12-13.
[4] Legault, L. H. & Hankey, H., "From Sea to Seabed: The Single Maritime Boundary in the Gulf of Maine Case", in *American Journal of International Law*, Vol. 79, 1985, p. 963.
[5] I. C. J. Reports 1984, paras. 72, 74.

凹陷和新斯科舍半岛凸出所导致的扭曲效果。"[1]美国还提出区分"主要海岸"和"次要海岸"的新理论，前者符合海岸线一般走向，后者偏离海岸线一般走向。美国把新斯科舍海岸看成次要海岸，主张次要海岸不能对主要海岸造成一种阻断效果，即主要海岸附近的海洋区域应保留给主要海岸的沿岸国。[2]

美国于1976年11月4日正式公布一条同时适用于大陆架和专属经济区划界的主张线，即把东北水道作为新斯科舍海岸大陆架自然延伸的中断。[3] 当然，美国了解这条水道水深约200米，不能被视为地质上的凹陷，尽管如此，仍认为该水道是海底的"自然分界线"[4]。把东北水道作为特殊情况的依据是，在划界区域内存在着三个各自分离的海洋"生态体系"(ecosystems)，即缅因湾盆地、乔治滩区域和南达科特沙洲区域。美国认为，东北水道在这种情况下构成一条"分界线"和"海洋环境明显的界限"，对维护渔场的统一性具有重要意义。[5]

美国主张，两国海岸形状、陆地边界的位置和划界区域内渔场的存在构成划界应予以考虑的另外一种特殊情况，为划分这样一条线提供了依据，即"从国际边界终端点到大西洋最深水位线的一条线"[6]。这条线符合1958年《大陆架公约》第6条的规定。但在诉讼程序开始时，美国改变了其立场，提出一条与北美大陆海岸一般走向相垂直的线，这条线不是严格的垂直线，而是为保留渔场的统一性和区别不同"生态系统"而经调整的垂直线，位于东北水道线的东侧，穿过新斯科提亚海岸前沿的日耳曼滩 (German Bank) 和布朗滩 (Browns Bank)。

美国以国际法院关于大陆架划界案（突尼斯与利比亚）的判决为依据提出，1975年的主张过多地考虑了划界区域的地质和地貌特

---

[1] I. C. J. Reports 1984, paras. 72, 74.
[2] I. C. J. Reports 1984, para. 36.
[3] 加拿大和美国的主张线示意图：http://ocwus.us.es/geografia-humana/handbook-on-marine-policy-in-the-us-and-the-eu-an-approach-to-emerging-issues/handbook_ web/5. htm/5_ clip_ image004. jpg。
[4] I. C. J. Reports 1984, paras. 50, 70.
[5] I. C. J. Reports 1984, para. 51.
[6] I. C. J. Reports 1984, para. 77.

点，不正确地确定美国在法律上应得到的海域，新的主张线更符合接近比例性原则。因为美国的海岸线比加拿大的更长。美国在备忘录中提出的划界原则是，划分一条单一的海上界线要求适用公平原则，考虑划界区域的有关情况，产生公平的结果。美国认为，公平概念应包含如下原则：划界必须尊重双方有关海岸和海岸前沿划界区域之间的关系的原则，包括不侵占原则（non-encroachment）、接近比例性原则和地理意义上的自然延伸原则或海岸前沿扩展原则；划界应有利于自然资源维护的原则；划界应尽可能减少当事国将来潜在冲突的原则；划界应考虑区域有关情况的原则，包括地理生态环境的情况。[1]

美国提出应考虑的地理情况包括：（1）向缅因湾并向湾外延伸（through and beyond）的缅因州和新罕布什尔州的海岸；（2）当事双方作为相邻国家的宏观地理关系；（3）北美大陆东部海岸北东向的一般走向，包括在缅因湾的湾口和湾外；（4）两国边界线终端点在缅因湾北角的位置；（5）在距离两国边界线终端点以北 147 英里（约 236.6 千米）的奇涅克托处（the Chignecto Isthmus），加拿大海岸线走向的急剧改变；（6）距离两国边界线终端点 100 英里（约 160.9 千米）处，加拿大新斯科提亚半岛的向外凸出构成加拿大海岸线短暂地垂直于海岸一般走向并超过了由两国边界线终端点向外延伸的线；（7）由新斯科提亚半岛和新英格兰州海岸弯曲造成的凹陷；（8）当事国各自海岸线的长度；（9）在新斯科舍大陆架上的东北水道、乔治滩、布朗滩、日耳曼滩。[2]

为证明其在划界区域中的利益优于加拿大，美国还提出如下情况：从美国独立起，美国渔民就在湾内从事捕鱼活动，捕鱼历史更悠久，范围更宽广；直至最近，乔治滩的渔业资源几乎由美国渔民进行专属的单独开发；美国及其国民在 200 多年中承担了缅因湾的航海救助、防卫、科学研究和渔业资源保护等主要责任。[3]

---

[1] I. C. J. Reports 1984, paras. 12-13.
[2] I. C. J. Reports 1984, paras. 12-13.
[3] I. C. J. Reports 1984, paras. 12-13.

三、判决书及其主要观点

(一) 确定划界区域及其特点

当事国双方对划界区域没有作出明确的界定。国际法院分庭认为,对"缅因湾地区"的地理概念作出高度精确的界定是分庭必须承担的一项工作。分庭对缅因湾的地理环境作出具体描述,并指出构成划界区域的缅因湾地区是位于北美洲大陆东海岸的一片广阔凹形海区,大致呈一个拉长的矩形,两条短边主要由西面的马萨诸塞海岸和东面的新斯科舍海岸所构成,一条长边是自伊丽莎白角(Cape Elizabeth)至两国陆地边界终端点的缅因海岸;另一条长边则在大西洋一侧,是一条想象的线,由南达科特岛和沙布尔角(Cape Sable)之间的连线所构成,被双方称为"缅因湾的封口线"。[1]

分庭强调,马萨诸塞海岸和新斯科舍海岸大致相向且呈平行走向,并指出这里所说长边和短边的含义不应被解释为同意美国所提出的"主要海岸"和"次要海岸"理论。分庭认为:"首先,地理事实本身没有主次之分,这种区别只是一种表达方式,不具有自然事实固有的性质,只是一种人为的价值判断,而这种判断必定是主观的。在同样的事实基础上,由于对前景观察目的的不同而会有变化。"[2] 因此,地理事实是自然现象作用的结果,只能实事求是地予以确认并考虑。

关于划界区域,分庭否定了当事国双方想把与划界区域无直接关系的海岸作为有关情况的做法。分庭指出,争端仅涉及缅因湾本身,"除了直接环绕该海湾的海岸外,所涉及的其他海岸没有也不可能具有将划界区域扩展到事实上与它无关海区的作用"[3]。因此,"划界地区不仅包括缅因湾海岸所环绕的海区,而且包括位于缅因湾向海部分紧靠的三角形外围海区,再以外的海域就不是本庭的划界范围了"[4]。

---

[1] I. C. J. Reports 1984, paras. 29 - 30.
[2] I. C. J. Reports 1984, para. 36.
[3] I. C. J. Reports 1984, para. 41.
[4] I. C. J. Reports 1984, para. 39.

当事国双方的争议焦点——乔治滩,也完全被包括在划界区域的范围内。

分庭还指出,确定划界区域的因素只有一个,即自然地理。这不以同时考虑其他因素,如社会经济条件和人文环境等为前提。[1] 关于地质和地貌因素,分庭指出,双方都承认,包括缅因湾在内的整个北美大陆架地层的地质构造实质上是有延续性的。双方原则上同意,乔治滩是北美大陆架的一部分,海底区域的统一性可以由地貌资料来证实,以分庭的说法,"根据公认的科学结论,这个大陆架的地质构造是独立延伸的、统一的和不间断的,即使在某些地区有一些次要的特征,它们主要由冰川和沙流冲刷所致"。[2] 分庭没有接受加拿大把东北水道视为自然延伸中断的观点,也没有接受美国把自然延伸作为"生态系统"分界线的说法。分庭根据国家实践和习惯法认为,东北水道不构成大陆架地貌统一性的中断,并进一步指出:"在三角形斜边附近往前的地区没有发现海床的一般斜坡有真正的急剧变化,而拟划定的分界线终点就位于该三角形内。"[3] 关于上覆水体(water column)问题,加拿大方面强调水体在总体上的不可分割性,美国方面则区分三个不同的生态体系。分庭表示:"不相信从如此不稳定的海洋水域及其动植物环境中,能分辨出任何真正、准确及稳定的'天然界线'。"因此,"从某海床上覆水体的生物地理学资料中,为一稳定的天然界线寻找足够的理由,是徒劳的"。[4]

(二) 关于适用的国际法原则和规则

关于适用于划界的国际法规则,分庭认为:"在习惯国际法中找不到一套详细的规则。事实上,习惯国际法在保障国际社会成员间共处和必不可少的合作方面只有些有限的规范,再加上一套存在于各国法律信念中的习惯规则,它们的存在可以通过分析充分的、广泛的和令人信服的实际而得到检验,而不是从先验的想法中进行归纳。因此,指望一般国际法提供解决所有划界问题的现成的一套规则是徒劳的,

---

[1] I. C. J. Reports 1984, paras. 39, 57–59.
[2] I. C. J. Reports 1984, para. 45.
[3] I. C. J. Reports 1984, para. 46.
[4] I. C. J. Reports 1984, para. 54.

尤其是在这样一个新的、未自成一类的领域里,更是如此,这个领域昨天还是公海,国家主权最近才扩展到这里。"[1]

本着这一观点,分庭审理1958年《大陆架公约》第6条作为条约法规范的效力问题。美国和加拿大都是1958年《大陆架公约》的缔约国,均认为双方受这一公约的约束。但是,一条单一的海洋界线包含着比大陆架划界更多的内容。关于第6条能否适用于渔区的划界问题,分庭指出:"一项只限于大陆架划界的条约义务能否扩大到更大的、无疑是非同质的、具有根本差异的领域是值得怀疑的,而且这种扩大明显超出条约解释的严格标准所作的限制。"[2]

分庭否定了当事国如下一些主张:(1)加拿大关于1958年《大陆架公约》第6条构成一般国际法规则适用于一条单一的海洋边界划定的观点;(2)加拿大关于一条单一的海洋界线能保证现有的捕鱼格局,并且对有关地区沿海各国都是极其重要的这一说法;(3)美国关于地理意义上一国自然延伸不侵犯另一国自然延伸及潜在的"阻断效果"说;(4)美国关于对渔业资源的最优化利用和保护的观点;(5)美国关于减少两国之间将来潜在争端的说法。[3]

关于海洋划界的一般国际法规范,分庭分析了国际法院先前所审理的大陆架划界案,并解释了第三次联合国海洋法会议的工作。分庭指出,关于划定一条单一的海洋界线,基本的习惯国际法是:(1)相向或相邻海岸国家的海洋划界不能由其中的某一国单独作出,这样的划界必须通过谈判以协议寻求和实现,对谈判必须有诚意并抱着取得积极成果的目的。在不能达成协议的情况下,划界应求助于一个拥有必要权力的第三方作出。(2)在这两种情况下,划界应考虑到该地区的地理特征和其他有关情况,适用能够保证公平结果的公平标准和实际方法。[4]

(三) 公平标准

公平标准从公平原则演化而来,其本身并不是"国际法的原则和

---

[1] I. C. J. Reports 1984, para. 111.
[2] I. C. J. Reports 1984, para. 119.
[3] I. C. J. Reports 1984, para. 110.
[4] I. C. J. Reports 1984, para. 112.

规范"[1]。"由于公平标准对不同具体情况的适用性不同，因此对国际海洋划界而言，公平标准没有一个系统的定义，而且对之作先验的规定无论如何是困难的，对这方面的问题，编纂努力也尚未触及。"[2]但是，对公平原则有一些经典的表述方式：(1) 关于陆地统治海洋的公式；(2) 关于在没有特殊情况要求作出调整时，归属于相邻两国各自海岸的海洋和海底区域的重叠部分应予以平等划分的标准；(3) 关于无论是否可能，一国海岸向海方向的延伸不应侵入非常接近于另一国海岸区域的标准；(4) 避免当事国任何一方海岸或者部分海岸向海方向的最远延伸被阻断的标准；(5) 在某些情况下，从两个国家海岸幅度差异中可得出适用于同一划界区域适当效果的标准。[3]

分庭列举了这些公平标准，但并没有充分说明公平原则同这些公平标准之间的联系和区别。分庭认为，一般国际法并没有指明适用于划界的具体公平标准和运用具体实用方法的特殊规则。

(四) 关于单一的海洋边界及有关情况

在本案中，美国和加拿大各自提出两条分界线。对此，分庭进行分析，指出双方各自的主张线明显不一致，不存在协议。因此，分庭否定了两国之间存在着现成的分界线的说法，并认为当事国各自的行为不足以构成对"禁止反言"的违背。

在适用公平标准来选择划界方法时，分庭考虑了本案特点，即划定一条同时适用于大陆架和专属渔区的界线。对于美国提出的划界要考虑每一个生态体系的统一性，分庭认为："这个标准对仅涉及专属经济区的划界而言被证明是成立的，但对'单一'界线划定而言就不充分了。为单一界线划定的目的，大陆架特别是它的底土资源起着重要的作用。"[4]换言之，分庭没有完全否定美国的观点，只是指出为划分大陆架和专属经济区统一的界线，仅考虑生态和自然环境这一因素是不妥当的，因为它只反映了问题的一方面，仅与上覆水体有关。

---

[1] I. C. J. Reports 1984, para. 80.
[2] I. C. J. Reports 1984, para. 157.
[3] I. C. J. Reports 1984, paras. 195–196.
[4] I. C. J. Reports 1984, para. 168.

借此，分庭为划界指明方向："即使在以前的案例中某些标准可能已被认为是适用的，但在本案的情况下，必须排除适用那些被认为是仅与两种有待于同时划界的自然现实之一具有典型和专属特点的标准。"[1] 在这种情况下，"只能适用既不对两个对象中的一个给予优惠又不损害另一个对象的标准的综合，应优先考虑由于其中立性最适合多种用途划界的标准"[2]。

在本案中，分庭将地理标准看作具有中立性、适合于多种用途划界的有关情况。分庭否定了美国关于"主要海岸"和"次要海岸"的说法。分庭认为，应予以考虑的有关情况包括：避免阻断效果；两国海岸线的一般走向及加拿大海岸的凸出；在划界区域，美国的有关海岸比加拿大的有关海岸更长；在海岸外存在着一些岛屿；等等。

（五）关于划界实用方法

分庭认为，适用于划定一个单一的海洋界线的方法必须满足两个条件：（1）必须表明，运用选定的方法不是强制性的，只不过它对具体情况而言是公平的、适当的；（2）必须保证，适用该种以具体措辞来提出的方法已适当地考虑了有关情况，而且有关情况已落实在方法运用中。[3] 方法从适用于划界的国际法原则和规则中产生。分庭指出："关于这些实用方法，在开始时可以说，需要做的选择是先前就确定的，必须选择的方法是那些作为适当的手段使上述标准（而不是其他根本不同类型的标准）发生效用的方法。"[4]

由于分庭给予地理情况和特征以特殊的地位，因此地理情况和特征构成划界方法的基础。关于划界方法，分庭认为本案只考虑几何方法，划界可通过一种几何方法或综合几种几何方法来实现。[5] 分庭指出，单一的海洋界线的性质和特点使划界实用方法在一定程度上简单化了，"在有关区域内，界线的划定将取决于海岸的形状。缅因湾的海

---

[1] I. C. J. Reports 1984, para. 193.
[2] I. C. J. Reports 1984, para. 194.
[3] I. C. J. Reports 1984, para. 180.
[4] I. C. J. Reports 1984, para. 199.
[5] I. C. J. Reports 1984, para. 199.

岸形状排除了界线基本上以单一走向的线所构成这种可能性"[1]。

(六) 海洋边界的具体划分

分庭认为,在缅因湾的北部,美国和加拿大的海岸构成侧向的相邻关系;在海湾封口线附近,两国之间海岸构成相向关系。分庭认为,在 A 点与由南达科特岛和沙布尔角构成的封口线之间,即在缅因湾以内,有两段划界区域,而湾口以外的划界区域为第三段。由此,分庭把有关划界区域分成三段进行处理[2],具体划分是[3]:

第一段划界区域,即在两国陆地边界附近,分庭确认在此范围内不存在特殊情况。但由于本案是划定一条上下统一的分界线,同时两国海岸外存在着孤立的岩礁,分庭否定仅按照1958年《大陆架公约》第 6 条规定而划定一条侧向等距离线的做法。分庭采纳的办法是自双方议定的划界起点——A 点起,各划一条垂直于两国海岸一般走向的直线,即一条线从美国的伊丽莎白角至两国陆地边界的终端点,另一条线从加拿大的沙布尔角至两国陆地边界的终端点,在 A 点,两条垂直线形成一个 82°锐角,其反面是一个大约 278°的反射角,后一角的平分线就是两国之间的第一段海洋界线。

第二段划界区域,分庭将新斯科舍和马萨诸塞看成相对海岸之间的一种平行关系,运用几何方法划出一条中间线,此线将同两国的海岸保持平行关系。分庭认为,如果两国陆地边界的终端点位于海湾背部的海岸中间位置,那么中间线就是正当的。但实际情况是,两国陆地边界的终端点位于呈矩形海湾的东北角,运用中间线就可能产生不合理的效果。因此,分庭第一步将中间线作为临时分界线,同时认为应根据特殊情况对这一临时分界线进行调整。

分庭在调整时考虑的最重要特殊情况是,双方各自海岸线长度不同。分庭计算美国海岸总长约为 284 海里,即从科德角至安恩角,至伊丽莎白角,再至两国陆地边界终端点;而加拿大海岸总长大约为 206 海里,即从两国陆地边界终端点至新不伦瑞克上面在海湾中距离

---

[1] I. C. J. Reports 1984, para. 205.
[2] I. C. J. Reports 1984, paras. 205 - 229.
[3] 美国和加拿大在缅因湾的海洋分界线:https://www.penbaypilot.com/sites/default/files/2017/05/field/image/map-gulfofmaine.jpg.

低潮线不超过12海里的一点（北纬45°16′49″，西经65°41′01″），从该点至新斯科舍对应的一点（北纬44°53′49″，西经65°22′47″），至勃莱尔岛，再至沙布尔角。两国海岸线长度的比例为1.38∶1，分庭确认对中间线的调整必须反映这项比例。

分庭还指出，考虑到新斯科舍海岸外加拿大西尔岛（Machias Seal Island）的位置，需要对中间线作出进一步调整。分庭的观点是，西尔岛的面积，特别是地理位置不容忽视。由于西尔岛与新斯科舍海岸之间的距离而将新斯科舍的海岸线看作向西南方向偏离，这种看法被分庭认为是过分的。然而，在划界中考虑给予西尔岛以一半作用却是恰当的。考虑这一因素，分庭将1.38∶1的比例修改为1.32∶1，并确认这一比例是恰当的，应以此为据对中间线的位置进行调整。

分庭将第一段界线和第二段界线相交的转折点位置确定在奇波格点（Chebogue Point）上，此点即B点，标志着新斯科提亚与缅因海岸之间的相邻关系转变为另一部分海岸同马萨诸塞海岸之间的相向关系。由此形成的第二段划界区域的海洋界线，从与第一段划界区域的海洋界线相交处起至湾口封口线处即C点止。

第三段界线是在缅因湾湾口外并紧靠缅因湾的划界区域。分庭认为，最合适、最简洁的方法是选择一条与缅因湾封口线相垂直的线，即自第二段海上界线与湾口封口线相交处C点起，划出一条同封口线相垂直的线。这一条界线的优点是，其走向实际上同当事国双方各自主张的最后一段界线走向基本一致。自第二段界线与第三段界线转折点C点起，界线同湾口封口线相垂直向外海延伸，在北纬42°11′08″、西经67°11′00″和北纬41°10′01″、西经66°17′09″两个100英寻等深线的点上穿过乔治滩，直至两国特别协定所规定的三角形外界，即司法解决的海洋边界终止区外界D点止，这一点与双方200海里海洋管辖权主张的重叠处一点相重合。

（七）以其他情况对划界结果公平性进行检验

在划定界线后，分庭最后的任务是检验所得到的这一结果是否已考虑到所有有关情况，因而在本质上是公平的。分庭认为，检验第一、第二段边界的公平性并非绝对必要，因为在划定这两段分界线时，分庭的主要考虑是两国的自然和政治地理因素，并且已适用公平的辅助标准进行调整。例如，分庭在划定第二段界线时，运用海岸线长度同划归于当事国的海域面积之间的比例接近比例性原则作为辅助标准。分庭认为："属于美国的海岸长度远比属于加拿大的（即使将芬地湾海岸部分也算上）要长。这种长度不同，有一定分量的特殊情况，在分庭看来，这种特殊情况为修改等距离线或任何其他线提供了法律依据。"[1] 分庭认为，考虑接近比例性是调整划界结果的有效理由，是划界过程的一个重要内容。比例是在得出初步划界结果后起作用的辅助标准。关于把海岸线长度的比例作为辅助标准的问题，分庭指出："无意在'比例'这个概念以外创造一个划界的独立标准或方法，即使只限于海岸线长度这方面，亦是如此。然而，这不排除在明显不公平的情况下合理地使用辅助标准，其只被用作正确地纠正由于适用主要标准而造成的不适当结果。"[2]

第三段界线的情况与第一、第二段有明显的不同，第三段界线的划定是当事国双方关注的要点。这一区域跨越乔治滩，由于其底土潜在的丰富资源和上覆水域渔业重大的经济价值，乔治滩是双方争议的主要标的物。在本案中，涉及这一段界线，美国和加拿大都提出一些人文和经济地理资料来支持自己的主张。美国认为，决定性因素是，自美国独立起甚至更早美国国民所从事的活动，包括捕鱼、渔业养护和管辖、航行救助、科学研究和国防等。加拿大则强调社会和经济因素的决定性作用，特别是最近15年加拿大在乔治滩上的渔业生产。加拿大认为，任何单一界线都应保持现存的渔业格局，这种格局对沿海渔业人口的社会经济发展至关重要。

分庭认为，"人文和经济地理资料"虽然不能作为标准适用于划界过程，但是对评价一条界线的公平性质是有益的。[3] 然而，分庭并没有真正以此为依据进行检验。分庭从一开始就否定当事国这些方面的主张。[4] 在最后检验已划定的第三段界线时，分庭针对美国的观点指出，尽管美国以前可能拥有有利的局面，但这本身不能成为一个合法的理由，将法律上成为加拿大海域的一部分地区并入美国的专属渔

---

[1] I. C. J. Reports 1984, para. 184.
[2] I. C. J. Reports 1984, para. 218.
[3] I. C. J. Reports 1984, para. 232.
[4] I. C. J. Reports 1984, paras. 56–58.

区。[1] 分庭此前还表示，不存在保证渔业资源最优化利用和养护的公平原则。[2] 此外，分庭也否定了加拿大提出的划界必须考虑保持现存的渔业格局观点。[3] 分庭对第三段界线的公平性所进行的检验过程，实际上是说明并论证这一结果不应、也不会对有关国家的人民生计和经济福利带来灾难性的影响。[4] 分庭还阐述了双方在渔业和矿产资源开发上合作的必要性，并表示良好的祝愿。

由此，分庭结束检验并确认，第三段界线按照法律原则和规则的指导并适用公平标准和适当方法而划定，是完全公平的结果。

（八）判决的执行部分

最后，国际法院分庭以 4 票赞成对 1 票反对作出判决，确定美国和加拿大之间既划分大陆架又划分专属经济区的单一海洋边界由连接如下地理坐标点的最短的线构成[5]：

点	北纬	西经
A	44°11′12″	67°16′46″
B	42°53′14″	67°44′35″
C	42°31′08″	67°28′05″
D	40°27′05″	65°41′59″

分庭还在海图上标绘了上述界线。这条界线自缅因湾北角、两国陆地边界以南约 30 海里处起，穿过渔业资源丰富的乔治滩，最后结束于大西洋深水区域的大陆架。[6]

四、不同意见和反对意见

对于本案的判决，施韦贝尔法官提出了个人意见，格罗斯法官提出了反对意见。

---

[1] I. C. J. Reports 1984, para. 235.
[2] I. C. J. Reports 1984, paras. 58, 110.
[3] I. C. J. Reports 1984, para. 236.
[4] I. C. J. Reports 1984, paras. 237-240.
[5] I. C. J. Reports 1984, para. 243.
[6] 美国和加拿大在缅因湾的海洋分界线：https://www.penbaypilot.com/sites/default/files/2017/05/field/image/map-gulfofmaine.jpg。

(一) 施韦贝尔法官的个人意见

施韦贝尔法官同意分庭分析和推论的主要内容，因此对分庭判决投了赞成票，他认为由此产生的界线"不存在不公平"。他的观点是，分庭有理由否定美国和加拿大所提出的主张和理由，因为这些主张和理由从法律和公平的角度看没有充分的依据。分庭将乔治滩分别划归于美国和加拿大是正确的，但是施韦贝尔法官坚持认为，分庭所划定的界线为争议留下后患。

施韦贝尔法官认为，分界线正确地建立在平等地划分美国和加拿大之间主张重叠区域的基础上，但是分庭所作出的调整是不恰当的，因为其将直至加拿大领海外部界线的丰迪湾（Bay of Fundy）海岸长度看作缅因湾的一部分。施韦贝尔法官认为，只有面临缅因湾的丰迪湾部分海岸才能被纳入海岸长度比例计算之中。如果考虑这一因素，界线将更偏向于新斯科舍半岛一侧，使美国得到明显更广阔的区域。施韦贝尔法官意识到，他与分庭对公平考虑的不同理解所导致的不同结论可以有各种各样的解释。[1]

(二) 格罗斯法官的反对意见

格罗斯法官认为，判例所确认的国际法在国际法院于1982年2月24日作出大陆架划界案（突尼斯与利比亚）判决时获得一个新的转折点。该判决结束了自1958年《大陆架公约》以来，以及国际法院1969年关于北海大陆架划界案（德国与丹麦、德国与荷兰）判决和1977年仲裁庭关于大陆架划界案（英国与法国）裁决对这一公约所作出解释以来的法律状况。

这一转折为分庭的判决所确认，但是，其依据仅仅是第三次联合国海洋法会议，而这次会议规定海洋划界方案是协议加公平结果。在格罗斯法官看来，这是一个软弱无力的办法。更何况，关于公平的模糊概念已背离1969年判决和1977年裁决所严格控制的公平，同样也

---

[1] United Nations, *Summaries of Judgment, Advisory Opinions and Orders of the International Court of Justice 1948–1991*, United Nations, ST/LEG/SER. F/1, New York, 1992, p. 134.

背离了国际法律争议交付司法解决的方式。在此,格罗斯法官是以英国衡平法院的观念来看问题的。他认为,分庭推论的逻辑结果是,没有任何法律规则统辖海洋划界,因为分庭所依赖的原则、将这些原则付诸实施所运用的方法以及对整个划界过程所作出的调整,都使整个划界变成一个法官对什么是公平所作出的任意裁判。格罗斯法官只差没有断言分庭所划定的界线是不公平的,他直截了当提出的疑问是:分庭所划定的界线是否比在划界过程中曾提出的其他界线更公平?[1]

五、评 论

本案同其他交由国际法院审理并解决的海洋划界案乃至其他性质的争议案相比,具有许多鲜明的特点。

第一,这是第一次由国际法院成立分庭来审理一个特定的争议案件。[2] 在本案中,当事国双方所作出的决定,不是把争议提交国际法院本身来审理和解决,而是要求国际法院成立由5名法官组成的分庭来审理并解决两国之间的争议。[3]

根据《国际法院规约》,国际法院可由3名或3名以上的法官组成分庭,审理有关国家提交的争议案件。这些分庭包括三种类型,即简易程序分庭、审理联合国系统劳工案件及过境与交通案件的分庭、审理特定案件的分庭。[4] 第一类分庭是每年必须成立的。第二类分庭也是有先例并经常成立的。第三类分庭则由于各种原因,是本案第一次成立,为区别前两种类型,可称之为"特别分庭"。特别分庭组成的特点是,当事国在一定程度上能控制参加案件审理的法官人数和人选。[5] 例如,在本案中,根据美国和加拿大的意愿,国际法院分庭完全是由西方(西欧和北美)国家的法官所组成的。一些学者认为,特

---

[1] I. C. J. Reports 1984, paras. 134–135.
[2] 《国际法院规约》第26条第2款规定:"法院为处理某特定案件,得随时设立分庭,组织此项分庭法官之人数,应由法院得当事国之同意定之。"王铁崖、田如萱编:《国际法资料选编》,法律出版社1982年版,第982页。
[3] 美国与加拿大之间特别协定,第1条。
[4] 《国际法院规约》第26条、第29条。王铁崖、田如萱编:《国际法资料选编》,法律出版社1982年版,第982页。
[5] 李泽锐:《评国际法院第一次成立特别分庭》,载中国国际法学会主编:《中国国际法年刊》,中国对外翻译出版公司1984年版,第241—242页。

别分庭有仲裁庭的特征，同时又保证所作出的判决具有国际法院判决的同等效力。[1]

第二，就海洋划界所涉及的内容而言，本案当事国之间的争议具有双重性，是同时涉及大陆架及其上覆水域（即专属经济区）的海洋划界案。在特别协定中，当事国双方要求国际法院分庭划出加拿大和美国之间大陆架和渔区一条单一界线的走向，判决对当事国双方具有约束力。在分庭审理本案时，关于以一条单一界线同时划分大陆架和专属经济区这一问题，国际法没有明确的规定，人们一般只有比较模糊的观念。实际上，这个问题在第三次联合国海洋法会议上也没有得到解决。直到1979年，国际上关于这方面的国家实践是很少的，可资参考的实例是澳大利亚与巴布亚新几内亚于1978年签订的《关于托雷斯海峡主权和海域划界的条约》[2]、冰岛和扬马延岛大陆架划界案[3]。在这种法律状况下，国际法院在其审理的海洋划界案中，第一次用一条线既划分大陆架又划分渔区，这对国家海洋划界实践具有重要的指导意义。

第三，就划界程序而言，在北海大陆架划界案（德国与丹麦、德国与荷兰）与大陆架划界案（突尼斯与利比亚）中，当事国要求国际法院仅仅确定适用于大陆架划界的国际法原则和规则，或者要求国际法院除确定适用于大陆架划界的国际法原则和规则外，进一步指示实用划界方法，而划定分界线的权力被当事国自己保留了。但在本案中，当事国则将这一重要的权力交给国际法院分庭，由分庭适用国际法原则和规则，确定划界实用方法，直接划定海洋边界线并在海图上予以标绘。这在国际法院审理海洋划界案历史上是第一次。

第四，国际法院分庭深刻地阐述了大陆架和专属经济区之间的法律关系。分庭将地理和地理特点看作中立性的有关情况，以此同其他有关情况相区别，适合于多种用途的公平标准适用。此外，分庭还在划界中赋予地理和地理特点以决定性作用，明确地把地理情况作为划界实用方法选择的基础。

---

[1] 李泽锐：《评国际法院第一次成立特别分庭》，载中国国际法学会主编：《中国国际法年刊》，中国对外翻译出版公司1984年版，第241—242页、第244—245页。
[2] Materials of International Law, Vol. 18, 1979, p. 291.
[3] 参见本书"关于扬马延和冰岛之间的大陆架区域划界案（挪威与冰岛）"。

第五，分庭肯定接近比例性原则作为划界有关情况在对公平结果进行检验中具有重要作用，并且还针对美国提出的"主要海岸"和"次要海岸"理论、加拿大提出的社会经济因素对于划界公平结果的影响等有关情况发表了重要意见。这些对于国家海洋划界实践也具有一定的指导意义。

大陆架划界案（利比亚与马耳他）

（国际法院1985年6月3日判决）

一、争议的产生

马耳他和利比亚都是地中海沿岸国。马耳他是一个岛国，其领土由4个有人居住的岛和1个无人居住的小岛所组成，包括246平方千米的马耳他（Malta）岛、66平方千米的哥什（Gozo）岛、2.7平方千米的科明诺（Comino）岛、不足1平方千米的科明诺托（Cominotto）岛和费尔弗拉岩礁（the Rock of Filfla）。马耳他位于东经14°和东经15°之间，北纬36°线从主岛马耳他岛和哥什岛之间穿过。马耳他群岛坐落在地中海中部这样一个区域内：西面是突尼斯的东海岸，北面是意大利的部分海岸连同西西里岛的东南海岸和意大利半岛的爱奥尼亚海岸（Ionian Coast）直至奥特朗托海峡（the Strait of Otranto），东面是希腊的西海岸连同科孚岛（the Island of Corfu）至伯罗奔尼撒半岛（the Peloponnese）南端和克里特岛（the Island of Crete），南面是非洲大陆北部的利比亚海岸。[1]

利比亚是一个大陆国家，大部地区位于东经9°30′和东经25°之间，其领土面积约177.55万平方千米。利比亚海岸线西起阿杰迪尔角，东至巴尔迪亚港（Port Bardia）附近，全长超过1700千米。马耳他和利比亚是海岸相向国家。马耳他群岛大致呈西北-东南走向，其伸展长度约44.5千米。马耳他群岛东南端同利比亚海岸西北端之间的最近距

---

[1] International Court of Justice, Case Concerning the Continental Shelf (Libyan Arab Jamahiriya/Malta), Judgment of 3 June 1985, in International Court of Justice, Reports, Advisory Opinions and Orders, 1985（以下简称"I. C. J. Reports 1985"）, para. 15.

离为 183 海里。利比亚海岸线自西北端的阿杰迪尔角起，以向东偏南的走向经塔鲁拉角（Ras Tajura）至扎鲁克角（Ras Zarruq），自扎鲁克角起，海岸线折向南至苏尔特湾（the Gulf of Sirt）的西端，在苏尔特湾的底部，海岸线再度呈向东偏南走向，在东经20°处，海岸线转为向北稍偏西，然后再转为向东，经班加西（Benghazi）至阿米尔角（Ras Amir），由此至同埃及领土交界处，海岸线再次呈向东偏南走向。[1]

马耳他和利比亚都宣布了 12 海里领海。利比亚没有设立渔区，而马耳他则宣布了一个 25 海里的专属渔区。两国都没有主张 200 海里专属经济区的意思。在划界区域内，双方之间没有签订任何划界协议，也没有与第三国签订任何协议。马耳他采用直线基线并建立 25 海里专属渔区，马耳他与意大利于 1970 年签订一项开发大陆架的临时协定，但这一协定实际上对马耳他和利比亚之间的大陆架划界没有直接的影响。[2]

国际法院认为，无须对两个当事国大陆架划界争议的历史作出评价。实际上，马耳他和利比亚之间的大陆架划界争议主要基于双方海岸相向这一事实，双方之间没有发生实质性冲突或对抗事件。对于大陆架划界问题，两国经过简单的谈判于 1976 年 5 月 23 日签订一项特别协定，要求国际法院就"属于马耳他共和国大陆架区域和属于阿拉伯利比亚共和国大陆架区域划界可运用什么国际法原则和规则"作出裁判。但是，由于实际原因，双方决定推迟将此特别协定通知法院。直至国际法院作出对大陆架划界案（突尼斯与利比亚）的判决后，两国才于 1982 年 7 月 19 日将此特别协定通知法院书记长官。[3]

法院在审理过程中，于 1983 年 10 月 24 日收到意大利参加诉讼的请求，于 1984 年 3 月 21 日作出关于意大利参加诉讼请求可接受性问题的判决，否定了意大利参加诉讼的权利并驳回其诉讼请求，但法院表示仍必须考虑意大利对当事国主张重叠区域的法律利益。[4]

---

[1] I. C. J. Reports 1985，para. 16.
[2] I. C. J. Reports 1985，para. 17.
[3] I. C. J. Reports 1985，paras. 1，24.
[4] International Court of Justice, Case Concerning the Continental Shelf (Libyan Arab Jamahiriya/Malta), Judgment of 21 March 1984 (Application by Italy for Permission to Intervene), in International Court of Justice, Reports, Advisory Opinions and Orders, 1984, para. 41.

国际法院于 1985 年 6 月 3 日对本案作出判决。

二、当事国双方的主张和观点

利比亚不是 1958 年《大陆架公约》的缔约国，马耳他则于 1966 年 5 月 19 日通过继承英国参加的条约而成为 1958 年《大陆架公约》的缔约国。马耳他和利比亚都签署了 1982 年《联合国海洋法公约》，同时都认为该公约在两国关系中不能作为条约法适用。双方一致同意，两国之间的争议受习惯国际法的约束。双方还同意，虽然 1982 年《联合国海洋法公约》第 83 条没有对公平原则作出规定，但习惯国际法要求适用公平原则并考虑所有有关情况，这也适用于两国之间的争议。[1] 此外，当事国双方没有对适用于划界的国际法原则和规则作出解释，只是要求法院确定划界原则和规则，使双方毫无困难地确定双方的界限。[2] 双方的主要主张和观点如下：

（一）利比亚的主张和依据

利比亚在诉状中提出的划界基本法律是，"划界应按照公平原则，并考虑一切有关情况，以协定来实现，达到公平的结果"[3]。利比亚主张以自然延伸原则为基础划定分属于它和马耳他的大陆架。利比亚认为："这里的海床和底土存在着根本的中断（fundamental discontinuity），使大陆架区域分为当事国双方各自陆地领土两个不同的自然延伸，因此可以从自然延伸原则引申出本案大陆架划界准则。"[4]

利比亚的观点是，本案涉及的不是一个共有大陆架的划分，而是由一个"断裂地带"（Rift Zone）隔开、可明显区分和识别的两个大陆架区域。这个"断裂地带"由 3 个深度在 1000 米以上的海槽，即马耳他海槽（the Malta Trough）、潘泰莱里亚海槽（the Pantelleria Trough）、

---

[1] I. C. J. Reports 1985, paras. 26, 29.
[2] I. C. J. Reports 1985, para. 7.
[3] International Court of Justice, Case Concerning the Continental Shelf (Libyan Arab Jamahiriya/Malta), Pleadings, Vol. II, Libyan Pleadings, 1985（以下简称"I. C. J. Pleadings 1985"）, para. 1.
[4] I. C. J. Pleadings 1985, para. 1.

林诺萨海槽（the Linosa Trough），和 2 个较浅的海沟，即马耳他海沟（the Malta Channel）和麦地那海沟所组成，构成佩拉杰地块北部的界线[1]。根据利比亚的主张，该断裂地带是利比亚享有主权的大陆架区域和马耳他享有主权的大陆架区域边界地带的特征，其地质上是两个地壳构造（tectonic plates）之间的边界，或简单地说，其地貌特征十分重要，已构成一个非常明显的中断（a marked discontinuity）[2]，因此该断裂地带应作为地质性质的有关情况予以考虑。利比亚还认为，马耳他的石油租让区所遵循的地貌特征在某种意义上含蓄地承认断裂地带的存在，马耳他在制定其"1966 年大陆架法"时采用了 1958 年《大陆架公约》第 1 条的"可开发性标准"。[3]

利比亚提出，公平要求考虑所有有关情况。在划界中应予以考虑的有关情况应包括：（1）地理应被视为划界程序的起点，其中应考虑在海岸背后大陆块的幅员。一个陆地幅员更广阔的国家有权利主张更大范围的大陆架。[4]（2）"适用公平原则划分大陆架应考虑面对被划分的大陆架区域各自海岸线长度的重大差别。"[5]（3）在考虑有关情况时，对一个独立的岛屿国家和一个脱离大陆的独立岛屿不应加以区别。（4）考虑接近比例性原则，划界应反映归属于各国大陆架区域的范围与其海岸线有关部分长度的合理比例。

利比亚还认为，使用严格的等距离方法不是一项法律义务，1976 年以后的国家实践说明，等距离方法并不是一项国际法一般原则。

（二）马耳他的主张和依据

马耳他认为，划界应以国际法为基础，通过公平解决来实现。因此，马耳他将自己的主张与《联合国海洋法公约》第 74 条与第 83

---

[1] I. C. J. Reports 1985, para. 37.
[2] I. C. J. Reports 1985, para. 38.
[3]《大陆架公约》第 1 条规定："为了本公约各条款的目的，'大陆架'一词是用以指：1. 邻接海岸但在领海范围以外、深度达 200 米或超过此限度而上覆水域的深度容许开采其自然资源的海底区域的海床和底土；2. 邻近岛屿海岸的类似的海底区域的海床和底土。"国家海洋局政策研究室编：《国际海域划界条约集》，海洋出版社 1989 年版，第 7 页。
[4] I. C. J. Reports 1985, para. 49.
[5] I. C. J. Pleadings 1985, para. 6.

条[1]联系起来，并认为在本案中，这意味着应使用等距离-中间线方法，其依据是：

（1）马耳他于1965年曾将以等距离-中间线方法划定大陆架界限的意图通知利比亚，而利比亚在1973年提出反建议前，对马耳他的权利主张一直保持沉默。这可被看作默认马耳他立场的证据。而1973年的反建议则应为"禁止反言"所限制，因此是无效的。[2]马耳他所主张的中间线一方面以利比亚海岸低潮线为基础，另一方面以马耳他岛东南端与费尔弗拉岩礁连线的直线基线为基础。

（2）根据《联合国海洋法公约》第76条的距离标准并考虑大陆架和专属经济区两个法律制度之间的联系，"从海岸算起的距离概念所具有的新的意义已经转而把等距离方法提到了首要地位"[3]。自然延伸已变成一个空间概念，完全脱离地质和地貌的特点。只有在200海里以外，自然延伸才具有意义，可以使一些海岸前方有宽阔大陆架的国家享有延伸到200海里外大陆边外缘的大陆架权利。在一般地理条件下，只要两个海岸相对国家间的距离不足400海里，适用等距离方法是必然的，在本案中则可以划出一条中间线。[4]

（3）马耳他不认为等距离具有强制性质，其只是强调，在一般地理情况下，等距离方法具有优先性。对海岸相向国家之间的划界程序而言，以等距离方法划出一条临时的分界线，至少可以构成划界的出发点。马耳他政府主张，如果划界区域的特征未显示充分的法律上理由，足以使一条分界线偏离等距离线，那么一条严格的等距离线就是公平的。[5]

（4）在马耳他政府看来，两国海岸之间相隔有相当的距离，是保证等距离线的适用能够产生公平结果的补充理由。

（5）马耳他要求国际法院进行其他一些"公平考虑"（equitable considerations），包括马耳他相对于利比亚的经济地位及其安全地位。

---

[1]《联合国海洋法公约》第74条、第83条均规定，海岸相向或相邻的国家间专属经济区（大陆架）的界限，应在《国际法院规约》第38条所指国际法的基础上以协议划定，以便得到公平解决。
[2] I. C. J. Reports 1985, para. 24.
[3] I. C. J. Reports 1985, para. 42.
[4] I. C. J. Reports 1985, para. 42.
[5] I. C. J. Reports 1985, para. 42.

按照马耳他的观点，其资源的贫乏、对渔业及渔业加工业的依赖，以及马耳他作为一个发展中岛国的地位，应对法院权衡公平考虑发生影响。[1]

马耳他还反对利比亚提出的观点，即由于存在根本的断裂地带，两国陆地领土的自然延伸在法律上被分开了。马耳他反对在划界过程中让自然延伸发生任何作用，并否认地质和地貌情况在划界过程中的有效性。此外，马耳他提出，在划界中应区别一个独立的岛屿和一个独立的岛国，在划界中不赋予岛屿全部效力的划界倾向不适用于独立的岛国。马耳他还提出国家平等原则来加重这一论点的分量。[2]

三、判决书及其主要观点

（一）确定划界区域

当事国双方把从宏观地理背景上确定划界区域的任务交给了国际法院，这在某种意义上符合法院对自己管辖权权限的解释。确定划界区域的主要困难是，处理第三国对大陆架的权利主张，即对同一区域，意大利提出的对大陆架的权利主张。

法院在确定划界区域时考虑了两点：第一，鉴于法院的管辖权渊源于当事国双方的特别协定，法院认为，其判决应限制在归属于两个当事国的大陆架区域内，即将可能归属于第三国提出权利主张的地理区域排除在外。[3] 第二，法院必须考虑保护第三国的合法利益。法院于1984年3月21日在关于意大利参加诉讼请求可接受性问题的判决中强调，尽管其否定了意大利参加诉讼的权利，但仍应考虑意大利对有关国家主张重叠区域的法律利益。[4] 假如在这种情况下，第三国利益仍受到影响，法院认为这些利益实际上还可以受法院在判决中作出保留的保护，这就是说本案判决对第三国利益不具有约束力。

鉴此，法院把划界区域确认为"当事国双方主张权利与第三方

---

[1] I. C. J. Reports 1985, para. 50.
[2] I. C. J. Reports 1985, paras. 52, 54.
[3] I. C. J. Reports 1985, para. 21.
[4] I. C. J. Reports 1985, para. 21.

主张权利无关的一切区域，即第三国没有提出权利主张的区域"，具体范围东面是东经 15°10′线，西面是东经 13°50′线，即两条经线之间北纬 34°30′以南的海域。[1] 法院表示，将在这一限定区域内作出裁决，"使意大利的权利主张不受到影响"[2]。法庭这一决定实际上是将构成当事国东部争议区域的麦地那浅滩的一大部分排除在划界范围外。

当事国在特别协定中要求，法院确定的划界原则和规则要使双方毫无困难地确定双方之间的大陆架界限。在审查当事国这一表示后，法院还认定，其在确定适用于划界的国际法原则和规则的同时，还有权为当事国双方指示一种或几种划界方法，甚至一条分界线。[3]

关于马耳他是由 5 个岛屿组成的一个岛国这一事实对划界的影响，法院认为："如果马耳他不是一个独立国家，而是周围国家中的一个国家领土组成部分，很可能这个区域的海洋分界线将是另一个样子。"[4] 法院进一步指出："这方面的问题不仅与马耳他是一群岛屿而且是一个独立国家的情况有关，也同这个群岛在更广阔的地理范围内的地位，特别是在一个半闭海内的地位有关。"[5] 但是，法院在判决中没有提出这个更广阔的地理范围是什么，只是指出："如果注意到这个背景的话，马耳他岛只是该地区北部沿海一个较小的地区，它基本上位于这一沿海地区一般走向的南面，本身只包含非常有限的一段海岸。从这一区域的一般地理特征来看，马耳他岛海岸向南的位置构成应作为有关情况予以考虑的地理特征，必须衡量它对分界线的影响，以期达到公平的结果。"[6]

（二）自然延伸在国际法上的意义

双方同意划界受习惯国际法的制约。双方的分歧是对《联合国海洋法公约》某些条款的习惯法地位有不同的看法，主要是对第 76 条的

---

[1] I. C. J. Reports 1985, para. 20.
[2] I. C. J. Reports 1985, para. 22.
[3] I. C. J. Reports 1985, para. 19.
[4] I. C. J. Reports 1985, para. 53.
[5] I. C. J. Reports 1985, para. 53.
[6] I. C. J. Reports 1985, para. 69.

分歧,即大陆架主权的权利依据是 200 海里距离原则,还是自然延伸原则。

法院认为,虽然本案只涉及大陆架划界,而不涉及专属经济区划界,但是专属经济区概念所依据的原则不能不予以考虑。大陆架和专属经济区两个制度在现代法律中是互相联系的。关于《联合国海洋法公约》的影响,法院认为:"除那些条款外,专属经济区制度,连同它因为距离而享有权利的规定,由国家实践显示出来已成为习惯法的一部分。"[1]

由于一国所享有的专属经济区权利及于海床及其底土,大陆架划界应考虑到属于一国专属经济区所能允许的范围这一情况。这并不意味着大陆架概念已为专属经济区概念所吸收,但应赋予自海岸的距离以更大的重要性。法院指出:"虽然可能会有没有专属经济区的大陆架,却不可能有没有相应大陆架的专属经济区。由此可见,由于法律实践,距离标准现在必须适用于大陆架以及专属经济区……这并不表示自然延伸的概念现在已经为距离概念所代替,只是意味着在大陆边没有扩展到从海岸量起 200 海里的地方,自然延伸部分地是用离海岸的距离规定的,不管其间的海床及其底土的自然性质如何,而自然延伸虽然源于自然情况,但在整个历史上都越来越成为一个复杂的法律概念。"[2]

双方承认,应把关于大陆架权利和大陆架定义的法律与关于大陆架划界的法律加以区别。对此,法院予以肯定,并进一步指出:"这两方面不仅有区别,而且互为补充是不言自明的。有待划界的大陆架及对其权利范围的法律依据只能(can not be other than)与划界有关。"[3] 法院注意到,双方在大陆架权利的依据问题上分歧较大。法院在审理后得出的结论是:"自然延伸和距离这两个概念不是对立的,而是互为补充的,而且两者在大陆架的法律概念中都仍然是基本的因素。正如本法院已指出的,有待划界的大陆架及对其权利范围的法律依据只能与划界有关……本法院不能接受利比亚提出的从海岸起量的距离不是

---

[1] I. C. J. Reports 1985, para. 34.
[2] I. C. J. Reports 1985, para. 34.
[3] I. C. J. Reports 1985, para. 27.

一项与本案判决有关因素的观点。"[1]

法院也不同意马耳他关于等距离方法在相向国家之间界中具有优先性的观点。法院指出，如果接受这一主张，就接近于赞同"绝对邻近"的概念，而这个概念为法院1969年北海大陆架划界案（德国与丹麦、德国与荷兰）判决所否定，也没有为第三次联合国海洋法会议所肯定。法院认为："沿海国可以根据海岸以外的距离享有大陆架的权利……并不一定使等距离成为即使相向或准相向海岸之间划界的唯一适当方法，也不能成为唯一被允许的起点。在特殊有关情况下，公平原则的适用仍然可能要求从开始就采取另一种划界方法或一些方法的综合。"[2]

（三）适用于大陆架划界的公平原则

法院赞同双方关于《联合国海洋法公约》第83条对解决争端具有重要意义的看法，并认为，该公约规定了必须达到的目标，即"公平解决"，但没有涉及为达到这一目标而应遵循的方法。法院还肯定了当事国双方的下述观点，即尽管《联合国海洋法公约》第83条没有指出划界应适用公平原则，但公平解决只有通过适用公平原则，包括考虑一切有关情况的原则，才能够实现。[3] 法院援引1982年大陆架划界案（突尼斯与利比亚）判决指出，"必须在公平原则的基础上对这一案件作出裁决"，而且"适用公平原则的结果必须是公平的"[4]。

法院对公平和公平原则的内容作出阐述，把公平看作从公正引申出来的法律概念。法院指出："这样作为公平来源的公正就不再是抽象的公正，而是按照法律规则的公正。这就是说它的适用应当显示一贯性和一定程度上的可预见性，既要对某一正在审理案件的特殊情况予以特别注意，又要对这种特殊情况以外更普遍适用的原则予以注意。"[5] 法院认为，公平原则作为法律原则具有"规范性"，特别是当这些原则作为一般国际法的一部分时，更是如此。法院特别提到了公

---

[1] I. C. J. Reports 1985, para. 34.
[2] I. C. J. Reports 1985, para. 43.
[3] I. C. J. Reports 1985, para. 29.
[4] I. C. J. Reports 1982, para. 28.
[5] I. C. J. Reports 1985, para. 45.

平原则之一，即考虑一切有关情况的原则。法院还列举了其他公平原则的例子，如不得重塑地理（no question of refashioning geography）原则、一方不侵犯归属于另一方的区域（non-encroachment by one party on areas appertaining to the other）原则、"公平不是必然意味着平等"（equity does not necessarily imply equality）原则、不存在分配公正（no question of distributive justice）原则等。[1] 法院注意到，"公平原则的适用仍然给法院留下在特殊划界案件中对有关情况的重要性作出评价的任务"[2]。法院把对有关情况的重要性作出评价的权利保留给了自己。

法院一方面引用1969年北海大陆架划界案（德国与丹麦、德国与荷兰）的判决确认，国家为保证适用公平程序而可能作出的考虑是没有任何法律限制的；另一方面则进一步明确，"对法院来说，虽然确实没有限定可考虑因素的清单，但是，显然只有那些与在法律范围内获得发展的大陆架制度有关的理由，以及与大陆架划界适用公平原则有关的理由才能作为有关情况包括在结论中"[3]。

法院还否定了马耳他和利比亚各自提出的关于"禁止反言"或默认行为效力的一些观点，并认为当事国自己已明确向法院指出这一点。[4]

（四）划界应予以考虑的有关情况

本案中，当事国双方都对划界应予以考虑的有关情况充分地提出了意见，对此法院一一作了评论：

1. 关于地理、地质和地貌等情况

（1）海岸地理。在有关情况中，最重要的是海岸地理情况。法院确认不重塑自然这一公平原则，并指出当事国双方各自海岸构成任何一项划界的"出发点"。"当事国双方各自的海岸"是由此出发来确定归属于各方的海底区域、向海方向延伸幅度以及它们各自同相邻或相向邻国之间关系的起点。[5] 但是，法院否定利比亚提出的关于把海岸

---

[1] I. C. J. Reports 1985, para. 46.
[2] I. C. J. Reports 1985, para. 48.
[3] I. C. J. Reports 1985, para. 48.
[4] I. C. J. Reports 1985, para. 25.
[5] I. C. J. Reports 1985, paras. 47, 74, 82.

背后的大陆块作为国家享有大陆架主权的权利基础和法律依据的观点。[1]

（2）海岸线长度。海岸线长度是一项重要的海岸地理情况，法院确认其构成划界应予以考虑的有关情况。针对马耳他以国家平等为依据否认海岸线长度因素在划界中作用的观点，法院指出："沿海国依据法律和从最初起就享有的主权权利，显然并不意味着大陆架范围的相等而不管这一区域的情况如何；这样，海岸线长度作为一项有关情况是不能预先被排除在外的。"[2] 法院明确地将"当事国双方有关海岸长度的明显差别"确认为有关情况，是"在初步绘出的中间线基础上确定公平边界过程中"应予以考虑的一项基本因素。[3]

为计算海岸线长度之差，法院需要准确地界定有关海岸。利比亚在口头诉讼程序中认为，其在划界区域的海岸自阿杰迪尔角至扎尔鲁克角，长度为192英里（约309.0千米）。马耳他采用直线基线，但没有指出其海岸的哪些部分应在划界中予以考虑。法院认为，马耳他应予以考虑的有关海岸是从伊尔－瓦尔狄加角（Ras-il-Wardija）至德里马拉点（Delimara Point）部分，费尔弗拉岩礁应被排除在外，构成马耳他有关海岸的是24英里（约38.6千米）的直线基线。[4]

对于为什么把这些海岸作为有关海岸，法院没有作出解释，但认为，在这个阶段中，没有必要对海岸作出"数量评价"和"精确定义"，因为仅海岸之间存在明显的差别就已经构成一项有关地理情况。法院认为，当事国海岸线长度之间的悬殊差异不仅构成划界应予以考虑的有关情况，而且还将直接影响划界实用方法的选择。[5]

（3）划界区域的宏观地理。在法院确认有关情况的过程中，比较新的观点是将划界区域的宏观地理情况确认为一项有关情况。鉴于划界是在更广泛的范围内进行的，法院认为，此次划界也是地中海一部分南海岸和一部分北海岸之间的划界。在这个更广阔的地理背景中，马耳他群岛只是北海岸区域的一个微小的特征，其"海岸向南的位置构成应当作为有关情况予以考虑的地理特征，必须衡量它对分界线的

---

[1] I. C. J. Reports 1985, para. 49.
[2] I. C. J. Reports 1985, para. 54.
[3] I. C. J. Reports 1985, para. 66.
[4] I. C. J. Reports 1985, paras. 67－68.
[5] I. C. J. Reports 1985, paras. 66－67, 73.

影响，以达到公平的结果"[1]。法院针对马耳他群岛的位置作出一种假设，即"假设马耳他是意大利领土的一部分，而且在这个判决所指的区域内存在着利比亚同意大利之间的大陆架划界问题，并且在一大片开阔区域内的相向海岸之间，其边界将不会仅以南面的利比亚和北面的西西里岛为基础的中间线来划定，至少得考虑到马耳他岛的存在，即使作了最低限度的考虑，意大利和利比亚之间的大陆架边界就将划定在西西里岛和利比亚海岸之间的中间线偏南的地方。由于马耳他……是一个独立国家，不可能因为它是独立国家而处于更为不利的地位……因此，利比亚和马耳他之间的公平边界必须在利比亚同西西里岛之间虚拟的中间线的南面，因为……这条中间线完全没有把马耳他岛的影响考虑进去"[2]。

（4）海洋地质、地貌情况。值得注意的是，法院断然否定了利比亚提出的"断裂地带"主张，并指出："法院考虑到由于法律的发展，一个国家有可能提出对属于它的大陆架从其海岸量起向外扩展直至200海里的权利主张，而不论其相应的海床和底土的地质特征如何，因此没有理由在这个距离之内，用地质或地球物理学因素来证实有关国家的合法权利，或由此出发来划定它们之间的界线。对这些区域有关权利的有效性证明特别清楚。因为，至少只要这些区域位于已讨论的海岸量起200海里以内作为大陆架而提出权利主张的任何海床区域，其权利只能依据提出权利主张的国家从其海岸量起的距离来决定，而这些区域的地质或地貌特征完全无关紧要。"[3]

法院承认，过去曾在大陆架划界中赋予自然延伸以大陆架权利法律基础的地位，"但现在只要是在从海岸起量不超过200海里的情况下，它就已经过时了"[4]。这样，法院不仅承认《联合国海洋法公约》第76条规定的200海里距离原则作为大陆架权利主张法律依据是有效的，而且断然否定了地质和地貌情况在大陆架划界中可以起到任何作用。在两个国家海岸之间距离不超过400海里的情况下，地质和地貌因素不发生任何作用。只有在两个国家海岸之间距离超过400海里的

---

[1] I. C. J. Reports 1985, para. 69.
[2] I. C. J. Reports 1985, para. 72.
[3] I. C. J. Reports 1985, para. 39.
[4] I. C. J. Reports 1985, para. 40.

情况下，地质和地貌因素才发生作用。

2. 其他情况

一项事实是否构成划界应予以考虑的有关情况，取决于其同划界的法律制度是否有必然的联系。以此为依据，法院还审理了当事国提出的其他情况，包括：

(1) 经济情况。马耳他在本案中提出其能源贫乏、作为发展中国家的岛国需求和其既定渔业活动范围等情况，要求法院作为划界的有关情况予以考虑。对此，法院没有接受。法院的看法与以前的判决是一致的："本法院并不认为划界应受两个当事国相对经济地位的影响……这样的理由与国际法适用规则的基本意旨毫无关系。"[1] 由此可以认为，《联合国海洋法公约》对发展中国家的优待与海洋划界没有关系。

(2) 资源情况。资源情况是经济情况的一种表现形式。法院认为，就"已经知道的或已经查明的"资源，构成划界有关情况。因为"当事国对蕴藏这些资源的海床区域提出其权利主张时，它们面对的主要目标正是这些资源"[2]。

(3) 安全和国防。在本案中，安全与国防作为有关情况是马耳他提出的。法院注意到，"马耳他提出在安全和防务方面的'公平的理由'，以证明划界的等距离方法是有效的，它使每一方可以取得从其海岸起相当的横向控制"。法院认为："安全的理由并不是同大陆架这一概念无关……但是，在本案中，当事国双方都不曾提出，是否现在的法律认为沿海国在军事方面对其大陆架具有特别的权限，包括在大陆架设置军事设施的问题。无论如何，应用本判决而产生的界线划定，距离当事国双方的海岸都没有近到要把安全问题作为一个特殊的理由提出的程度。"[3] 换言之，只有当可能的界线非常靠近一个国家的海岸时，才可能考虑安全理由。[4]

(4) 接近比例性。在本案中，利比亚多次强调接近比例性因素的重要性。法院承认，"接近比例性确实同公平的指导原则和海岸对产生

---

[1] I. C. J. Reports 1985, para. 50.
[2] I. C. J. Reports 1985, para. 50.
[3] I. C. J. Reports 1985, para. 51.
[4] I. C. J. Reports 1985, para. 73.

大陆架权利的重要性都有密切关系"[1]。法院认为,自 1969 年以来,接近比例性因素已发展成对适用一种划界方法而造成的某些扭曲进行纠正的机制。法院特别指出,由于等距离线是以接近原则为基础的,"单纯的等距离方法"仅受海岸凸出点的支配,因此,"可能会遗漏应该计算的海岸长度,同时,仅仅由于海岸形状的关系就使其中一方受到不恰当的影响"[2]。

法院进一步说明了接近比例性与公平的关系:"事实上,接近比例性'因素'是由公平原则引申出来的,其性质应当受到尊重,大体上类似的海岸,不应由于划定边界走向的专门方法在技术上的扭曲而被区别对待。"[3] 接近比例性因素是划界应予以考虑的有关情况之一。法院的结论是,关于接近比例性与公平原则的关系,"恰当的一般原则绝不可能'完全重塑自然',其适用可能与接近比例性因素有关,选择的方法及其结果必须忠实于现实的地理状况"[4]。

由此可见,法院首先把接近比例性看作从"不得重塑自然"的公平原则中引申出来的一个非法律因素;其次,接近比例性只有在需要对已取得的初步划界结果予以纠正的情况下,才得以运用。接近比例性不是独立的权利渊源,也不是分配。就此,法院指出,不能把海岸线长度的比率(ratio)作为本身起决定作用(self-determinative)的因素,不能认为海岸线长度比率可直接决定一国大陆架向海方向延伸所能达到的限度,以及是否构成其固有的权利等。否则,就远远超出了接近比例性因素只是用作公平检验的范围,超出了它纠正运用某些划界方法而在结果上造成不合理差别待遇的范围。[5]

(五) 划界实用方法

在本案中,法院在适用公平原则并考虑所有有关情况后,决定采用由三个步骤组成的划界实用方法。

第一步,根据当事国双方各自对大陆架主权的权利依据划出一条

---

[1] I. C. J. Reports 1985, para. 55.
[2] I. C. J. Reports 1985, para. 56.
[3] I. C. J. Reports 1985, para. 56.
[4] I. C. J. Reports 1985, para. 57.
[5] I. C. J. Reports 1985, para. 58.

临时性界线。在本案中，法院把 200 海里距离标准确认为对大陆架主权的权利依据。因此，法院认为："在这种情况下，在一个将继续采取其他做法的过程中，通过临时步骤来划出在这些海岸之间的中间线，是为了最终取得公平结果的最审慎的处理方式。"[1] 法院在划定临时性界线时并没有完全按照马耳他建议的中间线。马耳他建议以其直线基线来计算，把无人居住的费尔弗拉岛作为基点。根据要求考虑一切有关情况的公平原则，法院把这一情况识别为有关情况，决定在划定临时性界线时消除费尔弗拉岛的作用，这不仅因为该岛无人居住，而且因为它在划定临时性界线中，可能造成不符合比例的影响。[2]

第二步，识别有关情况并参照公平原则决定，是否有必要对临时性界线进行调整。法院注意到了当事国双方"有关海岸长度的明显差别"[3]。利比亚在划界区域的有关海岸长度为 192 英里（约 309.0 千米），马耳他的有关海岸长度是 24 英里（约 38.6 千米）。在法院看来，"这种差距太大，以至于有理由调整中间线，把较大的大陆架区域划归于利比亚"[4]。

法院把调整可能性放到更广阔的地理范围中来考虑，并指出，马耳他群岛的位置及其海岸向南的位置构成有关情况，马耳他海岸与利比亚海岸之间的距离保留有调整的余地。[5] 法院认为，在考虑所有有关情况后，对马耳他同利比亚之间的中间线作出向北推移的调整是正确的。关于调整幅度，法院既考虑了马耳他作为主权国家的因素，也考虑了马耳他与利比亚之间的距离。法院指出，意大利西西里岛与利比亚之间的中间线为北纬 34°36′，而马耳他和利比亚之间的中间线为北纬 34°12′，两者相差 24′。法院将边界线向北移动至两线之间距离的四分之三，即北纬 34°30′处。[6]

第三步，以公平原则对调整的结果进行检验，检验结果如符合公平的要求，就因此予以确认。据此，法院对实际调整的结果进行检验。法院认为，在本案中，由于划界区域同涉及第三国主张权利的区域存

---

[1] I. C. J. Reports 1985, para. 62.
[2] I. C. J. Reports 1985, para. 64.
[3] I. C. J. Reports 1985, para. 66.
[4] I. C. J. Reports 1985, para. 68.
[5] I. C. J. Reports 1985, paras. 71, 72, 73.
[6] I. C. J. Reports 1985, paras. 72-73.

在着一定联系,因此以接近比例性原则对经调整的划界结果进行检验是困难的。法院认为,已达成的结果不存在明显的不符合接近比例性,因此没有必要再进行接近比例性检验。法院的结论是,经调整的结果经过检验可确认为已满足在一切情况下公平这一条件。就此,法院将这一结果确认为最终的划界成果。

(六) 判决执行部分

最后,法院以14票赞成对3票反对作出判决。在判决所确定的划界范围内,即东经13°50′线和东经15°10′线之间、当事国双方海岸之间的大陆架区域,法院作出决定如下[1]:

一是适用于执行本判决通过协议划定分别归属于利比亚和马耳他的大陆架区域的国际法原则和规则是:(1) 划界进行应按照公平原则并考虑所有有关情况,以达到公平的结果;(2) 在已查明应归属于当事国一方的大陆架区域自有关当事国海岸起量不超过200海里的情况下,从地质意义上的自然延伸原则中不能产生大陆架区域的划界标准。

二是在本案中为实现公平划界应予以考虑的情况和因素是:(1) 当事国海岸的一般构造、其相向关系以及它们在一般地理背景中的相互关系;(2) 当事国有关海岸长度之间的悬殊差别及它们之间的距离;(3) 在划界中,避免归属于沿海国一方的大陆架区域幅度同其根据海岸一般走向测量的相关海岸长度之间过度不符合接近比例性。

三是鉴于上述情况,一项公平结果可以通过如下办法达成:作为程序的第一步,划出一条中间线,其每一点都同马耳他有关海岸(排除费尔弗拉岩礁)的低潮线和利比亚有关海岸的低潮线保持等距离。接着,这一初步的线即构成参照上述情况和因素进行调整的对象。

四是对第三段所述的中间线进行调整,将此线向北移动18分的纬度(使之大约在北纬34°30′与东经15°10′线相交),这一被移动后的线即构成分别归属于利比亚和马耳他大陆架区域的分界线。[2]

---

[1] I. C. J. Reports 1985, para. 79.
[2] 利比亚和马耳他大陆架分界线: https://sovereignlimits.com/wp-content/uploads/sites/2/2019/04/LBY_ MLT_ web. jpg。

四、法官的个别意见和反对意见

对本案的判决,埃尔-凯尼(El-Khani)法官附加了一项声明,法院副院长塞特-卡马拉法官、鲁达法官、贝贾乌义(Bedjaoui)法官、德-阿雷夏加专案(Mbaye)法官、穆巴耶法官、瓦尔蒂科斯专案法官各自或联名附加个别意见,莫斯勒法官、小田兹法官和施韦贝尔法官附加反对意见。

(一) 法官的声明和个别意见

1. 埃尔-凯尼的声明

埃尔-凯尼法官认为,将分界线再向北移动一些更符合接近比例性,同时也满足公平的要求。[1]

2. 塞特-卡马拉的个别意见

塞特-卡马拉法官的主要观点是:(1) 1969 年北海大陆架划界案(德国与丹麦、德国与荷兰)判决所确立的自然延伸原则仍然是大陆架概念的主要支柱,在《联合国海洋法公约》第 76 条关于大陆架定义中还是最基础的因素。(2) 法院没有必要从第 76 条最后部分规定的"距离原则"中引申出法院判决的法律基础,这一限制性条款同本案的实际情况没有任何关系。(3) 由于当事双方都没有主张专属经济区,本案判决对专属经济区法律制度的考虑没有必要,也不合适。(4) 假设一条意大利西西里岛和马耳他之间的中间线并以此为依据进行调整是人为的重塑地理,不如简单地通过赋予马耳他海岸以部分效力来平衡有关海岸长度的悬殊差距。[2]

3. 鲁达、贝贾乌义和德-阿雷夏加的联名个别意见

他们注意到,马耳他对梯形区域提出的主权要求在一个闭海和半闭海中是过分的、违反国际实践的。对此,判决没有作出评述。此外,如果将中间线向北移动 28 分的纬度,给予马耳他海岸以四分之三的效果,符合 1∶3.45 的比例,则经调整的结果就更公平了。[3]

---

[1] Declaration of Judge El-Khani, in I. C. J. Reports 1985, p. 50.
[2] Separate Opinion of Vice-President Sette-Camara, in I. C. J. Reports 1985, pp. 60–75.
[3] Separate Opinion of Judges Ruda, Bedjaoui and Jiménez de Aréchaga, in I. C. J. Reports 1985, pp. 76–92.

4. 穆巴耶的个别意见

穆巴耶法官认为《联合国海洋法公约》根本改变了自然延伸概念，他对法院没有抓住机会对此作出进一步阐述感到遗憾。此外，他对法院将两个当事国海岸之间的距离确认为有关情况表示不理解，他认为进行调整的理由仅海岸长度的悬殊差距就已经足够。[1]

5. 瓦尔蒂科斯的个别意见

瓦尔蒂科斯法官认为，既然地质和地貌的因素不构成划界应予以考虑的有关情况，就应该以中间线划界，从两国海岸的相向关系、国际法的新趋势、国家实践和法院的任务中都可以找到足够的理由。他的意见是，判决不应考虑海岸长度的差别，而经济因素和安全理由则应予以考虑，它们都有助于确认中间线。[2]

（二）反对意见

1. 莫斯勒的反对意见

莫斯勒法官认为，利比亚和马耳他之间的中间线构成一项公平解决。他对将分界线向北移动18分的纬度及这种方法提出批评。[3]

2. 小田兹的反对意见

小田兹法官的意见是，法院没有抓住海洋法新近的发展。在一个特定案件中，法院有以自己主观判断什么是公平来认定公平原则的危险。他认为，判决所限定的范围过多地集中于对未经法律确认的第三国利益的考虑上。法院以接近比例性来检验划界结果是荒谬的，而且实际上由于不可能实施而被放弃了。此外，将分界线北移18分的纬度是毫无根据的。[4]

3. 施韦贝尔的反对意见

施韦贝尔法官对判决主要提出了两点反对意见：其一，关于判决确定的划界区域。他认为，法院对于当事国之间特别协定的解释超出了条约解释的规则，将由两个当事国通过特别协定提交法院的案件管辖权交给了第三国来决定。这实质上是让意大利得到了它要求参与诉讼想得

---

[1] Separate Opinion of Judge Mbaye, in I. C. J. Reports 1985, pp. 93-103.
[2] Separate Opinion of Judge Valticos, in I. C. J. Reports 1985, pp. 104-114.
[3] Dissenting Opinion of Judge Mosler, in I. C. J. Reports 1985, pp. 115-122.
[4] Dissenting Opinion of Judge Oda, in I. C. J. Reports 1985, pp. 123-171.

到的东西。其二，在海岸相向国家之间，以中间线作为划界的起点是正确的，但是法院没有对马耳他是一个独立国家这一因素予以充分的重视。利比亚海岸比马耳他海岸长，所得的大陆架区域本来就多，再对中间线作出有利于利比亚的调整，实际上是又额外奖励。判决没有证明其所提及的有关情况同最后确定的分界线之间有任何客观的联系。[1]

五、划界问题的最终解决

在国际法院1985年判决后，利比亚和马耳他于1986年11月10日签订《关于执行特别协定第3条和国际法院判决的协定》[2]。该协定第1条规定，在东经13°50′和东经15°10′范围内分别归属于利比亚和马耳他的大陆架区域的分界线由连接如下各点之间的大圆弧构成[3]：

点	北 纬	东 经
1	34°40′46″	13°50′00″
2	34°40′10″	13°52′31″
3	34°39′16″	13°56′09″
4	34°37′11″	14°04′15″
5	34°37′02″	14°05′14″
6	34°35′20″	14°15′37″
7	34°34′07″	14°23′54″
8	34°33′07″	14°31′29″
9	34°32′18″	14°37′24″
10	34°31′20″	14°49′07″
11	34°29′53″	15°10′00″

六、评 论

本案判决的内容非常丰富，涉及海洋划界国际法的一系列重要问

---

[1] Dissenting Opinion of Judge Schwebel, in I. C. J. Reports 1985, pp. 172–187.
[2] Charney, J. I. & Alexander, L. M., eds., *International Maritime Boundaries*, Dordrecht/Boston/London, Martinus Nijhoff Publishers, 1993, pp. 1661–1662.
[3] Charney, J. I. & Alexander, L. M., eds., *International Maritime Boundaries*, Dordrecht/Boston/London, Martinus Nijhoff Publishers, 1993, p. 1661.

题。国际法院关于适用于海洋划界的国际法原则和规则的观点及其运用，对国家之间的海洋划界实践具有重要影响。

（一）《联合国海洋法公约》所代表的海洋法新发展

在本案中，国际法院明确指出，同 1969 年北海大陆架划界案（德国与丹麦、德国与荷兰）判决之时相比，大陆架法律制度已发生了很大的变化。造成这一变化的原因是第三次联合国海洋法会议和 1982 年通过《联合国海洋法公约》所确立的专属经济区法律制度。

根据《联合国海洋法公约》，沿海国享有 200 海里的专属经济区，对专属经济区的主权权利及于上覆水域和海床及其底土的自然资源[1]。因此，虽然沿海国可以有大陆架而不建立专属经济区，但是一旦建立专属经济区，则必然同时拥有构成其海床和底土的大陆架。考虑到这一法律的发展，特别是《联合国海洋法公约》第 76 条关于沿海国自然延伸的大陆架不足 200 海里可以扩展到 200 海里的规定[2]，国际法院认为，200 海里距离原则已同时构成沿海国专属经济区和大陆架法律制度的权利依据，并成为习惯国际法的一部分。

关于专属经济区法律制度对大陆架概念的影响和《联合国海洋法公约》第 76 条规定的大陆架概念，法院正确地指出，法律的发展已使大陆架成为一个复杂的法律概念，而自然延伸和距离概念都是大陆架法律概念的重要因素。虽然法院的观点是，将距离标准同时运用于大陆架以及专属经济区并不表示自然延伸的概念现在已经为距离概念所代替，但是在实际运用中，法院认为，虽然自然延伸原则过去在大陆架划界中具有构成沿海国大陆架主权的权利依据这一法律地位，"但是，现在只要是在从海岸起量不超过 200 海里的情况下，它就已经过时了"[3]。这样，法院一方面承认《联合国海洋法公约》第 76 条规定的 200 海里距离原则作为大陆架权利主张的法律依据的有效性，另一

---

[1]《联合国海洋法公约》第 56 条。
[2]《联合国海洋法公约》第 76 条第 1 款规定："沿海国的大陆架包括其领海以外依其陆地领土的全部自然延伸，扩展到大陆边外缘的海底区域的海床和底土，如果从测算领海宽度的基线量起到大陆边的外缘的距离不到二百海里，则扩展到二百海里的距离。"
[3] I. C. J. Reports 1985，para. 40.

方面断然否定了自然延伸包括海洋地质和地貌情况在大陆架划界中可以起任何作用。按照法院的新观点，在两个国家海岸之间距离不超过400海里的情况下，自然延伸不发生任何作用。只有在海岸之间距离超过400海里的情况下，构成自然延伸的地质和地貌因素在相向国家划界中才发生作用。

国际法院的这一观点在国际法理论上是存在争议的。[1] 塞特－卡马拉法官就对法院的这一观点提出了批评。对《联合国海洋法公约》第76条关于大陆架定义进行分析后，他指出，1969年北海大陆架划界案（德国与丹麦、德国与荷兰）的判决所确立的自然延伸原则，仍然是《联合国海洋法公约》第76条第1款规定的大陆架概念的主要支柱，而第1款后半部分规定的距离原则只是对自然延伸原则的补充，为了照顾陆地领土的自然延伸不足200海里的沿海国而设立。[2]

实际上，《联合国海洋法公约》第76条规定的大陆架概念包含两种概念的大陆架：一是主要的、自然延伸概念的大陆架；二是辅助性的、法律上人为的距离原则概念的大陆架。[3] 距离原则虽然能构成沿海国不足200海里的大陆架权利依据，但是无法解释扩展到200海里以外大陆边外缘的大陆架权利依据是什么，而自然延伸原则可以同时构成200海里内外的大陆架权利依据。[4] 因此，自然延伸是主要的、贯穿大陆架概念始终的一项标准，并且在任何情况下都有效。更重要的是，自然延伸是大陆架权利作为自始就有的、固有的权利这一性质的体现，也体现了大陆架权利同专属经济区权利在性质上的不同特点。

在这个意义上，国际法院在1982年大陆架划界案（突尼斯与利比亚）中作出的评述更准确些。法院指出："这个定义包括两个部分，使用了不同的标准。按照第1款的第一部分，陆地领土的自然延伸是主要标准。在第1款的第二部分，200海里的距离在有些情况下是沿海

---

[1] 张鸿增：《评国际法院对两个海洋划界案的判决》，载中国国际法学会主编：《中国国际法年刊》，中国对外翻译出版公司1986年版，第210页。
[2] Separate Opinion of Vice-President Sette-Camara, in I. C. J. Reports 1985, p. 68.
[3] J. F. Pulvenis, "Le plateau continental, définition et régime", in Dupuy et Vignes, Traité du nouveau droit de la mer, 1985, Paris, p. 300.
[4] 张鸿增：《评国际法院对两个海洋划界案的判决》，载中国国际法学会主编：《中国国际法年刊》，中国对外翻译出版公司1986年版，第210页。

国主权的基础。"[1] 由此，法院实际上在评述中赋予自然延伸以更大的权重，因为距离标准只是在有些情况下起作用，而自然延伸适用于一切情况。

更重要的是，《联合国海洋法公约》的有关条款也对大陆架制度和专属经济区制度及两者之间的关系给予了明确的指示。《联合国海洋法公约》第 56 条第 3 款明确规定，涉及沿海国对专属经济区内的海床和底土的权利，应按照第六部分，即大陆架法律制度的规定行使。[2] 根据条约解释规则，结合上下文和《联合国海洋法公约》准备阶段的文献，客观地、前后一致地、全面地评价第 76 条第 1 款的规定，合逻辑的结论应该是，在大陆架权利和专属经济区权利发生重叠时，不是专属经济区制度代替大陆架制度，而是大陆架制度取代专属经济区制度中同大陆架权利重叠的部分。[3] 此外，《联合国海洋法公约》第 76 条第 10 款还规定："本条的规定不损害海岸相向或相邻国家之间大陆架界限划定的问题。"[4] 这一规定也赋予了大陆架制度以更优越的地位。

因此，大陆架制度，包括自然延伸概念在划界中绝不是无关紧要的。值得指出的是，在已提交国际司法解决的大陆架划界案中，至今为止，尚无一例划界区域存在着明显的、容易确认的自然延伸中断情况。国际法院在许多划界案的判决中曾表示，如果存在这种情况，则将予以考虑。

（二）关于法律解决的客观性问题

虽然小田兹和施韦贝尔法官在反对意见中对本案判决的客观性提出了疑问，但是，纵观法院审理本案的全过程，包括对公平原则的评述、对划界有关情况的考虑及所采取的划界方法和步骤，应该承认法院在寻求划界结果的客观性方面作出了积极的努力。

在评述公平原则时，法院提出："作为公平来源的公正就不再是抽象的公正，而是按照法律规则的公正。这就是说它的适用应当显示一

---

[1] I. C. J. Reports 1982, para. 47.
[2] L. Lucchini & M. Voelckel, Droit de la mer, Paris, 1990, p. 252.
[3] 张克宁：《大陆架划界的发展和东海大陆架的划界问题》，北京大学 1987 年博士论文，第 433 页。
[4] 《联合国海洋法公约》第 76 条第 10 款。

贯性和一定程度上的可预测性,既要对某一正在审理的案件的特殊情况予以特别注意,又要对这种特殊情况以外更普遍适用的原则予以注意。"[1] 为保证适用法律的一贯性和划界结果在一定程度上的可预测性,法院作出的努力体现在两个方面:第一,方法论;第二,对有关情况的考虑。

在方法论上,法院虽然根据先前其他划界案判决的精神,在理论上明确否定了等距离方法具有优越于其他方法的好处,但在实际操作中赋予了中间线以优先的地位。法院还审慎地指出,把中间线作为临时性界线不意味着中间线方法的适用具有强制性。[2] 在本案中,法院运用的划界方法包括三个步骤:第一步,以中间线划出一条临时性分界线。第二步,运用公平原则并考虑有关情况对临时性分界线进行调整。第三步,考虑划界结果的公平性要求,对经调整的分界线进行检验。如符合公平性要求,则予以确认;如不符合公平性要求,则可以再调整。法院运用的这一方法在一定程度上保证了划界结果的可预测性。

在对有关情况的考虑上,法院也作出了规范性努力,将对有关情况的考虑作为纠正适用等距离原则可能造成的扭曲性效果的办法。同时,法院在对划界应予以考虑的有关情况的评论中,也尽可能地赋予被考虑的有关情况以更多的客观色彩,例如海岸长度、海岸之间的距离、已探明储量的资源等,而海洋地质与地貌因素和经济利益,由于存在着主观认识上的不确定因素,法院未将其确认为划界应予以考虑的有关情况。但是,正如一些法官指出的那样,法院没有将寻求客观的努力贯彻到底。例如,法院虽然在一定程度上适用了接近比例性概念,然而却没有在划定的分界线上完全体现出来。此外,法院关于宏观地理的评述、以假设一条意大利西西里岛和利比亚之间的中间线为依据将马耳他和利比亚之间的中间线向北调整18分的纬度等也具有很大的主观性。在某种程度上,小田兹和施韦贝尔法官的批评是有一定道理的。但是,必须指出的是,小田兹和施韦贝尔法官对判决的批评实际上是指责法院没有接受马耳他主张的严格等距离方法,这一批评本身也带有一定的主观色彩。

国际实践表明,海洋划界是一项复杂的政治、法律程序,在国际

---

[1] I. C. J. Reports 1985, para. 45.
[2] I. C. J. Reports 1985, para. 65.

法上并没有一整套现存的法律规则可以直接适用。国际法院分庭在缅因湾海洋边界划界案（美国与加拿大）中对《联合国海洋法公约》第74条、第83条作出评论时指出，不仅条约法并没有指明一整套适用于划界的法律规范和实用方法，而且"在习惯国际法中找不到一套详细的规则。事实上，习惯国际法在保障国际社会成员间共处和必不可少的合作方面只有些有限的规范，再加上一套存在于各国法律信念中的习惯规则"。"因此，指望一般国际法提供解决所有划界问题的现成的一套规则是徒劳的，尤其是在这样一个新的、未自成一类的领域里，更是如此，这个领域昨天还是公海，国家主权最近才扩展到这里。"[1]国际法院在适用法律规范中一定的主观性同法律的现状及习惯国际法关于适用公平原则划界的要求，具有一定的联系。更重要的是，划界区域的情况千差万别，寻求适用法律规则的一贯性和在具体情况下划界结果的公平性，不一定能够统一。

---

[1] I. C. J. Reports 1984, para. 111.

海洋边界仲裁案（几内亚与几内亚比绍）

（仲裁庭1985年2月14日裁决）

一、争议的产生和发展

几内亚和几内亚比绍是非洲西部地区的国家。几内亚比绍在北面与塞内加尔相邻，几内亚则与马里、塞拉利昂、塞内加尔和科特迪瓦相毗连。两国现有的陆地边界在殖民时期已确定，不存在任何争议。几内亚和几内亚比绍两国的海岸线从北面几内亚比绍的罗克舒角（le cap Roxo）至南面几内亚的萨拉图克角（la Pointe Sallatouk）呈西北－东南走向。两国海岸线非常不规则，有许多河流注入海洋形成海湾和海峡。其中最重要的是几内亚比绍的卡谢乌河（le rio Cacheu）和几内亚的热巴河（le Geba），前者在入海口形成10多千米宽的海湾，后者在入海口形成30多千米宽的海峡。[1]

几内亚于1964年6月3日颁布法令，单方面划定它与葡属几内亚之间沿北纬10°56′42″的侧向领海界线，接着于1965年12月31日又颁布法令，将其领海扩展至200海里。葡萄牙政府认为几内亚单方面划定的领海界线是非法的，但当时忙于对付几内亚比绍人民的民族解放战争，因此无暇顾及与邻国的海洋划界争议，没有对几内亚提出抗议。几内亚比绍在1973年9月24日取得独立后，于1974年12月31日颁布法令，宣布和确定其150海里的领海，并单方面划定一条等距离线。[2] 与

---

[1] Affaire de la délimitation de la frontière maritime entre la Guinée et la Guinée-Bissau, 1985, in United Nations, Reports of International Arbitral Awards, Vol. XIX（以下简称"Arbitral Award 1985, in U. N., R. I. A. A., Vol. XIX"），paras. 18－21.

[2] Arbitral Award 1985, in U. N., R. I. A. A., Vol. XIX, paras. 28－30.

此同时，几内亚比绍建议两国就划定侧向海洋的界线举行谈判。

几内亚和几内亚比绍于 1977 年 4 月 9 日至 13 日在科纳克里举行第一次谈判。几内亚除维持其沿北纬 10°56′42″划定侧向领海界线的立场外，还提出包括在两国有争议的领海区域进行共同开发的主张，但谈判未取得结果。在 1978 年 1 月 24 日至 25 日举行的第二次谈判中，几内亚改变其立场，提出把 1886 年法国和葡萄牙《关于划分法国和葡萄牙各自在非洲西部领地的条约》（以下简称"1886 年条约"）规定的由卡吉特河（le Cajet）主航道中心线、派勒兹通道（la passe des Pilotes）和北纬 10°40′线组成的一条线作为侧向海上界线。[1]

法国和葡萄牙《关于划分法国和葡萄牙各自在非洲西部领地的条约》是两国于 1886 年 5 月 12 日签订的一项划分非洲西部两国边界包括海岸外岛屿归属的条约。这一条约的第 1 条最后一款规定："位于罗克舒角经度子午线、海岸和由一条沿卡吉特河主航道延伸，然后朝西南走向穿过派勒兹通道到达北纬 10°40′线，接着一直沿这条纬度线延伸到经罗克舒角经度子午线，由此构成的南部界线之间的全部岛屿应属于葡萄牙。"[2] 几内亚认为，1886 年条约这一规定所确定的两国陆地边界，应沿卡吉特河主航道延伸至该河入海口，然后沿派勒兹通道。几内亚比绍则不接受这一提议。[3] 自此，两国之间的争议转变成法律争议，而争议的对象将不再发生变化。[4]

几内亚建议的海洋界线与 1886 年条约线相吻合。几内亚认为，该线不仅明确了法国和葡萄牙两国当时在西非海岸前沿的岛屿地位，而且还在法葡两国领地之间建立了一条一般意义的海洋界线。几内亚比绍则断然否定这一说法。几内亚比绍于 1978 年 5 月 19 日通过立法改变其原来的立场，将其领海减至 12 海里，并建立 200 海里专属经济

---

[1] Arbitral Award 1985, in U. N., R. I. A. A., Vol. XIX, paras. 31-33.

[2] 1886 年 6 月 12 日法国和葡萄牙《关于划分法国和葡萄牙各自在非洲西部领地的条约》第 1 条最后一款原文：Appartiennent au Portugal toutes les îles comprises entre le méridien du cap Roxo, la côte et la limite sud formée par une ligne qui suivra le thalweg de la rivière Cajet et se dirigira ensuite au sud-ouest à travers la passe des Pilotes pour gagner le 10 degrés 40 minutes de latitude nord avec lequel elle se conforme jusqu'au méridien du Cap Roxo.

[3] 几内亚和几内亚比绍的海洋主张线示意图：http://mandalaprojects.com/ice/ice-cases/images/guinea.jpg。

[4] Arbitral Award 1985, in U. N., R. I. A. A., Vol. XIX, para. 32.

区。同年 8 月，两国举行第三次谈判，仍未取得任何结果。其后，两国都单方面开始颁发石油许可证，并开展捕鱼活动，因此引起彼此间的抗议。继几内亚比绍之后，几内亚政府于 1980 年 3 月 4 日也通过立法将领海减至 12 海里，并于同年 7 月 30 日通过立法建立 200 海里专属经济区。几内亚还以 1886 年条约为基础，单方面通过立法规定其侧向的海洋界线。在第四次谈判中，几内亚比绍反对几内亚的立场，认为 1886 年条约线未建立一条海上界线，并提出了从派勒兹通道划出一条 225°方位角的线这一划界建议。[1]

1981 年，几内亚提出一份以 1886 年条约第 1 条为基础的划界协议草案，而几内亚比绍则提出一份以低潮线起量的等距离线为基础的划界协议反建议草案。[2] 双方未能就解决办法达成妥协。两国在签署《联合国海洋法公约》后，于 1982 年 12 月 28 至 29 日重开谈判，决定将争议交由国际仲裁庭审理，并于 1983 年 2 月 18 日签署提交仲裁解决的特别协定。[3]

这一特别协定结束了自 1964 年几内亚单方面宣布其领海起就开始的外交交涉和谈判。两国请求将要成立的仲裁庭决定如下事项：(1) 法国和葡萄牙 1886 年条约是否确定了两国在西非各自属地之间的海洋边界；(2) 1886 年条约所附的议定书和文件对该条约的解释具有什么法律效力；(3) 根据对上述问题的回答，几内亚比绍共和国和几内亚共和国各自拥有的海上领土之间的边界走向（un tracé précis de la ligne de délimitation entre les territoires maritimes relevant de chacun des parties）应是什么样的。[4]

从特别协定看，划界问题只是从属于前两个问题的附带问题。前两个问题涉及当事国双方对 1886 年条约的解释，即该条约是否确立了法国和葡萄牙各自在西非的属地之间的海洋边界。只有在仲裁庭确认 1886 年条约未划定两国之间海上边界的情况下，才涉及第三个问题，即如何划定几内亚和几内亚比绍两国之间的海洋边界。在涉及第三个问题的情况下，仲裁庭还被要求根据国际法原则和规则，在地图上具体标

---

[1] Arbitral Award 1985, in U. N., R. I. A. A., Vol. XIX, paras. 33–34.
[2] 几内亚和几内亚比绍的海洋主张线示意图：http://mandalaprojects.com/ice/ice-cases/images/guinea.jpg.
[3] Arbitral Award 1985, in U. N., R. I. A. A., Vol. XIX, paras. 35–36.
[4] Arbitral Award 1985, in U. N., R. I. A. A., Vol. XIX, para. 38.

绘出包括领海、专属经济区和大陆架界线的海上边界全部走向。[1]

仲裁庭于 1985 年 2 月 14 日在海牙以法文和葡萄牙文作出裁决，以法文文本为法律上唯一有效的文件。

二、当事国双方的主张和依据

在法国和葡萄牙 1886 年条约签订约 100 年后，其中的一些规定成为几内亚和几内亚比绍之间海洋划界争端的核心。双方各自的主张和依据都围绕这个核心，既涉及对旧条约的解释，又涉及在国家关系中新的海洋法律制度实施问题。

（一）1886 年条约及其附件的解释

关于 1886 年条约的宗旨，双方一致认为，这一条约的目的是标明几内亚海岸外的哪些岛屿应"归属于"葡萄牙的完全主权范围。为此目的，该条约规定了一条周长线，在此范围内的所有岛屿都被宣布属于葡萄牙。但是，当事国对这条周长线是否还有其他作用，即是否把葡萄牙的岛屿和水域与法国的岛屿和水域分隔开来，从而确立一条一般海洋边界线，有不同的看法。[2]

几内亚比绍认为，既然有争议的条款中规定那条线的唯一目的是标明归属于葡萄牙的岛屿，那么 1886 年条约就并未在法国和葡萄牙属地之间确立海上边界。[3] 几内亚虽然也同意，既然与罗克舒角经线相对应的那段线一直向南延伸，以至超出当时国际法承认的任何国家或沿岸领土可以拥有的领水范围，那么这条线就不可能构成海洋边界。但是，几内亚认为，其余几段线则另当别论，因为，在 1886 年条约中对此规定有"由……构成南部界线"的字样。[4]

（二）两国海洋划界问题

几内亚比绍主张，考虑到所有有关情况并为达到公平结果，两国

---

[1] Arbitral Award 1985, in U.N., R.I.A.A., Vol. XIX, para. 42.
[2] Arbitral Award 1985, in U.N., R.I.A.A., Vol. XIX, para. 47.
[3] Arbitral Award 1985, in U.N., R.I.A.A., Vol. XIX, para. 46.
[4] Arbitral Award 1985, in U.N., R.I.A.A., Vol. XIX, para. 48.

之间海洋边界的走向应该是从两国的低潮线,包括岛屿的低潮线起量的等距离线。[1] 在该线北部,为便于几内亚对阿尔卡特拉兹岛(l'île Alcatraz)行使权利,可划出一块从该岛低潮线起量范围 12 海里的飞地。[2] 几内亚比绍认为,两国海岸在某种程度上是相向的,因此运用等距离线是最恰当的划界方法。[3] 等距离方法具有的优点是,考虑到海岸邻近因素并且可以避免使当事国一方将其海岸向海延伸至距离另一方海岸更近的区域,更符合不重塑自然原则。[4] 几内亚比绍承认,取得公平的结果是当事国的一项法律义务,而公平概念则要求考虑划界区域的所有有关情况,这意味着应对作为划界临时步骤的等距离线作出修正。但在本案中,并不存在特殊(或有关)情况要求对等距离线作出根本的修正。几内亚比绍考虑到阿尔卡特拉兹岛位于"错误的一侧"这一特殊情况,建议为该岛划出 12 海里宽的范围作为在几内亚比绍专属经济区内的飞地。几内亚比绍还提出了其他有关情况,要求仲裁庭予以考虑。这些情况指的是,被称为具有"次要性质"的大陆架地质和地貌特点,即它将按照《联合国海洋法公约》拥有一个向海延伸超过 200 海里的大陆架。几内亚比绍认为,双方都同意两国共处同一大陆架的观点为适用等距离方法提供了论据。按照几内亚比绍的看法,一条等距离线不仅能够准确地划分奥朗戈河(l'Orango)(属几内亚比绍)和努乃兹河(le Nunez)(属几内亚)的冲积三角洲,而且能恰当地划分比扎戈斯群岛(les îles Bijagos)以南的侵蚀区。[5]

几内亚政府认为,两国海上领土的边界走向应该是:从陆地边界的终点起,沿卡吉特河主航道而行,然后由西南方向穿过派勒兹通道,至北纬 10°40′线。由此,构成两国海上领土向海方向延伸的边界。几内亚处于被动的地位,其主要针对几内亚比绍的论据提出自己的主张。几内亚认为,两国的海岸不是相向的,而是相邻的,因此应运用纬度线来划分。几内亚反对适用等距离规则,认为由于西非海岸线的形状,适用等距离规则将对几内亚造成"阻断效果";相反,运用一条纬度

---

[1] Arbitral Award 1985, in U. N., R. I. A. A., Vol. XIX, para. 99.
[2] Arbitral Award 1985, in U. N., R. I. A. A., Vol. XIX, para. 99.
[3] Arbitral Award 1985, in U. N., R. I. A. A., Vol. XIX, para. 103.
[4] Arbitral Award 1985, in U. N., R. I. A. A., Vol. XIX, para. 91.
[5] Arbitral Award 1985, in U. N., R. I. A. A., Vol. XIX, para. 99.

线则可以防止产生飞地,更符合划界应取得公平结果的要求。假设仲裁庭确认,一条经调整的等距离线符合公平原则的要求,在这种情况下,几内亚仍主张,无论如何不应考虑比扎戈斯群岛的存在。[1] 几内亚明确表示,其反对赋予等距离规则以任何优先或优越的地位。几内亚还批驳几内亚比绍关于地质和地貌特征中断大陆架地质统一性的论点。按照几内亚的观点,自然延伸已不再是划界有关的法律规则,几内亚比绍所引用的地理特征不足以证明构成"自然边界"的特点。

两国关于接近比例性公平原则的观点没有实质性的差别。两国都把接近比例性与各自的大陆板块和海岸线长度联系起来,双方同意,适用公平原则解决的结果应能满足接近比例性原则的检验。双方都提出了经济因素,并试图作出有利于自己一方的解释。这些经济因素包括:沿海捕鱼活动及其对地方经济的影响,缺乏自然资源以及开采这些资源的基础设施落后等情况。双方还提到航海利益。几内亚比绍提出,其对将来通过奥郎戈海峡(le chenal d'Orango)和格兰德河河口(l'estuaire du Rio Grande Estuary)自由进入布巴港(le port de Buba)等方面,享有特殊利益。[2] 安全问题也被双方所提出。两国都认为,划界应保留给每一个国家对其海岸邻近海区的控制,划界不应对每一个国家的正当安全利益产生影响。

三、仲裁裁决及其主要观点

仲裁庭根据当事国提出问题的顺序对一些法律问题进行探讨并作出裁决。

(一) 1886 年条约及其附件的解释

仲裁庭认为,根据 1969 年《维也纳条约法公约》关于条约解释的规则[3],应善意地解释有关条款,根据上下文和条约的宗旨与目的对

---

[1] Arbitral Award 1985, in U. N., R. I. A. A., Vol. XIX, para. 101.
[2] Arbitral Award 1985, in U. N., R. I. A. A., Vol. XIX, para. 121.
[3] 1969 年 5 月 23 日《维也纳条约法公约》第 31 条第 1 款。王铁崖、田如萱编:《国际法资料选编》,法律出版社 1982 年版,第 709 页。

其用语通常意义作出解释。[1] 这些规则是编纂习惯国际法而形成的，同国际法院所一贯奉行的规则是一致的，适用于在本案中对1886年条约及其附件作出解释。[2]

仲裁庭首先对"界限"（limite）和"边界"（frontiere）两个词的含义和区别进行了探讨并认为："在这里，对这两个词应从其通常意义上来理解，同时也适当考虑到它们的法律含义。根据当事国所提及或没有提及的语言学词典和法学词典给出的定义，界限和边界两个词在法文中与在葡萄牙文中一样，其含义是有些不明确的。首先，它们既可以指一个区域，特别是在复数情况下，也可以指一条线……其次，界限这个词可以有两种含义，一个是一般的，另一个是更为特定的……界限所包围的一片领土不一定就是一个国家，界限不一定就是边界。一般来讲，界限提出一个领地的范围，而边界的作用是分隔两个国家。"[3] 法院还提出："这种区别在实践中并非总是准确无误地得到反映。"因此，1886年条约中有争议的那个条款包含一些不确定的东西。[4]

仲裁庭没有接受当事国互相矛盾的解释，在分析条约及其附件时，仲裁庭指出："事实上，当人们发现这个地图所画出的线在陆地上是用长划线，而在海上或在卡吉特河上用的却是点划线的时候，地图上所画的这些线就失去了任何证据价值。"[5]

仲裁庭在对条约的宗旨和目的进行分析后得出的结论是："属地和领地两个词在条约条文中的频繁使用证明，条约的对象是法国和葡萄牙在西非的殖民地；但条约根本没有使用水域、海洋、海上、领海这些词。这就清楚地表明，这里所涉及的只是陆地属地。此外，法庭认为条约的主要目的是分配、割让（第6条）、交换或最终占领（第4条）领土，划界只不过是领土分配的一个方面或一种方法，而这些领土也没有被说成可能是海上领土。"[6] 至于条约签订后有关国家

---

[1] 关于《维也纳条约法公约》第31条第1款的含义，参见李浩培：《条约法概论》，法律出版社1987年版，第426页、第439页。
[2] Arbitral Award 1985, in U. N., R. I. A. A., Vol. XIX, para. 46.
[3] Arbitral Award 1985, in U. N., R. I. A. A., Vol. XIX, para. 49.
[4] Arbitral Award 1985, in U. N., R. I. A. A., Vol. XIX, para. 50.
[5] Arbitral Award 1985, in U. N., R. I. A. A., Vol. XIX, para. 54.
[6] Arbitral Award 1985, in U. N., R. I. A. A., Vol. XIX, para. 56.

的实践,仲裁庭认为也没有把"南部界线"视为一条法律上的海洋边界。[1]

仲裁庭还从时际法的观点出发,对条约签订时各国的国际法实践进行了分析,认为"'南部界线'一直延伸到距离海岸 100 海里的地方,并且距最近的岛屿波伊老岛(Poilao)也在 12 海里以上"。因此,如果把"南部界线"确认为"海洋边界",将使领海的概念大大超出当时的观念之外。[2] 这是与"那时的海洋法相违背的"。仲裁庭列举了一系列当时确定岛屿归属的国际条约,如:(1)确定美国大西洋外岛屿归属的 1783 年《大不列颠和美国最后和平条约》[3];(2)确定美国阿拉斯加海岸外岛屿归属的 1867 年美国和俄罗斯《转让阿拉斯加专约》[4];(3)确定塞拉利昂海岸外岛屿归属的 1882 年英法条约(未批准);(4)确定菲律宾群岛归属的 1898 年《美国和西班牙和平条约》[5]。仲裁庭认为:"在那时,人们从未认为这些条约中的任何一个赋予任何签字国对于除了普遍承认的领水以外的任何海域的海上主权。"[6]

在对条约解释问题进行审理后,仲裁庭对特别协定提出的第一、第二个问题作出回答。仲裁庭认为,无论是 1886 年条约本身还是其附件都未确定一条如几内亚所主张的一直延伸到罗克舒角经线的一般海洋边界。仲裁庭得出的结论是:"(a)附于法国和葡萄牙 1886 年条约的议定书和文件对第 1 条的法律解释起着重要作用。(b)该条约并未确定法国和葡萄牙各自在西非的属地之间的海上边界。"[7] 至此,仲裁庭结束划界前提问题的审理。否定几内亚诉讼请求的逻辑结果是,仲裁庭必须根据国际法原则和规则,确定几内亚和几内亚比绍之间的海洋边界,而且仲裁庭被要求准确地在海图上画出分界线。

---

[1] Arbitral Award 1985, in U.N., R.I.A.A., Vol. XIX, paras. 60–67.
[2] Arbitral Award 1985, in U.N., R.I.A.A., Vol. XIX, para. 80.
[3] 1783 年 9 月 3 日《大不列颠和美国最后和平条约》第 2 条。《国际条约集(1648—1871)》,世界知识出版社 1984 年版,第 225 页。
[4] 1867 年 3 月 30 日美国和俄罗斯《转让阿拉斯加专约》第 1 条。《国际条约集(1648—1871)》,世界知识出版社 1984 年版,第 451 页。
[5] 1898 年 12 月 10 日《美国和西班牙和平条约》第 3 条。《国际条约集(1872—1916)》,世界知识出版社 1986 年版,第 157 页。
[6] Arbitral Award 1985, in U.N., R.I.A.A., Vol. XIX, para. 81.
[7] Arbitral Award 1985, in U.N., R.I.A.A., Vol. XIX, para. 84.

(二) 确定划界区域

仲裁庭与以前的判决保持一致，考察与划界有关的宏观地理区域，认为这是划界的先决条件。关于有关海岸，仲裁庭认为应考虑由罗克舒角至萨拉图克角的海岸线，这不排除在必要情况下考虑一个或更多邻国的海岸线。

几内亚比绍海岸前沿有许多小岛，其中有一些是无人居住的。这些小岛位于向外延伸达 200 海里以上的大陆架上。仲裁庭对划界区域作出了如下描述："大陆边的外缘远离海岸，对几内亚比绍来说更是如此，并且大西洋的断裂带与两国的距离大大超过 200 海里。"[1] 引起争议最大的是比扎戈斯群岛。这个群岛属几内亚比绍，由许多距离海岸 2 海里至 37 海里的岛群、小岛和礁石组成，其中许多岛屿无人居住。岛屿之间是宽度不超过 5 海里的浅水区域。[2]

在格兰德-德布巴河（le Rio Grande de Buba）和卡吉特河入海口处形成的海湾附近，情况更复杂。除属于几内亚比绍的占伯群岛（le groupe Jamber）外，在距离两国海岸很近处，还存在许多无人居住的岛屿、小岛和礁石。其中最重要的是属于几内亚比绍的波伊老岛和桑巴岛（Samba），及属于几内亚的阿尔卡特拉兹岛等无人居住的岛屿。离岸再远一些是一系列水下海槽，一般只比大陆架深几米。[3]

至卡吉特湾南部的海岸线更规则些，但仍有许多河流注入海洋，形成一定规模的海湾。沿岸岛屿主要分布在几内亚海岸线前沿，还有两个向外突出的岩岬，即韦尔加角（le Cap Verga）和卡卢姆半岛（la presqu'île du Kaloum）。此外，还存在两个海槽，"比前面提到的海槽更向外突出"[4]。

仲裁庭首先对两国海岸前存在的岛屿作出区别，并把它们归为三类：(1) 与大陆被狭窄的海峡或水道隔开并且在低潮时经常与大陆连在一起的沿海岛屿；(2) 比扎戈斯群岛，这个群岛中的岛屿最近距离大陆 2 海里，最远距离大陆 37 海里，任何两个岛屿之间的距离都不超

---

[1] Arbitral Award 1985, in U. N., R. I. A. A., Vol. XIX, para. 19.
[2] Arbitral Award 1985, in U. N., R. I. A. A., Vol. XIX, para. 21.
[3] Arbitral Award 1985, in U. N., R. I. A. A., Vol. XIX, para. 22.
[4] Arbitral Award 1985, in U. N., R. I. A. A., Vol. XIX, para. 23.

过 5 海里；(3) 一些更南部的岛屿，这些岛屿散布在浅水区域。[1] 对于第一类岛屿，仲裁庭把它们看作构成整个大陆的组成部分。第二类岛屿由比扎戈斯群岛的岛屿组成，被认为是与沿岸岛屿紧密相连的。因此仲裁庭的结论是，第一类和第二类岛屿与划界有关。至于第三类，仲裁庭认为只有一部分与划界有关，因为，其中一些在确定基线时可以考虑并被包括在领水内。[2] 但是，在这一阶段中，仲裁庭并没有明确指出哪些岛屿是与划界有关的，哪些岛屿是与划界无关的。仲裁庭仅指出，应该把这些岛屿作为确定有关国家全部海岸线的一般走向的因素予以考虑。[3] 仲裁庭认为："当考虑到比扎戈斯群岛时，几内亚比绍的海岸线是凸出的，而几内亚的海岸线是凹入的。"[4]

识别划界区域的宏观地理范围还涉及确定划界判决可能影响的海域问题。借鉴突尼斯与利比亚大陆架划界案和利比亚与马耳他大陆架划界案的判决，仲裁庭指出，一个注定要达到公平结果的划界不能忽视该地区其他已达成的或有待谈判达成的划界协议。由于几内亚和几内亚比绍还分别与塞内加尔和塞拉利昂存在谈判划界问题，仲裁庭只能根据一个概略的估计，对所应考虑的区域有一个大致概念。[5] 因此，在本案中，仲裁庭并没有确切地识别和限定划界区域的宏观地理范围。

(三) 公平和公平原则

仲裁庭对公平原则作出了简单的一般表述。其引用缅因湾海洋边界划界案（美国与加拿大）指出，习惯国际法仅提供"少数基本的法律原则。这些原则规定了为达到一个基本目的应遵循的准则"。仲裁庭认为，这个基本目的之实现需要求助于各种因素及仲裁庭有权进行选择的各种方法。这不意味着仲裁庭被赋予自由裁量或依照公允及善良原则作出裁决的权利。仲裁庭的裁决必须建立在法律考虑的基础上。[6]

---

[1] Arbitral Award 1985, in U. N., R. I. A. A., Vol. XIX, para. 95.
[2] Arbitral Award 1985, in U. N., R. I. A. A., Vol. XIX, para. 95.
[3] Arbitral Award 1985, in U. N., R. I. A. A., Vol. XIX, para. 97.
[4] Arbitral Award 1985, in U. N., R. I. A. A., Vol. XIX, para. 101.
[5] Arbitral Award 1985, in U. N., R. I. A. A., Vol. XIX, paras. 93–94.
[6] Arbitral Award 1985, in U. N., R. I. A. A., Vol. XIX, para. 88.

关于公平原则与考虑所有有关情况的关系，仲裁庭指出："虽然有关的因素和方法是从物理的、数学的、政治的和经济的或其他事实中发展起来的，但它们是法律规则作用的结果。它们在数量上是没有限制的，并且对法庭来讲，它们中没有哪个是强制性的，因为……每一个划界案都是一个特例。"仲裁庭还指出："至于有关的因素，仲裁庭应对它们加以列举和权衡。它们产生于每个具体案例的情况，特别是产生于有关地区独有的特征。只有当仲裁庭认为这些情况与案件有关时，它们才将得到考虑。这些情况各自不相同，并且也不仅限于自然事实，不论这种自然事实是地理的、地质的还是地貌的。"[1]

仲裁庭并没有像国际法院分庭在缅因湾海洋边界划界案（美国与加拿大）中那样，对各种有关因素的重要性予以说明，但仲裁庭的做法是，首先考虑地理性质的有关情况并赋予其优越地位。

1. 地理、地质和地貌情况

在确定海岸线走向时，仲裁庭认为，沿岸岛屿和组成比扎戈斯群岛的岛屿应被视为有关情况。如果不考虑比扎戈斯群岛，几内亚比绍海岸线将从154海里缩短至128海里，海岸线受到影响的系数约为20%。按照仲裁庭的观点，这种系数反映了在本案中岛屿的重要性。[2] 仲裁庭数学推理提出的问题是：在何种程度上这种影响系数不具有歪曲性的作用，是15%或10%，还是更低些？对此，仲裁庭没有回答，因为缺乏客观的标准。在指出整个西非连续海岸线毫无疑问是凸出的之后，仲裁庭认为，虽然几内亚比绍的海岸线是凸出的，但相对于整个西非海岸线的凸出而言，几内亚和几内亚比绍两国海岸线总的来说是凹入的。因此，"在两个国家之间，不论选择什么划界方法，都可能出现两国都失去一些毫无疑问与其海岸是相对或相邻海域的情况。这就是阻断效应"[3]。两国海岸线总的来说是凹入的，这应作为有关情况予以考虑。仲裁庭认为："这意味着不再仅仅考虑一小段海岸线，而是要考虑到一大段海岸线。"对此，仲裁庭未作出明确的解释，仅指出这与这个地区现在或将来总的划界布局相协调。[4]

---

[1] Arbitral Award 1985, in U.N., R.I.A.A., Vol. XIX, para. 89.
[2] Arbitral Award 1985, in U.N., R.I.A.A., Vol. XIX, para. 97.
[3] Arbitral Award 1985, in U.N., R.I.A.A., Vol. XIX, para. 103.
[4] Arbitral Award 1985, in U.N., R.I.A.A., Vol. XIX, para. 108.

仲裁庭毫不含糊地在其他情况中列举了地貌情况，指出在任何情况下都不能忽略大陆架，"即使这仅仅是由于一般认为大陆架中包含着对诸如几内亚和几内亚比绍这样的发展中国家至关重要的潜在财富"[1]。仲裁庭的这一观点与以前的裁判不尽一致。另外，仲裁庭否定几内亚比绍关于大陆架地质和地貌特征的观点。仲裁庭认为，两个国家面对着同一个大陆架，几内亚比绍列举的物理特征不足以构成分离两国自然延伸的有效因素。[2] 仲裁庭还否定了几内亚比绍关于自然延伸的主张，并指出："如果大陆架被认为是连续的，那么，根据现今国际法，人们便再不能有效地引用任何自然特征来坚持自然延伸原则和旨在为一个确定自然分界的划界提供依据的主张。"[3]

2. 陆地边界的位置

仲裁庭确认，陆地边界的位置毫无疑问构成划界的有关情况。根据1886年条约，陆地边界的最后一段是沿卡吉特河主航道并终止于该河河口"卡塔克岛和特里斯陶岛（les îles Cataque et Tristao）之间"[4]。1886年条约的"南部界线"第一段，即穿过派勒兹通道的一段，实际上是最后一段陆地边界的地理延伸，在到达大约20海里处，继续沿北纬10°40′线向前延伸，并把阿尔卡特拉兹岛留在南部。仲裁庭接着指出，在该条约签订1年后，法国占领阿尔卡特拉兹岛并得到葡萄牙的承认，几内亚比绍最后也承认了几内亚对阿尔卡特拉兹岛的主权。综合这些情况，"仲裁庭相信，其有充分理由把'南部界线'至阿尔卡特拉兹岛为止的一段作为旨在达成一个能够实现公平结果的划界目的而应予以考虑的因素"[5]。这样，尽管北纬10°40′线的延伸可能产生不利于几内亚比绍的阻断效果，但是"南部界线"一小段还是被作为应予以考虑的有关情况。

3. 经济情况

在其他因素中，两国援引包括海上运输、渔业、石油资源等经济因素。仲裁庭尽管先前一般性地肯定大陆架潜在的经济财富对两国的

---

[1] Arbitral Award 1985, in U. N., R. I. A. A., Vol. XIX, para. 114.
[2] Arbitral Award 1985, in U. N., R. I. A. A., Vol. XIX, para. 117.
[3] Arbitral Award 1985, in U. N., R. I. A. A., Vol. XIX, para. 117.
[4] Arbitral Award 1985, in U. N., R. I. A. A., Vol. XIX, para. 106.
[5] Arbitral Award 1985, in U. N., R. I. A. A., Vol. XIX, para. 106.

重要性[1],但还是否定了这些论据并指出:"把随着一些有时是不确定的因素而变化的数据估计作为划界基础是既不合理,也不公平的。"[2]仲裁庭还指出,其"无权通过修改一条它认为是客观和确定的考虑所要求的划界线来补偿有关国家经济上的不平等"[3]。另外,仲裁庭提出当事国为促进国家经济发展应考虑互利合作的建议时,也补充道:"仲裁庭不能完全无视援引这些经济情况时所依据的合法要求。"[4]

4. 其他情况

在大陆架划界案(利比亚与马耳他)中,法院认为安全考虑是一项有关情况。仲裁庭在本案中再度肯定了这一观点。仲裁庭确认,在大陆架和专属经济区划界中,安全考虑构成应予以考虑的有关情况。"它的一个主要目的就是,避免由于某种原因在与任何一方海岸相对或相邻的地方所行使的权利会阻止其行使自己的权利或危及其安全。"[5]考虑有关情况进行划界的办法是"保证每一个国家对其海岸相对或相邻的海上领土的控制"[6]。

5. 接近比例性

仲裁庭两次提到了接近比例性原则。首先,仲裁庭援引国际法院关于大陆架划界案(利比亚与马耳他)判决,否定了接近比例性与大陆幅员的关系,认为"一个国家可以主张的海洋权利与其海岸后面的领土幅员无关……一个拥有相当小陆地面积的国家完全有理由要求得到比一个拥有较大陆地面积的国家更为广阔的海上领土"[7]。其次,仲裁庭认为,国际法院1969年关于北海大陆架划界案(德国与丹麦、德国与荷兰)的判决所提出的接近比例性概念在大陆架划界中依然是有效的。"唯一有关的比例是每一个国家的海岸线长度与分配给它的区域的面积之间的比例。"[8]仲裁庭认为,接近比例性是公平原则要求

---

[1] Arbitral Award 1985, in U. N., R. I. A. A., Vol. XIX, para. 114.
[2] Arbitral Award 1985, in U. N., R. I. A. A., Vol. XIX, para. 122.
[3] Arbitral Award 1985, in U. N., R. I. A. A., Vol. XIX, para. 123.
[4] Arbitral Award 1985, in U. N., R. I. A. A., Vol. XIX, para. 123.
[5] Arbitral Award 1985, in U. N., R. I. A. A., Vol. XIX, para. 123.
[6] Arbitral Award 1985, in U. N., R. I. A. A., Vol. XIX, para. 106.
[7] Arbitral Award 1985, in U. N., R. I. A. A., Vol. XIX, paras. 92, 98, 124.
[8] Arbitral Award 1985, in U. N., R. I. A. A., Vol. XIX, para. 119.

应予以考虑的有关情况之一。即使如此,接近比例性仍然是一项事后检验划界结果是否公平的标准之一,不同于海岸线长度与大陆架区域面积的比率。因此,仲裁庭把接近比例性作为一项独立的公平原则,运用在特定情况下对一个临时性分界线的调整。

在本案中,仲裁庭指出:"在对为达成公平结果而需要加以平衡的那些因素进行评价时,必须考虑接近比例性,它与所有其他因素相结合,能使有关国家得到平等的对待,但这并不是说数学上的平等,而是法律上的平等。"[1] 仲裁庭还指出,不应夸大接近比例性作为有关情况的作用,也不应把接近比例性与分配等同,但是仍应把接近比例性看作一项原则。"接近比例性规则不是一个仅建立在反映海岸线长度的数学基础上的机械规则,应适当地考虑本案中的其他因素,以一种合理的方法来适用它。"[2]

在本案中,仲裁庭考虑到沿岸岛屿和比扎戈斯群岛的位置已构成有关情况,两国海岸线应被视为具有同样的长度,因此,"在等比例这一点上,两个当事国都不能要求享有额外的优势"[3]。

(四) 实用划界方法

仲裁庭采纳的临时划界线建立在纯粹地理特点的考虑上。仲裁庭在采纳这一条临时划界线之前并没有考虑其他有关情况。在考虑其他有关情况后,由于未发现其他有关情况能证明建立在地理基础上的这一临时划界线体现不公平,仲裁庭遂确认了这一临时划界线。仲裁庭采纳的划界实用方法如下:

(1) 忠实于自己提出的必须考虑到一大段西非连续海岸线的意见,仲裁庭认为,整个西非海岸线是凸出的,而几内亚、几内亚比绍和塞拉利昂的海岸线在形状上都是相对而言凹入的。考虑到这一情况,应排除等距离方法。同时,仲裁庭也否定了纬度线方法,因为这一方法将产生阻断效果。结合西非海岸一般构造和在两国海岸前沿存在许多岛屿的情况,仲裁庭认为,海岸线走向"应通过一种简单的方式加

---

[1] Arbitral Award 1985, in U. N., R. I. A. A., Vol. XIX, para. 120.
[2] Arbitral Award 1985, in U. N., R. I. A. A., Vol. XIX, para. 118.
[3] Arbitral Award 1985, in U. N., R. I. A. A., Vol. XIX, para. 120.

以解释"[1]。

（2）以"南部界线"一小段边界和 12 海里领海为依据，仲裁庭确定的第一段海上界线是"让它（几内亚）在西面享有 1982 年《联合国海洋法公约》所规定的 12 海里领海是公平的，但岩礁则不予以考虑。因此，在至阿尔卡特拉兹岛以西 12 海里的范围内，'南部界线'可以加以采用"[2]。

（3）至于第二段海上界线，仲裁庭采纳一条与连接阿尔玛第斯岬（la hauteur des Almandies）和先令角（le cap Shilling）的直线大致垂直的线，"这将构成一条 236°方位角的直线"，因为这一条线能更好地反映海岸线的一般形状。[3]

（五）裁决执行部分

基于上述理由，仲裁庭一致裁定：

一是法国和葡萄牙 1886 年条约没有确定这两个国家在非洲西部各自属地之间的海洋边界。

二是附属于 1886 年条约的议定书和文件在这一条约的法律解释中具有重要作用。

三是划定几内亚比绍共和国和几内亚共和国各自海洋领土的分界线[4]如下：

（1）自卡吉特河主航道同西经 15°06′30″线相交点起；

（2）通过等角航线连接如下各点：

点	北 纬	西 经
A	10°50′00″	15°09′00″
B	10°40′00″	15°20′30″
C	10°40′00″	15°34′15″

（3）自上述 C 点起，沿一条 236°方位角的等角航线，直至国际法承认每一国家享有的海洋领土外部界线。

---

[1] Arbitral Award 1985, in U.N., R.I.A.A., Vol. XIX, para. 120.
[2] Arbitral Award 1985, in U.N., R.I.A.A., Vol. XIX, para. 109.
[3] Arbitral Award 1985, in U.N., R.I.A.A., Vol. XIX, para. 111.
[4] 几内亚和几内亚比绍的海洋分界线示意图：https://sovereignlimits.com/wp-content/uploads/sites/2/2019/04/GIN_GNB_web.jpg。

四、评 论

本案在程序和实质性问题上都具有不同于先前其他海洋划界案的一些特点：

第一，本案是由3名仲裁员组成的仲裁庭审理的，其中贝贾乌义和穆巴耶均为国际法院的非洲籍法官，第三位仲裁员兼庭长为波兰籍法官拉克斯（Lachs）。其与缅因湾海洋边界划界案（美国与加拿大）中国际法院分庭全部由欧美籍法官组成在形式上具有明显的不同。

第二，在实质性问题上，虽然该案同缅因湾海洋边界划界案（美国与加拿大）一样，同时涉及大陆架和专属经济区的划界，但是，在本案审理过程中，仲裁庭迎合当事国在特别协定中的主张，自始至终将本案的性质确定为"海洋领土"划界案。以"海洋领土"的概念来概括大陆架和专属经济区，在法律上虽然缺乏准确性，但实际上是代表了发展中国家的一种国家观念，即沿海国对这两个海洋区域的自然资源包括生物资源和非生物资源的主权，已具有使之成为国家领土或者国家领域一部分的意义。

第三，本案不同其他海洋划界案的最大特点是，海洋划界问题只是从属于很久以前签订的条约解释的一个附带问题。只有在仲裁庭确认1886年条约未划定两国之间海上界线的情况下，才涉及海洋划界问题。仲裁庭根据关于条约解释的国际法规则，对条约文本及其通常的含义作出解释，并适用时际法原则对条约签订之时的国际法状况和国家实践进行考察，分析当事国各自的实践。在此基础上，仲裁庭作出正确的回答。这一答案是常识性的，同时也是具有重大现实意义的。以一条线将经、纬度坐标点连接起来并以此确定岛屿的归属，是国际法所确认的一项法律技术，为许多条约，也为一些国家的国内法所采用。

例如，仲裁庭在本案中提到的1898年《美国和西班牙和平条约》[1]也属于这种情况。菲律宾以1898年《美国和西班牙和平条约》

---

[1] 1898年12月10日《美国和西班牙和平条约》。《国际条约集（1872—1916）》，世界知识出版社1986年版，第157—162页。

为依据,对条约规定的菲律宾群岛范围线以内的水域主张领海。[1] 这在国际法上是没有依据的。[2] 此外,1898年《美国和西班牙和平条约》还具有的法律意义是确定菲律宾的领土范围,菲律宾超出这一范围对中国南沙群岛提出领土要求,在国际法上也是没有依据的。

又如,中国清朝政府和法国政府于1887年6月27日签订的《续议界务专条》,对北部湾中的岛屿归属有如下规定:"至于海中各岛,照两国勘界大臣所画红线,向南接画,此线正过茶古社东边山头,即以此线为界,该线以东,海中各岛归中国;该线以西,海中九头山及各小岛归越南。"[3] 这段文字的法律意义是明白无误的,即实际上仅仅是对中越两国在北部湾中接近陆地边界终端点的沿海岛屿归属作出规定。然而,越南方面却不顾事实和法律,认为这段文字划定了中越两国在北部湾海域的海洋边界。对此,在仲裁庭作出海洋边界仲裁案(几内亚与几内亚比绍)的裁决前,陈体强和张鸿增两位教授就从条约解释、当时国际法状况和国家实践,及中越两国的实践角度作出了系统的分析,明确指出,这一观点实际上早已为国际法和国家实践所否定。[4] 本案的裁决再次印证两位教授的观点是非常正确的。

第四,本案裁决值得注意的是,仲裁庭在确定两个当事国海洋领土边界时充分考虑了1886年条约规定的"南部界线"。这种在近岸部分考虑历史、尊重历史,特别是岛屿归属现状,而在远岸部分以新的海洋法为依据进行划界的做法是可取的。

第五,在海洋划界方面,本案裁决再次肯定了海洋划界国际法规则的发展趋势,例如:在共大陆架情况下,地质、地貌等海底自然特征不构成划界的依据;沿海国享有海洋权利的广度同其拥有的海岸面有关,而同其大陆背后的领土幅员大小无关;接近比例性原则不是分配,而是适用公平原则的结果;等等。但本案最突出的一点是仲裁

---

[1] United Nations, U. N. Doc. A/2934, 1955, pp. 52-53.
[2] D. P. O'Connell, "Mid-Ocean Archipelagos in International Law", in *British Yearbook of International Law*, Vol. 45, 1971, pp. 52-53.
[3] 王铁崖编:《中外旧约章汇编》(第一册),生活·读书·新知三联书店1982年版,第513页。
[4] 陈体强、张鸿增:《北部湾划分问题》,载陈体强:《国际法论文集》,法律出版社1985年版,第186—195页。

庭对于宏观地理的考虑。仲裁庭从宏观地理角度出发，认为在本案中需要考虑的不是一小段海岸线，而是一大段海岸线。虽然几内亚比绍的海岸线是凸出的，但是，从非洲西部海岸的宏观地理角度看，几内亚和几内亚比绍两国海岸线总的来说是凹入的。由此，继利比亚与马耳他大陆架划界案之后，仲裁庭再次肯定在海洋划界中宏观地理因素的重要作用。

海洋边界案（几内亚比绍与塞内加尔）

（关于1989年7月31日仲裁裁决案）
（国际法院1991年11月12日判决）

一、争议的产生

1960年4月26日，法国和葡萄牙通过换文确定各自的殖民地即塞内加尔和葡属几内亚之间的侧向海上界线。换文所确认的内容是：

> 直至领海的外部界限止，边界由从陆地边界和低潮线交接处起，即由罗克舒角的灯塔起一条240°方位角的直线所构成。
> 至于毗连区和大陆架，分界线则由领海边界以同样方向的直线延伸所构成。[1]

几内亚比绍在获得独立后，了解到1960年协议的内容并否定它的有效性。几内亚比绍于1973年发表声明，指出1960年协议规定的240°方位角直线不符合国际法基本原则和规则，不能被援引来对抗几内亚比绍。而塞内加尔则认为，鉴于几内亚比绍在与塞内加尔关系中是葡萄牙的继承者，法国和葡萄牙之间的1960年协议是有效的，可以援引对抗几内亚比绍。[2]

两国从1977年起就此举行谈判。谈判期间，几内亚比绍主张划定

---

[1] International Court of Justice, Case Concerning the Arbitral Award of 31 July 1989 (Guinea-Bissau v. Senegal), Judgment on 12 November 1991, in International Court of Justice, Reports, Advisory Opinions and Orders, 1991（以下简称"I. C. J. Reports 1991"），para. 12.

[2] I. C. J. Reports 1991, para. 13.

两国之间的海洋边界应从根本上不考虑 1960 年协议，因为该协议是无效的，对几内亚比绍没有约束力。双方就此没有达成一致。谈判的结果是，双方于 1985 年 3 月 12 日签订一项仲裁协定，一致同意将两国间的海域划界争议提交仲裁庭审理。在仲裁协定中，两国向仲裁庭提出了如下问题：（1）法国与葡萄牙之间于 1960 年 4 月 26 日通过换文签订的涉及海上边界的协议在几内亚比绍共和国和塞内加尔共和国之间是否具有法律效力；（2）在对第一个问题作出否定回答的情况下，划分归属于几内亚比绍共和国和塞内加尔共和国各自海上领土的边界线走向。[1]

在这一海洋边界仲裁案中，几内亚比绍认为，引用换文在许多方面违反了国际法：首先，占有原则仅适用于陆地边界，在涉及海上界线时不能被引用；其次，1960 年协议构成对几内亚比绍拥有的对自然资源永久主权的侵犯，其未以适当方式予以公布并因此引起几内亚比绍的注意；最后，法国和葡萄牙换文由于违反了强制法规范而绝对无效，由于不符合当代国际法关于海洋划界权限的基本规范，明显地违背了国内法关于缔约权限的根本规则而无效，可视为从未存在过。此外，几内亚比绍还提出，1960 年协议未涉及专属经济区，而目前，两国都希望确定一条单一的海上界线，包括划分彼此的专属经济区。几内亚比绍认为，领海的界线应根据 1982 年《联合国海洋法公约》第 15 条规定的等距离线来划定。[2] 至于大陆架和专属经济区，几内亚比绍政府提出，为划分大陆架和专属经济区，应考虑所有有关情况，寻求合适的方法，以达到 264°方位角和 270°方位角之间近似结果的公平解决，即应在这两条线之间确定两国之间的海上界线。

由巴尔贝里斯（主席）、格罗斯和贝贾乌义（仲裁员）3 人组成的仲裁庭对此案进行了审理，并于 1989 年 7 月 31 日作出了一项非常特别的裁决。仲裁庭以 2 票赞成（巴尔贝里斯、格罗斯）对 1 票反对（贝贾乌义）否定了几内亚比绍的上述诉讼请求。仲裁庭对当事国双

---

[1] I. C. J. Reports 1991, para. 14.
[2] 《联合国海洋法公约》第 15 条规定："如果两国海岸彼此相向或相邻，两国中任何一国在彼此没有相反协议的情形下，均无权将其领海延伸至一条其每一点都同测算两国中每一国领海宽度的基线上最近各点距离相等的中间线以外。但如因历史性所有权或其他特殊情况而有必要按照与上述规定不同的方法划定两国领海的界限，则不适用上述规定。"

方提出的第一个问题作出了表面上肯定的回答。裁决第 88 段，即执行部分的文字如下："鉴于上述原因，法庭以 2 票赞成对 1 票反对决定，以下述方式回答仲裁协定第 2 条提出的第一个问题：1960 年 4 月 26 日通过换文签订的关于海上边界的协议在几内亚比绍共和国和塞内加尔共和国关系中，就协议所提及的区域，即领海、毗连区和大陆架，构成法律。'240°方位角的直线'是一条等角航线。"[1]

仲裁员贝贾乌义对裁决提出反对意见并对海洋划界问题提出自己的看法。另外 2 名仲裁员则由于对第一个问题作出肯定的回答，没有对第二个问题提出自己的意见，但其中担任仲裁庭主席的巴尔贝里斯在裁决后附加一声明。

仲裁庭的裁决一作出，就引起当事国双方就裁决有效性和解释问题的新争议。几内亚比绍以两国都接受了国际法院的强制管辖为依据，于 1989 年 8 月 23 日在国际法院就关于仲裁庭 1989 年 7 月 31 日仲裁裁决的解释向塞内加尔提起诉讼。塞内加尔籍的穆贝耶先后以法官和专案法官的身份参加审理，几内亚比绍则聘请法国籍国际法教授梯也利为其专案法官参加审理。[2]

国际法院于 1991 年 11 月 12 日作出判决。

二、当事国双方的观点

1989 年仲裁裁决的特殊性导致了当事国双方的分歧。这一特殊性体现在三个方面：

（一）裁决本身

1989 年裁决实际上是以仲裁庭 2 位仲裁员的一致作出的，它否定了几内亚比绍的主张，并得出 1960 年协议是有效的，可援引以对抗塞内加尔和几内亚比绍的结论。[3] 仲裁庭认为，这一协议应以协议签订时有效的法律来解释，"1960 年协议没有划分在这个日期还不存在的海洋区域，即被称为专属经济区、渔区或其他的区域"，但"领海、毗

---

[1] I. C. J. Reports 1991, para. 18.
[2] I. C. J. Reports 1991, paras. 1, 4, 7.
[3] I. C. J. Reports 1991, para. 16.

连区和大陆架都是在 1960 年协议中明确提到的，在协议签订之时已存在"。[1] 仲裁庭还指出，至于大陆架，现在可以提出的问题是：考虑到"大陆架"概念的发展，边界线应延伸到哪一点？在 1960 年，大陆架宽度有两个标准：200 米等深线和可开发性。考虑到在 1960 年国际法上已存在大陆架概念，并且大陆架定义包含了可开发性标准，可以得出的结论是，法国和葡萄牙协议已划分两个当事国之间现有概念全部宽度的大陆架。[2] 仲裁庭认为，由此，其已对第一个问题作出肯定的回答，因此不需要再对第二个问题予以回答。但是，这一结论不涉及专属经济区。按照仲裁庭的意见，海上界线由协议规定的 240°方位角直线构成。直到领海的外部界限，边界线由一条从陆地边界和低潮线交接处起，即由罗克舒角的灯塔起的 240°方位角直线构成。[3] 至于毗连区和大陆架，界线由领海界线以同样方向的直线延伸所构成。[4]

双方提交国际法院的争议就源于裁决的这一部分，对这一部分的解释是新争议的主要内容。实际上，这也是裁决中唯一直接涉及海洋划界国际法的部分。

塞内加尔向仲裁庭指出，如果仲裁庭得出的结论是 1960 年协议可以对抗几内亚比绍，并且在两国间是有效的，那么，可以理解为该协议适用于确定两国专属经济区的界线。

就此，仲裁庭仅指出，其无权将 1960 年协议扩大解释为适用于专属经济区制度，因为在该协议签订时，国际法还没有关于专属经济区的规定，如确认该协议适用于专属经济区制度，将违背时际法和条约法的原则和规则。仲裁庭认为，对 1960 年协议应以其签订时有效的法律为指导来解释。一个法律事实应以其发生时有效的法律来进行评价，这是一项已经确立的一般原则。在这方面，如本案一样适用时际法规范是为海洋法判例所确认的。仲裁庭还进一步指出，把一项 1960 年签订的协议解释为包括诸如"专属经济区"水域的划界意味着真正地修改协议文本。根据国际法院的意见，一个法庭可以被要求解释条约而

---

[1] I. C. J. Reports 1991, para. 16.
[2] I. C. J. Reports 1991, para. 16.
[3] 几内亚比绍和塞内加尔的大陆架分界线示意图：Guinea-Bissau-Senegal-maritime-delimitation-and-Joint-Area-Source-Charney-and. jpg。
[4] I. C. J. Reports 1991, para. 18.

无权修改条约。[1]

(二) 贝贾乌义的反对意见

对于仲裁裁决，仲裁员贝贾乌义投了反对票，并附加自己的反对意见。在反对意见中，他不同意其他仲裁员关于1960年协议可对抗几内亚比绍的结论。由于对当事国提出的第一个问题作出否定的回答，他认为必须对第二个问题，即应如何划界的问题也提出自己的意见。针对仲裁庭提出的两个互相联系的问题，他指出，海上区域重新划分属于当事国双方各自的权限。

一般而言，贝贾乌义的反对意见，除个别例外外，是符合目前判例法实践的。贝贾乌义认为，塞内加尔与几内亚比绍之间单一的海上界线是否存在取决于1982年《联合国海洋法公约》。塞内加尔与几内亚比绍都是该公约的缔约国，这意味着双方应在划界中适用公平原则以取得公平的结果。但是，贝贾乌义并没有把他的看法建立在条约法基础上，而是在习惯国际法基础上得出这一结论的。他认为："鉴于仲裁庭被请求根据国际法规则作出裁决，应适用的法律是由司法和仲裁裁判所适用、解释和发展的习惯国际法。"[2] 在指明应适用的法律后，贝贾乌义对划界区域进行了识别。他认为，有关划界区域是有争议的区域，即240°方位角直线与270°方位角直线之间的区域。贝贾乌义认为，邻近争议区域的海岸构成有关海岸。因此，划界应考虑到塞内加尔北部海岸的情况，即应考虑在冈比亚以北的塞内加尔海岸对塞内加尔与几内亚比绍之间海上界线走向可能产生的不公平效果。

贝贾乌义在确认公平原则要求考虑的所有有关情况并平衡地理情况和特征的作用后，开始探讨当事国海岸线的长度。他认为："在任何划界程序中，不管是相向还是侧向的划界，国际划界判例只考虑'有关的'海岸长度，它排除与划界区域无关的那一部分海岸。"

关于划界方法的选择，贝贾乌义认为，应考虑到几内亚比绍海岸前沿存在一系列岛屿这一"最有特点的地理因素"。他在否定中间线后，认为252°方位角直线是塞内加尔与几内亚比绍之间最为合适的海

---

[1] I. C. J. Reports 1991, para. 16.
[2] I. C. J. Reports 1991, para. 19.

上界线。

参考利比亚与马耳他大陆架划界案,贝贾乌义把接近比例性作为检验结果是否公平的辅助标准对结果进行检验。他认为:"寻求公平的结果要求以灵活运用的方式考虑长度的差异,即要求体现海岸线长度与归属于一国的海域面积相符合的合理关系。"

(三) 仲裁庭主席的声明

可能由于贝贾乌义的批评,担任仲裁庭主席的巴尔贝里斯仲裁员认为有必要在裁决后附加一声明,其内容如下:

> 我认为,仲裁庭对仲裁协定提出的第一个问题的回答应更明确些。实际上,我应以如下方式回答这一问题:
> "1960年4月26日通过换文签订的关于海上边界的协议在几内亚比绍共和国和塞内加尔共和国之间就领海、毗连区和大陆架而言,构成法律,但就专属经济区或渔区水域而言,则不构成法律。1960年4月26日协议规定的沿240°方位角延伸的直线是一条等角航线。"
> 根据我的看法,这个部分肯定、部分否定的回答是对当事国双方之间存在的法律情势的准确描述,正如几内亚比绍在本案所建议的那样,这一回答应赋予仲裁庭在裁决中审理仲裁协定提出的第二个问题的权限。对第一个问题部分否定的回答应能够赋予仲裁庭回答第二个问题的部分权限,即以对第一个问题作出回答的程度为限。
> 在这种情况下,仲裁庭应有权划定两国之间的专属经济区或渔区水域。[1]

对于这一声明的解释是几内亚比绍和塞内加尔之间新争议的起因。按照几内亚比绍的看法,仲裁庭主席的声明作为不同意见只能被解释为是对第一个问题作出的否定回答,正如他指出的那样,1960年协议只确立了部分海上界线,而没有确立一条如仲裁协定所指的单一的、

---

[1] I. C. J. Reports 1991, para. 19.

完全的界线。1960年协议确定的界线没有涉及专属经济区，因为当时还不存在专属经济区法律制度。仲裁庭应同时指出两国之间单一的海上界线也适用于专属经济区的划分，因为当事国多次向仲裁庭指出，双方的意图是"排除大陆架和专属经济区有两条不同的线的可能性"，但仲裁庭没有那么做。

几内亚比绍认为：（1）鉴于构成表面上多数通过"裁决"的两位仲裁员之一的仲裁庭主席，表述了与其在表面上投票通过的意见相矛盾的观点，应视为仲裁庭并没有作出裁决；（2）由于仲裁庭超越了其权限，对当事国在仲裁协定中提出的两个问题没有作出完整的回答，仲裁裁决是无效的；（3）因此，塞内加尔政府没有理由要求几内亚比绍政府执行所谓的1989年7月31日仲裁裁决。[1]

从上述意义上看，塞内加尔和几内亚比绍提交国际法院的争议在性质上不是一项划界争议，而是关于对1989年7月31日仲裁裁决解释及其在两国关系中效力问题的争议。

三、判决及其主要观点

（一）法院管辖权问题

法院首先审理了自己对本案的司法管辖权问题。几内亚比绍在诉讼请求中认为，法院管辖权的依据是几内亚比绍和塞内加尔都各自通过声明，按照《国际法院规约》第36条第2款所规定的条件，接受了国际法院的强制管辖。这里，几内亚比绍所引以为据的分别是塞内加尔于1985年12月2日和几内亚比绍于1989年8月7日向联合国秘书长提交的声明。几内亚比绍在声明中没有任何保留。但是，塞内加尔为取代其1985年5月3日的声明，在1985年12月2日的声明中规定，塞内加尔在一些事项上可以拒绝法院的管辖，其中包括当事国双方已经以其他方式寻求解决的争议等。这一声明明确规定，塞内加尔就"在本声明后发生的法律性质的争议"接受国际法院的强制管辖。对此进行分析后，法院指出，当事国双方同意，本案涉及两个问题：一

---

[1] I. C. J. Reports 1991, para. 10.

是实质性的海洋划界问题，二是仲裁裁决的效力问题。后一问题发生在声明之后。[1] 由此，法院认为："正如当事国双方已达成一致的，本案是一个关于仲裁庭裁决是否成立或是否有效的诉讼，而不是对这一裁决的上诉或修改这一裁决的请求。"[2] 于是，法院驳回了塞内加尔关于几内亚比绍提起诉讼是滥用程序的指控，并确认法院对本案的管辖权。

（二）关于仲裁裁决是否成立的问题

针对几内亚比绍关于仲裁裁决不是以真正多数作出这一观点，法院指出，其不认为仲裁庭主席在声明中表达的意思同作出裁决的意思是矛盾的。即使存在矛盾，这一声明也不能优越于仲裁庭主席在作出仲裁裁决时投票赞成的立场。仲裁庭主席的声明不具有拘束力，不影响他在作出裁决时投票的效力。国际法院还补充说，国际法庭的实践显示，法庭成员之一对法庭裁判投了赞成票，但就他个人而言却更倾向于另一项解决办法，在这种情况下，他投票的效力丝毫不会受他在声明或个别意见中所表述的观点影响。鉴此，法院决定不接受几内亚比绍关于仲裁裁决因缺乏真正的多数而应被视为不成立的观点。[3]

（三）关于仲裁裁决的有效性问题

几内亚比绍认为，仲裁庭没有对第二个问题作出回答，并且没有充分说明理由，这实际上是超越了其权限。因此，裁决在整体上是非法和无效的。

针对这一指责，法院认为，仲裁裁决的构成存在着一定的缺陷。根据仲裁协定第9条的规定，仲裁庭应在裁决中"使两个当事国政府了解它对第2条所述问题的决定"[4]。因此，正常的做法是，在裁决执行部分的最后段落中既有对第一个问题的回答，也应该有关于不回答第二个问题的决定。令人遗憾的是仲裁庭没有这样做。然而，仲裁庭在以2票赞成对1票反对通过裁决时，不仅是同意了裁决第88段的

---

[1] I. C. J. Reports 1991, para. 24.
[2] I. C. J. Reports 1991, para. 25.
[3] I. C. J. Reports 1991, paras. 28–35.
[4] I. C. J. Reports 1991, para. 14.

内容，而且作出裁决也是基于在第 87 段中所陈述的理由。最后一段从整体上看，明白的意思是，仲裁庭以 2 票赞成对 1 票反对确定，既然已对第一个问题作出了肯定的回答，就无须再回答第二个问题。这样做，仲裁庭作出不回答第二个问题的决定。不能说仲裁庭没有对第二个问题作出决定，其作出的决定是不回答第二个问题。因此，裁决不存在几内亚比绍所说的瑕疵。[1]

针对几内亚比绍关于裁决没有充分说明理由的指责，法院也没有接受。法院认为，裁决说明理由比较简短，没有充分展开，但说明的理由是简洁、明白和准确的，不能说没有说明理由。[2]

几内亚比绍还认为，仲裁庭对第一个问题只是部分作出否定的回答，因此仍承担有回答第二个问题的义务。对此，法院从条约解释国际法的角度分析。其结论是，从海洋划界看，裁决对第一个问题作出了部分肯定的回答，因为仲裁庭的回答只是部分解决了海洋划界问题。但是，就第一个问题本身而言，仲裁庭的回答是完全的、肯定的。[3]鉴此，法院否定了几内亚比绍关于 1989 年仲裁裁决在总体上是无效的这一观点。

此外，法院还排除了关于对仲裁庭没有提供一张地图指示边界线走向的指责。

（四）希　望

法庭确认，仲裁裁决并没有完全划定分别归属于几内亚比绍和塞内加尔的海洋区域，造成这一结果的根源是仲裁协定第 2 条的措辞问题。法院就此对当事国双方通过谈判解决争议的愿望予以肯定，并希望 1989 年 7 月 31 日仲裁裁决所没有解决的争议因素能够尽快地得到解决。[4]

（五）裁决执行部分

最后，国际法院：

---

[1] I. C. J. Reports 1991, para. 41.
[2] I. C. J. Reports 1991, para. 60.
[3] I. C. J. Reports 1991, para. 60.
[4] I. C. J. Reports 1991, para. 68.

（1）一致决定，驳回几内亚比绍关于根据几内亚比绍和塞内加尔1985年3月12日仲裁协定成立的仲裁庭于1989年7月31日作出的仲裁裁决不成立的诉讼请求。

（2）以11票赞成对4票反对决定，驳回几内亚比绍关于1989年7月31日仲裁裁决绝对无效的诉讼请求。

（3）以12票赞成对3票反对决定，驳回几内亚比绍关于塞内加尔要求几内亚比绍执行1989年7月31日仲裁裁决是错误的这一诉讼请求。

四、评　论

本案虽然涉及两个国家之间的海洋划界问题，但在性质上不是一起海洋划界案。尽管如此，本案在海洋划界问题上仍不失其重要的参考价值。本案的意义在于提供了一个观察海洋划界问题的角度，也提出了两个重要问题：在大陆架界限已划定的前提下，海岸相邻或相向的沿海国之间应如何划分各自的专属经济区？大陆架和专属经济区是否应以一条线进行划界？

从本案情况看，令人遗憾的是仲裁庭本来应该如仲裁员贝贾乌义一样作出努力，在对当事国提出的第一个问题作出部分肯定回答后，即着手对第二个问题，即当事国之间的专属经济区划界问题进行审理。这是一个很好的机会。仲裁庭完全可以就此讨论海洋划界实践所遇到的一个新问题，即在大陆架界限已划定的前提下如何进行专属经济区划界，以及如何协调大陆架和专属经济区这两种既自成体系又互相联系的法律制度问题。这无疑将丰富国际海洋划界实践，有助于人们了解在这一问题上海洋划界法律发展的状况。然而，事实上仲裁庭并没有抓住这一机会。这样的机会一经失去，只能留下无法弥补的遗憾。由于司法管辖权的限制，国际法院也只能局限于对仲裁裁决的合法性和有效性问题进行审理。对此，国际法院作出了正确的判决。但是，这实质上已是于事无补了。

关于圣皮埃尔和密克隆海域划界案
（加拿大与法国）

（仲裁庭1992年6月10日裁决）

一、争议的产生

圣皮埃尔和密克隆（Saint-Pierre et Miquelon）是加拿大纽芬兰海岸外一系列小岛的总称，它们在圣劳伦斯湾的弯曲内，距离纽芬兰海岸约27海里。[1] 这一组岛屿是英国通过1783年《凡尔赛条约》割让给法国的，"以便真正作为法国渔民的避风地，并真诚相信这些领地将不会成为两个国家之间嫉恨的因素"[2]。由此，圣皮埃尔和密克隆实际上构成法国的海外领土单位，完全在法国主权之下。圣皮埃尔和密克隆由两个主岛，即南面27平方千米的圣皮埃尔岛和北面210平方千米的密克隆岛，及一些小岛和岩礁所组成，总面积为237平方千米略多。

法国和加拿大之间的海域划界争议可以追溯至20世纪60年代，两国当局当时都单方面颁发了一些油气开采许可证。自此，两国之间的争议就表面化了。争议区域的总面积63000平方海里。法国主张以等距离线划界，以此可得到14500平方海里。而加拿大方面则主张，圣皮埃尔岛和密克隆岛构成一种1958年日内瓦《大陆架公约》第6条所规定的"特殊情况"[3]，由于加拿大和法国都是该公约缔约国，因

---
[1] 圣皮埃尔岛和密克隆岛及其位置示意图：http://www.bcdxc.org/images/map2.gif。
[2] Herslet's Commercial Treaties, London, Butterworth, Vol. I, 1840, pp. 240-244.
[3] 《大陆架公约》第6条第1款规定："如果一大陆架邻接两个或两个以上海岸相向的国家领土，属于这些国家的大陆架的疆界应由这些国家之间的协定予以确定。在无协定的情形下，除根据特殊情况另定疆界线外，疆界是一条其每一点与测算各国领海宽度的基线的最近点距离相等的中间线。"

此适用这一规定,在划界中只能给予圣皮埃尔岛和密克隆岛以"飞地"的待遇。由此,法国只能得到1070平方海里。法国强调其对《大陆架公约》提出了保留,而加拿大方面则说并没有接受法国的保留。[1]

两国就此进行多轮谈判未果。加拿大和法国分别于1970年6月和1971年12月将各自的领海范围扩展至12海里。

1972年,双方各自谈判代表达成一项《结论纪要》。除具体建议外,这一纪要规定,法国接受享有一个适合于圣皮埃尔岛和密克隆岛的有限大陆架原则,作为回报,加拿大让予法国一定的油气勘探和开采的利益。《结论纪要》虽然达成,但有待于两国政府批准,然而两国政府并没有予以批准。

就大陆架划界争议进行谈判的同时,加拿大和法国之间自1970年起还产生了另一起关于圣劳伦斯地区的渔业争议。加拿大当局为加强对这一地区渔业资源的保护和管理,决定采取禁止法国拖网渔船的限制性措施。经过交涉和谈判,法国和加拿大于1972年签订一项《关于法国和加拿大互相之间的渔业关系协定》[2](以下简称"1972年协定"),在一个新的背景下代替法国在这一地区的传统捕鱼权。这一协定规定,法国渔船可以进入加拿大管辖的区域进行作业,但加拿大方面有权单方面确定配额。[3] 该协定虽然规定法国本土的渔船数量应逐年减少,但对于圣皮埃尔岛和密克隆岛的渔民,则规定了有限的例外。

这一协定还确定了加拿大纽芬兰与法国圣皮埃尔和密克隆之间的领海界线。[4] 界线的第1界点是纽芬兰海岸与圣皮埃尔和密克隆海岸之间的等距离点,距离两侧海岸各12海里。自此,界线向北和东北方向通过7个转折点到达终端点。这一终端点在密克隆岛以北14.5海里处,距离加拿大赫米蒂奇湾(Hermitage Bay)的直线基线12海里。在界线的9个界点中,有5个界点是特定基点之间的等距离点,4个界点

---

[1] United Nations, Traités multilatéraux pour lesquels le Secrétaire général exerce les ontions de dépositaire, Etat au 31 décembre 1977 des signatures, New York, 1978, p. 542.

[2] 国家海洋局政策研究室编:《国际海域划界条约集》,海洋出版社1989年版,第517—519页。

[3] 国家海洋局政策研究室编:《国际海域划界条约集》,海洋出版社1989年版,第517页。

[4] Charney & Alexander, eds., *International Maritime Boundaries*, Martinus Nijhoff Publishers, Dordrecht/Boston/London, 1993, pp. 387–395.

是双方协商确定的。由于在划界区域存在着许多小岛,双方决定划定一条同纽芬兰和法国圣皮埃尔和密克隆大致保持等距离的界线。[1]

对1972年协定的解释引起了两国之间的争议,这一争议被提交国际仲裁庭审理。仲裁庭于1986年7月17日作出裁决。[2] 但是,这一裁决仍然没有解决实施1972年协定的困难,因为该裁决确认加拿大单方面决定圣皮埃尔岛和密克隆岛渔船可以捕捞的配额量的权利。[3] 这引起严重的渔业纠纷,致使两国关系恶化,1978年加拿大宣布其港口对法国渔船关闭,法国则召回其驻加拿大大使。[4]

在此期间,加拿大和法国都分别将各自的海洋管辖权扩展至200海里,加拿大建立了200海里专属渔区,法国则建立了200海里专属经济区。这使得两国之间的争议进一步复杂化。

在渔业背景下,划界争议经历几个阶段并由于海洋管辖权的扩大而获得发展。因此,至20世纪70年代末,两国立场也发生变化:法国在圣皮埃尔岛和密克隆岛的12海里领海外主张188海里的专属经济区;而加拿大方面则认为,圣皮埃尔岛和密克隆岛最多只能拥有12海里的领海。

由于渔业配额量的分歧日益严重,加拿大和法国于1990年求助于恩里克·伊格莱西亚的调停,并就在有关问题彻底解决前的渔业配额量达成一致,同时双方签署一项将圣皮埃尔岛和密克隆岛同加拿大之间的海域划界问题提交国际仲裁的协定。[5]

仲裁庭由5名成员组成,法国的仲裁员是威尔教授,加拿大的仲裁员是哥特利布,其他3名仲裁员由两国政府协议任命,他们是阿朗乔-鲁伊兹、夏希特和德·阿雷夏加。德·阿雷夏加担任仲裁庭主席。

---

[1] 圣皮埃尔岛和密克隆岛(法国)与加拿大的领海边界示意图:http://suffragio.org/wp-content/uploads/2014/08/640px-Saint-Pierre_ and_ Miquelon_ EEZ_ map-fr.svg_ .png。

[2] Tribunal d'arbitrage, Affaire concernant le filage de poisson dans les eaux du Golfe de Saint-Laurent, Sentence arbitrale 17 juillet 1986 (以下简称"Sentence arbitrale 1986") in Revue Générale de Droit International Public, 1986, pp. 713-786.

[3] Sentence arbitrale 1986, para. 63.

[4] T. McDorman, "The Canada-France Maritime Boundary Case: Drawing a Line Around Saint Pierre and Miquelon", in *American Journal of International Law*, Vol. 84, 1990, p. 164.

[5] Agreement Establishing a Cour of arbitration for the Purpose of Carrying Out the Delimitation of Maritime Areas Between Canada and France (以下简称"Agreement 1990"), in International Legal Materials, 1990, pp. 2-6.

仲裁庭需要审理的法律问题涉及1972年协定所部分划定的界限以外的海洋边界，准确地说是确定根据国际法分别归属于加拿大和法国的海域，用仲裁协定的话说是确立"一条唯一的分界线，以确定在上述海域中，国际法承认当事国双方所应享有的全部权利和管辖权"[1]。

仲裁庭还被要求在技术上明确地描述这样一条分界线，指示地理坐标，并为此借助技术专家的帮助。[2]

仲裁庭于1992年6月10日作出裁决。[3]

二、当事国双方的主张

在缅因湾海洋边界划界案（美国与加拿大）中，由于当事国要求国际法院分庭划定一条唯一的海洋边界，由此产生的效果是不能仅仅适用确定大陆架界线的法律，即1958年《大陆架公约》第6条，还涉及适用新的海洋法。本案中，当事国要求仲裁庭确定一条唯一的海洋边界，即使双方可以避开法国对第6条的保留和加拿大的反对而引起的复杂的法律适用问题，对于适用的法律也具有同样的效果。对于适用于本案的法律，当事国双方一致认为，应该是一般国际法，特别是划界应根据公平原则并考虑所有有关情况的基本规范，以达成公平的结果。但是，双方对在本案的具体情况中，为达成公平结果的公平标准是什么存在着分歧。

法国主张，划界应考虑两项基本原则：其一，国家平等原则。这一原则禁止剥夺另一国家主权下岛屿的大陆架和专属经济区。其二，这些岛屿同大陆领土一样，具有获得大陆架和专属经济区能力的原则。根据这一原则，不能将岛屿同不适合人类居住并且没有其本身的经济生活的岩礁相等同。[4]

加拿大的主要论点是，海岸长度有限的领土单位所产生的海洋区域面积，不应同海岸长度更长的领土所产生的海洋区域面积相等同。

---

[1] Agreement 1990, article 2, para. 1.
[2] Agreement 1990, article 2, paras. 2-3.
[3] Affaire de la délimitatin des espaces maritimes entre le Canada et la France, Décision du Tribunal du 10 juin 1992（以下简称"Décision 1992"）, in Revue Générale de Droit International Public, 1992, pp. 673 s.
[4] 《联合国海洋法公约》第121条第3款规定："不能维持人类居住或其本身的经济生活的岩礁，不应有专属经济区或大陆架。"

加拿大将圣皮埃尔岛和密克隆岛的海岸线长度同加拿大的海岸线长度相比较,援引一些海洋划界案例,要求将接近比例性作为公平标准和划界应予以考虑的有关情况;并认为在本案中,两国海岸线长度的巨大差别决定,仲裁庭应首先排除等距离方法,即使是划出一条初步的分界线,也不能使用这一方法。[1]

实际上,当事国双方对划界区域有关海岸的看法及其长度的计算方法存在着严重的分歧。法国将加拿大海岸一些重要的部分排除在划界区域的有关海岸外,而加拿大则将有关海岸尽可能加长,其认为,加拿大和法国两国在划界区域有关海岸长度之间的比率为21.4∶1。[2]

加拿大还提出,属于另一个国家政治单位的岛屿在划界中的作用,不能与构成一个独立国家的岛屿相等同。加拿大的另一个地质学论点是,圣皮埃尔岛和密克隆岛构成加拿大大陆架上的地质干扰因素,它们没有自己本身的大陆架。加拿大以一国海洋区域不应侵犯归属于另一国的海洋区域理论为依据指出,在本案中,圣皮埃尔岛和密克隆岛同纽芬兰海岸相邻状况所产生的效果是,如果给予这些岛屿以全部效力,将阻断理应归属于纽芬兰的海洋区域一大部分。加拿大认为,为划界的目的,应确定海洋管辖权自海岸临海面向深海延伸,归属于圣皮埃尔岛和密克隆岛的海洋区域不能采取放射性延伸的方式,它们只能严格地沿其向深海的临海面垂直延伸。[3]

此外,加拿大和法国还对两国海岸之间的关系是相邻还是相向存在着分歧。加拿大认为,两国海岸在划界区域的关系是相邻关系,而法国则认为是相向关系。

三、仲裁裁决及其主要观点

(一)对当事国主张和依据的评论

仲裁庭给自己确定的任务首先是确定划界区域的范围和有关海岸。

---

[1] Contre Mémoire du Canada, in Revue Générale de Droit International Public, 1992, pp. 183-185, 212.

[2] Mémoire du Canada, in Revue Générale de Droit International Public, 1992, p. 26.

[3] Contre Mémoire du Canada, in Revue Générale de Droit International Public, 1992, pp. 119, 144-147, 173-175, 190, 196-198, 201, 209-210.

对于划界区域，当事国双方的认识是一致的，但对有关海岸，则存在着分歧。仲裁庭在进行一般分析后即作出结论，当事国有关海岸线长度可根据大致走向分段进行量算，由此确定的两国海岸长度之间的比率为15.3∶1。[1] 关于两国海岸之间的关系，仲裁庭否定了法国关于属于相向关系的说法，确认两国海岸构成相邻关系。[2]

仲裁庭以划界区域大陆架统一性及当事国双方要求仲裁庭划定一条专属经济区和大陆架上下一致的、唯一的分界线为理由，否定加拿大方面提出的关于地质学的论据，即否定圣皮埃尔岛和密克隆岛没有其本身的大陆架这一观点。[3] 仲裁庭的这一看法同先前的海洋划界案中忽视地质学论据而重视地理因素作用的趋势是一致的。[4]

仲裁庭也没有采纳加拿大方面将属于另一个国家政治单位的岛屿同构成一个独立国家的岛屿作出区别的观点。[5] 仲裁庭指出："认为一个岛屿海洋权益的幅度取决于其政治地位是没有依据的。"它还指出，从法律观点看，纽芬兰也符合《联合国海洋法公约》第121条规定的岛屿定义，在某种意义上也可以被称作岛屿。[6]

（二）划界方法和分界线的划定

仲裁庭所采纳的解决方法非常复杂。为确定一条分界线，仲裁庭采用了等距离线和一些以一定原则确定的直线相结合的办法。仲裁庭将划界区域分为两个部分：第一部分是"向西方向延伸至深海的区域"，第二部分是"向南和东南方向延伸的区域"。[7]

在第一部分中，仲裁庭提出要在加拿大建议的12海里"飞地"办法外，考虑"法国对主权依据的合理要求"。[8] 仲裁庭自1972年协定界线的最后一点，即第9界点起划出一条线，这条线的第一段是一条

---

[1] Décision 1992, para. 33.
[2] Décision 1992, para. 35.
[3] Décision 1992, para. 47.
[4] I. C. J. Reports 1985, para. 40.
[5] Décision 1992, para. 49.
[6] Décision 1992, para. 52.
[7] Décision 1992, para. 70.
[8] Décision 1992, para. 68.

直线,"呈西南方向直至与以 12 海里为半径的圆弧最远点相交处止"[1]。自此起,分界线沿加拿大的直线基线与圣皮埃尔和密克隆的岛屿、礁岸和低潮高地的低潮线之间的等距离线划定,一直至距离上述基线 24 海里处止。自此点起,分界线沿自法国岛屿基线起 24 海里界线划定。这里仲裁庭赋予圣皮埃尔和密克隆第一块海洋区域,即在其 12 海里领海外另外赋予 12 海里的专属经济区。仲裁庭指出,其划定这条距离圣皮埃尔和密克隆基线 24 海里的分界线依据是《联合国海洋法公约》第 33 条关于毗连区宽度的规定[2]。这一段分界线延伸至同第二部分西面的界线相交处止。[3]

在第二部分南部区域中,仲裁庭确认:"法国对临海面的向海延伸拥有完全的权利。"[4] 仲裁庭指出,其得出这一结论是考虑了这一区域不同于其他区域的地理情况。这里,法国岛屿拥有一段海岸,面临南方,它的对面没有加拿大的海岸。仲裁庭还补充说,这一延伸不应侵犯加拿大纽芬兰海岸临海面的向海延伸。由此,仲裁庭决定在这一区域赋予圣皮埃尔和密克隆第二块海洋区域。这一海洋区域以两条平行线方法划定,形成一个自岛屿 12 海里领海的外部界线起长 188 海里,宽 10.5 海里的海上走廊[5]。这一宽度是圣皮埃尔岛最东端至密克隆岛最西端之间的距离[6]。

自这一条线的东北终点起,分界线沿一条 12 海里的线划定,直至同 1972 年协定的第 1 界点相交处。这一段,仲裁庭没有赋予圣皮埃尔和密克隆任何领海以外的海域。

(三) 对结果公平性进行检验

在确定分界线后,仲裁庭要对初步划定的分界线进行检验。

---

[1] Décision 1992, para. 69.
[2] 《联合国海洋法公约》第 33 条第 2 款规定:"毗连区从测算领海宽度的基线量起,不得超过二十四海里。"
[3] 圣皮埃尔岛和密克隆岛(法国)与加拿大的海洋分界线示意图:https://sovereignlimits.com/wp-content/uploads/sites/2/2018/07/CAN_FRASPM.jpg。
[4] Décision 1992, para. 70.
[5] Dipla, H., La sentence arbitrale du 10 juin 1992 en l'affaire de la delimitation des espaces maritimes entre le Canada et la France, in Journal de Droit International, 1994, p. 661.
[6] 圣皮埃尔岛和密克隆岛(法国)与加拿大的海洋分界线示意图:https://sovereignlimits.com/wp-content/uploads/sites/2/2018/07/CAN_FRASPM.jpg。

在大陆架划界案（利比亚与马耳他）中，国际法院是运用接近比例性概念对初步划界结果的公平性进行检验的。在这一划界案中，接近比例性被法院用于两个方面：一是确定初步的分界线，二是检验初步划定的分界线是否能够保证公平结果。但是，法院并没有进行准确的数学计算。

在本案中，仲裁庭也借鉴这一方法，使用接近比例性原则对初步划定的分界线是否能够保证公平结果进行了检验。仲裁庭直截了当地进行了比率计算。本案有关划界区域的总面积为 63000 平方海里，根据上述分界线划归于两个当事国的海域分别是：加拿大得 59434 平方海里，圣皮埃尔和密克隆得 3617 平方海里，总计 63051 平方海里。两者之间的比率为 16.4∶1，接近双方海岸线长度之间的 15.3∶1 的比率。由此，仲裁庭认为两者之间没有悬殊的差别，划界达成了公平的结果。[1]

（四）关于其他问题

1. 大陆架的外缘及其界限

在争议区域，纽芬兰的海岸外，大陆架自海岸起向海延伸至大陆边的外缘超过 200 海里。法国在诉讼请求中要求仲裁庭宣布当事国的大陆架可延伸至 200 海里以外的大陆边外缘，并确定当事国大陆架延伸到大陆边外缘的界限。对此，加拿大表示反对，认为大陆边的外缘准确位置不确定，法国的请求可能已超出大陆架的外缘。

在解决这一问题前，仲裁庭先提出了自己的司法管辖权问题。其根据当事国的请求审理它们之间分别归属于各方的海洋区域划界问题。如果对当事国 200 海里以外的权利发表意见，仲裁庭的裁决所涉及的就不是当事国之间的问题，"而是当事国每一方同国际社会之间的问题，而代表国际社会的，则是承担管理和保护被宣布为人类共同遗产的国际海底区域的机构"[2]。仲裁庭进一步说明，其无权受理本案当事国同国际社会之间的问题，因为国际社会并不构成本案当事人。仲裁庭提到了《联合国海洋法公约》第 76 条第 8

---

[1] Décision 1992, para. 93.

[2] Décision 1992, para. 78.

款[1]规定的根据公约的附件二成立的大陆架界限委员会,大陆架界限委员会成立后,其将就划定200海里以外的大陆架外部界限事宜,向沿海国提出建议。有关国家的要求,只有在符合大陆架界限委员会建议的情况下,才对《联合国海洋法公约》其他缔约国具有拘束力。因此,仲裁庭认定其对于这一性质的划界不具有司法管辖权,并认为,仲裁庭拒绝对此作出裁决不会影响本案当事国的权利。[2]

2. 渔业资源和捕鱼权问题

本案中,当事国双方都非常重视本地区的渔业资源和双方的捕鱼权问题。它们都要求划界应建立在考虑地理标准,而不是经济因素的基础上。双方都希望划界不影响1972年协定所确定的捕鱼权。仲裁庭注意到双方的声明并确认:

> 仲裁庭的裁决所确定的分界线并不具有剥夺当事国一方或另一方根据1972年协定所具有的捕鱼权的效力。
>
> 仲裁庭丝毫不怀疑,真诚地根据1972年协定,当事国双方将以满意的方式管理和开发本地区的渔业资源。在这种情况下,仲裁庭以地理事实、公平标准和法律原则为基础而采纳的解决办法肯定不会对当事国一方或另一方产生灾难性的影响。[3]

此外,仲裁庭为减轻法国对本国船只进入本地区的担心,没有忘记指出,外国船只在归属于争议当事国双方各自专属经济区的海域内仍然享有航行自由。仲裁庭还援引了《联合国海洋法公约》第58条,并认为这一条款确认习惯国际法上的航行自由适用于沿海国的专属经济区。[4]

3. 关于矿产资源问题

仲裁庭还对双方谈判代表于1972年达成的《结论纪要》的效力作

---

[1] 《联合国海洋法公约》第76条第8款规定:"从测算领海宽度的基线量起二百海里以外的大陆架界限的情报应由沿海国提交根据附件二在公平地区代表制基础上成立的大陆架界限委员会。委员会应就有关划定大陆架外部界限的事项向沿海国提出建议,沿海国在这些建议的基础上划定的大陆架界限应有确定性和拘束力。"
[2] Décision 1992, para. 82.
[3] Décision 1992, para. 47.
[4] Décision 1992, para. 88.

出评价，指出这一文件未经两国政府批准，不具有政府间的协定性质。由此，仲裁庭为自己免去对当事国引用《结论纪要》的具体内容作出评论的义务。[1]

（五）裁决执行部分

仲裁庭以 3 票赞成对 2 票反对裁定如下划界线：

界线以大地线（geodesics）构成，自 1972 年协定第 8 条规定的第 9 界点起连接坐标点如下[2]：

A 点　　　北纬 47°14′28.3″　　　西经 56°37′52.0″
B 点　　　北纬 47°12′59.0″　　　西经 56°39′45.1″
C 点　　　北纬 47°07′46.6″　　　西经 56°54′06.3″
D 点　　　北纬 46°58′58.6″　　　西经 57°05′48.4″

自 D 点起，界线由以距法国岛屿基线最近点为圆心，24 海里为半径向外划出的一系列圆弧线所构成。这些圆弧线同下述坐标点相交：

E 点　　　北纬 46°47′54.5″　　　西经 56°59′12.3″
F 点　　　北纬 46°36′35.1″　　　西经 56°53′55.3″
G 点　　　北纬 46°33′14.9″　　　西经 56°50′16.5″
H 点　　　北纬 46°27′28.4″　　　西经 56°41′17.3″
I 点　　　北纬 46°23′52.6″　　　西经 56°30′24.0″

然后界线沿下一段圆弧线至：

J 点　　　北纬 46°22′03.8″　　　西经 56°24′15.6″

自 J 点起，界线由连接如下坐标点的大地线构成：

K 点　　　北纬 45°23′04.0″　　　西经 56°24′07.6″
L 点　　　北纬 44°24′04.0″　　　西经 56°24′00.1″
M 点　　　北纬 43°25′04.5″　　　西经 56°23′52.9″

自 M 点起，界线由以距法国岛屿基线最近点为圆心，200 海里为半径向外划出的圆弧线所构成，一直到：

N 点　　　北纬 43°24′58.0″　　　西经 56°09′26.0″

---

[1] Décision 1992, para.91.
[2] 圣皮埃尔岛和密克隆岛（法国）与加拿大的海洋分界线示意图：https://sovereignlimits.com/wp-content/uploads/sites/2/2018/07/CAN_FRASPM.jpg。

自 N 点起，界线由连接如下坐标点的大地线构成：
O 点　　　北纬 44°27′45.0″　　西经 56°09′18.3″
P 点　　　北纬 45°30′30.0″　　西经 56°09′10.2″
Q 点　　　北纬 46°33′17.2″　　西经 56°09′01.6″

自 Q 点起，界线由以距法国岛屿基线最近点为圆心，12 海里为半径向外划出的一系列圆弧线所构成。界线同下述坐标点相交：
R 点　　　北纬 46°34′52.0″　　西经 56°01′45.1″
S 点　　　北纬 46°37′01.7″　　西经 55°57′12.2″

由此，界线接上 1972 年协定的第 1 界点。[1]

上述所有坐标均以 1983 年北美大地数据体系为据。

四、评　论

（一）对裁决的批评

本案最突出的特点是，当事国即加拿大和法国的 2 名仲裁员都对仲裁庭的裁决投了反对票。这使裁决的权威性或多或少受到一定影响，但并不影响裁决的拘束力，当事国双方仍承担有予以严格执行的义务。

在第一部分划界区域中，仲裁庭根据《联合国海洋法公约》关于沿海国享有自领海基线起 24 海里毗连区的规定，划定一块归属于法国圣皮埃尔和密克隆的专属经济区。对此，法国仲裁员威尔教授提出批评，他认为在《联合国海洋法公约》中 24 海里的毗连区同 200 海里的专属经济区之间没有任何联系，"两个海洋区域的目的和（国际法）承认沿海国在这些区域中所具有权利是如此不同，很难想象毗连区的宽度可作为确定在岛屿西面赋予法国经济区宽度的依据"[2]。

关于第二部分划界区域中赋予圣皮埃尔和密克隆海岸临海面向海延伸的全部效力，当事国 2 名仲裁员从不同的角度提出截然相反的批评。加拿大仲裁员哥特利布认为，这一海上走廊区域对布雷顿角岛和新斯科舍半岛海岸临海面的向海延伸，构成了阻断效果。他表示不能

---

[1] Charney, J. I. & Alexander, L. M., eds., *International Maritime Boundaries*, Dordrecht/Boston/London, Martinus Nijhoff Publishers, 1993, pp. 399-400.
[2] Opinion dissidente du Juge Weil, para. 4, in Décision 1992.

接受在两个划界区域中使用两种不同的方法，并认为仅运用海上走廊的办法且只赋予一半效果，这样的结果才是公平的。[1] 法国仲裁员威尔则认为，海上走廊不是一项公平的解决办法，因为长方形的海洋区域违背海洋管辖权应自陆地海岸呈放射形向海方向延伸的原则。他说："临海面垂直延伸为国家实践所否定，一国划定其海域的外部界限或国家之间的海洋划界都否定这一做法。当代，海洋管辖权区域的外部界限是通过圆弧法划定的，即以海岸的基点为圆心根据一定的半径向海方向划出一系列的圆弧。定义本身决定，这些圆弧是向所有的方向划出的，临海面或垂直方向并不享有任何特殊待遇。"[2]

关于最后一段分界线只给圣皮埃尔和密克隆保留 12 海里领海而没有赋予其任何领海外的海洋区域，威尔教授提出的问题是："为什么促使在岛屿西面给予一块即使很小的经济区的想法没有在东面起作用？为什么在海上走廊开始的 I 点和 O 点之间仲裁庭确定的线是自岛屿基线起 12 海里，仅赋予法国领海而剥夺它应有的经济区？"[3]

从上述情况看，当事国仲裁员对仲裁庭的批评有许多中肯之处，加之同本国立场有一定联系，更容易得到理解。实际上，仲裁庭作出这一裁决后，还招致了评论更多的批评。这些批评涉及裁决的各个方面，最激烈的莫过于将这一裁决称为"印象派的案例"，说它破坏了自国际法院在大陆架划界案（利比亚与马耳他）的判决中建立起来的法律客观性、确定性和可预见性。[4]

（二）以一条线同时划分专属经济区和大陆架

在提交司法解决的国际海洋划界案中，这是第三次当事国提出以一条唯一的分界线同时划分大陆架及其上覆水域的要求。第一次是在缅因湾海洋边界划界案（美国与加拿大）中，国际法院分庭被要求划定美国和加拿大两国之间在争议海域的专属经济区和大陆架合一的海洋边界。第二次是在几内亚和几内亚比绍海洋领土划界案中，当

---

[1] Opinion dissidente du Juge Gotlieb, para. 45, in Décision 1992.
[2] Opinion dissidente du Juge Weil, para. 12, in Décision 1992.
[3] Opinion dissidente du Juge Weil, para. 7, in Décision 1992.
[4] Dipla, H., La sentence arbitrale du 10 juin 1992 en l'affaire de la delimitation des espaces maritimes entre le Canada et la France, in Journal de Droit International, 1994, p. 666.

事国要求仲裁庭确定一条划分两国海洋领土的分界线。同前两次一样,本案仲裁庭没有对国际法是否要求以唯一的分界线来同时划分大陆架和专属经济区(或者渔区)这样一个根本性的问题作出明确的回答。

这一问题是格罗斯法官最先在缅因湾海洋边界划界案中以反对意见的形式提出的。[1] 虽然在国际实践中已不乏以一条唯一的分界线同时划定大陆架和专属经济区的例子,但是不能认为这已构成一项国际法的基本要求。

(三)关于对《联合国海洋法公约》的评论

本案中,仲裁庭在两处对1982年《联合国海洋法公约》作出了重要的评论。第一,仲裁庭提醒当事国双方,《联合国海洋法公约》第58条所规定的外国船只在沿海国专属经济区内的航行自由是对一项习惯国际法原则的确认。[2] 仲裁庭的这一观点无疑是正确的。第二,仲裁庭在审查自己对当事国超过200海里的大陆架范围的要求是否具有管辖权时,对《联合国海洋法公约》第76条作出评论。仲裁庭拒绝接受当事国请求的理由建立在第76条第4—8款基础上。一些评论提出的问题是,当时《联合国海洋法公约》并没有生效,当事国双方也没有批准公约,而这些条款又不具有习惯国际法的效力。因此,仲裁庭的理由在法律上是否成立是一个问题。此外,仲裁庭的另一个理由是将大陆架扩展到200海里之外涉及构成人类共同遗产的国际海底区域,这里仲裁庭创造了一个国际法主体,即国际社会,因为国际社会不是本案的当事人。值得指出的是,1982年《联合国海洋法公约》多次提及的是"人类共同遗产"、"人类的利益"[3] 和"全人类的利益"[4] 等概念,并没有"国际社会"这一概念。两者是否能够等同,在国际法理论中是有争议的问题,更重要的是有待于国际实践予以进一步明确。

---

[1] Disesenting Opinion of Judge Gros, para. 8, in I. C. J., Reports 1984.
[2] Décision 1992, para. 87.
[3] 《联合国海洋法公约》第140条。
[4] 《联合国海洋法公约》第143条。

（四）简短的结论

本案裁决是在所有提交国际司法解决的海洋划界案中引起争议最大的一例。客观地看，仲裁庭的这一裁决实际上是以第三国仲裁员全体一致作出的，其法律依据主要是建立在对当事国海岸线长度对比关系和相邻关系这些事实的确认和适用接近比例性原则基础上的。这些事实和原则本身具有一定的客观性。这一结果虽然在划界方法、分界线的具体划定上带有一定的主观性，还有许多不尽合理之处，但是在一定程度上仍然客观反映了当事国海岸在划界区域中的相互关系。总体来看，划界结果是公平的，依然是在法律包括公平原则的框架范围内所进行的划界。

关于格陵兰和扬马延之间区域的海洋划界案（丹麦与挪威）

（国际法院1993年6月14日判决）

一、争议的产生

格陵兰和扬马延是两个位于大西洋上的岛屿，分别归属于丹麦和挪威，构成两国各自的领土组成部分。

格陵兰岛位于北纬59°46′至北纬83°39′、西经10°33′至西经73°，面积220万平方千米。格陵兰岛原为丹麦殖民地，自1953年起成为丹麦王国不可分割的组成部分。[1] 通过丹麦议会1978年的立法和1979年格陵兰的全民投票，丹麦的国内法开始在格陵兰岛上全面实施。格陵兰岛上有居民55000人，其中6%生活在格陵兰岛东部，岛上四分之一的劳动力从事渔业生产活动，渔业占格陵兰岛出口总收入的80%，岛上渔民主要从事夏季鳕鱼捕捞，这是划界区域的唯一经济鱼类。[2]

扬马延岛位于北纬70°49′至北纬71°10′、西经7°53′至西经9°05′，面积373平方千米。1922年，挪威气象学院在岛上建立一个气象站。1929年，挪威宣布对扬马延岛拥有主权，自1930年起这一岛屿构成挪威领土不可分割的组成部分。扬马延岛上无常住居民，只有一个气象

---

[1] 参见本书"东格陵兰案（丹麦与挪威）"。
[2] International Court of Justice, Case Concerning Maritime Delimitation in the Area Between Greenland and Jan Mayen (Danmark v. Norway), Judgment of 14 June 1993, in International Court of Justice, Reports of Judgments, Advisory Opinions and Orders, 1993（以下简称"I. C. J. Reports 1993"）, paras. 13-14.

站及其他两个工作站的工作人员轮换居住岛上,总计约 25 人。岛上有一个靠船码头,但没有港口。挪威在格陵兰岛和扬马延岛之间海域的活动是捕捉鲸鱼、海豹和捕捞鳕鱼,但从事这些活动的船只都来自挪威本土而不是扬马延岛。[1]

格陵兰岛和扬马延岛之间的距离约 250 海里 (463 千米)。这一海域水深平均不超过 2000 米,其中北部海域水深约 3000 米,南部海域水深约 1000 米,最南端有少量的海底高地,水深约 500 米。两国之间的整个划界区域都位于北极圈内,其中格陵兰岛东海岸的北部为终年不化的厚厚冰层所覆盖。[2]

丹麦和挪威都是 1958 年日内瓦《大陆架公约》的缔约国,这一公约于 1964 年 6 月 10 日生效。丹麦于 1958 年 4 月 29 日签署该公约,于 1963 年 6 月 12 日批准该公约。挪威则晚些,于 1971 年 9 月 9 日加入该公约。[3] 丹麦和挪威两国于 1965 年签订《丹麦和挪威关于划分两国之间大陆架的协定》(以下简称"1965 年协定"),其中第 1 条以等距离-中间线划定两国行使主权的大陆架部分之间的分界线;第 2 条列举两国在斯卡格拉克海峡(the Skagerrak)和北海大陆架的分界线 8 个坐标点。[4] 两国还于 1979 年 6 月 15 日签订《丹麦王国政府和挪威王国政府关于法罗群岛与挪威之间海底大陆架划界和法罗群岛外渔区与挪威经济区之间的边界线协定》(以下简称"1979 年协定"),再次适用等距离-中间线原则,并确定分界线的 2 个坐标点。[5]

丹麦于 1963 年 6 月 7 日以一项皇家法令宣布,丹麦对属于自己的大陆架行使主权。1976 年,丹麦议会通过一项立法,授权丹麦首相将丹麦的渔区自有关基线起扩展至 200 海里。1980 年 1 月 1 日,这一立法适用于格陵兰岛至北纬 67°的范围。1980 年 6 月 1 日,丹麦将 200 海

---

[1] 《冰岛和扬马延间大陆架区域调解委员会致冰岛政府和挪威政府的报告和建议书》称,每年越冬季节约 30—40 人在岛上。参见本书"关于扬马延岛和冰岛之间的大陆架区域划界案(挪威与冰岛)"。

[2] I. C. J. Reports 1993, para. 11.

[3] I. C. J. Reports 1993, para. 31.

[4] 1965 年 12 月 8 日《丹麦和挪威关于划分两国之间大陆架的协定》。国家海洋局政策研究室编:《国际海域划界条约集》,海洋出版社 1989 年版,第 452—456 页。

[5] 1979 年 6 月 15 日《丹麦王国政府和挪威王国政府关于法罗群岛与挪威之间海底大陆架划界和法罗群岛外渔区与挪威经济区之间的边界线协定》。国家海洋局政策研究室编:《国际海域划界条约集》,海洋出版社 1989 年版,第 494—496 页。

里渔区的范围推至北纬67°以北的格陵兰岛东海岸,同时指出渔业管辖权的行使除非有新规定将不超过中间线。1980年8月1日,丹麦将渔业管辖权充分推至200海里范围,超过中间线。[1]

挪威议会于1976年授权挪威政府在其海岸周围建立200海里经济区。沿挪威本土海岸的经济区于1977年1月8日建立。挪威政府根据一项皇家法令,于1980年5月29日在扬马延岛周围建立200海里渔区,敕令还规定这一渔区向格陵兰岛一面不超过中间线。在1980年6月1日至1980年8月31日,中间线构成当事国双方行使渔业管辖权事实上(de facto)的分界线。[2] 此外,丹麦和挪威都签署了1982年《联合国海洋法公约》,但是当时两国都没有批准这一公约,而且该公约本身也没有生效。

在这一背景下,丹麦以其和挪威都接受国际法院的强制管辖为依据,于1988年8月16日就其同挪威之间关于格陵兰和扬马延之间区域的海洋划界争议,在国际法院对挪威提起诉讼。国际法院接受丹麦的诉讼请求。国际法院考虑现任法官中已有艾文生作为挪威籍法官,根据法院规约,任命费席尔作为丹麦籍专案法官参加本案审理。

国际法院于1993年6月14日作出判决。

二、当事国双方的主张和依据

在诉讼状中,丹麦要求确立一条唯一的自格陵兰海岸起向海延伸200海里的分界线。挪威则要求划出两条分界线,一条是大陆架的分界线,另一条是渔区的分界线,两条分界线重合于格陵兰岛和扬马延岛海岸之间的中间线上,但是观念上仍然是两条线而不是一条线。[3]

挪威的主要观点是:(1)扬马延岛和格陵兰岛之间的分界线应通过适用等距离-中间线原则来划定。(2)实际上,两国已按照中间线划定这一分界线。挪威支持这些主张和观点的依据是:第一,两国于1965年签订的《丹麦和挪威关于划分两国之间大陆架的协定》中的第1条所确认的中间线原则是具有普遍意义的划界原则,适用于两国之

---

[1] I. C. J. Reports 1993, para. 16.
[2] I. C. J. Reports 1993, para. 17.
[3] I. C. J. Reports 1993, paras. 9-10, 31.

间所有的大陆架划界，而第 2 条规定的两国在斯卡格拉克海峡和北海大陆架的分界线 8 个坐标点只是对分界线的具体标定（demarcation）；第二，两国都是 1958 年《大陆架公约》的缔约国，该公约第 6 条规定的等距离原则适用于两国国家关系的效果使格陵兰和扬马延之间海洋区域的大陆架分界线业已存在（in place）；第三，当事国双方的共同行为，特别是丹麦一方的行为，确认了中间线适用于格陵兰和扬马延之间的划界。[1]

丹麦则根本否定挪威关于分界线业已存在这一主张和观点。其反对以中间线方法来划界，甚至对仅仅将中间线作为划界的临时步骤也表示反对。[2] 丹麦认为，扬马延岛相对于格陵兰岛，构成 1958 年《大陆架公约》第 6 条所述的"特殊情况"，在同格陵兰岛海岸的相向划界中，不应该予以任何效力，即格陵兰岛应充分享有延伸至 200 海里的大陆架。丹麦对扬马延岛是否适合人类居住、具有其本身的经济生活提出疑问。丹麦主张考虑扬马延岛和格陵兰岛两者海岸长度之间的悬殊差别（disparity or disproportion），并适用接近比例性原则来确定划界方法和检验划界结果的公平性。[3]

三、判决书的主要观点

（一）关于划界区域

法院为本案审理的需要，确定了三个海洋区域：第一，主张重叠的区域。第二，潜在的权利主张区域，即如果挪威也像丹麦一样提出 200 海里权利主张的话，可能形成的争议区域。第三，划界有关区域，即对划界公平性进行测试的区域。[4]

（二）关于是否已经存在一条海洋分界线的问题

法院首先审理 1965 年协定是否已划定格陵兰和扬马延之间的大陆

---

[1] I. C. J. Reports 1993, paras. 24-25, 31, 33.
[2] I. C. J. Reports 1993, para. 51.
[3] I. C. J. Reports 1993, paras. 60, 63.
[4] I. C. J. Reports 1993, paras. 18-20.

架问题。法院审查了这一协定的上下文、目标和宗旨。法院注意到这一协定第 1 条规定了划界原则，第 2 条将原则运用于斯卡格拉克海峡和北海，并确定大陆架分界线的 8 个坐标点。在该协定中，"边界线"一词始终是以单数形式出现的，指的是一条大陆架分界线。此外，1958 年《大陆架公约》第 1 条关于大陆架的定义有 200 米等深线的标准，双方在签订这一协定时对大陆架的认识是根据这一标准，还没有意识到格陵兰岛和扬马延岛可以主张大陆架，并且它们之间存在着大陆架划界问题。法庭还引用了两国于 1979 年签订的《丹麦王国政府和挪威王国政府关于法罗群岛与挪威之间海底大陆架划界和法罗群岛外渔区与挪威经济区之间的边界线协定》，这一协定没有提到 1965 年协定。法院认为，如果 1965 年协定具有确定当事国之间所有大陆架的划界原则意义，则 1979 年协定作为子约应该提到并受 1965 年协定作为母约的统辖，而事实并非如此。由此，法院确认，1965 年协定只适用于当事国之间在斯卡格拉克海峡和北海的大陆架划界，不适用于本案格陵兰岛和扬马延岛之间的划界。[1]

对于挪威关于 1958 年《大陆架公约》第 6 条在无特殊情况和协议情况下自动发生效力的观点，法院表示将另行在讨论本案划界区域是否存在特殊情况时予以评论。就此，法院直接审查当事国双方的行为是否已形成一条事实上分界线的问题。在一一考察丹麦 1963 年、1976 年、1980 年等一系列将其权力自我限制至中间线止的国内立法后，法院认为，这体现了"当事国在等待最终解决划界前避免使局势严重化的考虑"，丹麦方面并没有承担以中间线划界的义务。[2] 法院还审查了丹麦在国际会议和外交交涉中的态度，并认为其无损于丹麦在本案划界问题上的立场。鉴此，法院拒绝接受挪威关于一条由中间线构成的分界线，无论作为大陆架的分界线还是作为渔区的分界线，都业已存在的观点。[3]

（三）关于适用的法律

法院审查了丹麦和挪威各自的诉讼请求。本案当事国之一挪威要

---

[1] I. C. J. Reports 1993, paras. 26–34.
[2] I. C. J. Reports 1993, paras. 34–36.
[3] I. C. J. Reports 1993, para. 40.

求法院划定专属经济区和大陆架两条线，虽然"这两条分界线将重合，但两条分界线在观念上是不同的"[1]。由此，法院认为，在本案中，两个当事国就划定一条唯一的海洋界线问题没有达成一致，法院不能像在1984年缅因湾海洋边界划界案（美国与加拿大）中一样为当事国确定一条唯一的、具有双重目的的海洋分界线。"鉴此，法院将分别审查适用法律的两个分支，即1958年《大陆架公约》第6条适用于大陆架划界的效果和支配渔区的习惯法的效果。"[2]

法院注意到，在此前审理的大陆架划界案中，"还从没有机会适用1958年《大陆架公约》"[3]，本案是其首次适用这一公约。对大陆架划界作出规定的是1958年《大陆架公约》第6条。法院随即指出："1958年《大陆架公约》适用于本案大陆架划界这一事实并不意味着解释和适用第6条可以不参考在这一方面的习惯法，或者不考虑在本区域还存在着渔区划界问题。"[4] 在1977年英法大陆架划界案的裁决中，仲裁庭认为，1958年《大陆架公约》第6条体现了一项一般性规范，即任何划界都应根据公平原则来进行。[5] 法院认为，这表明1958年《大陆架公约》第6条的效果同习惯法规定任何划界都应建立在公平原则基础上的效果之间并不存在任何实质性差别，至少对于海岸相向国家而言是一致的。[6]

至于适用于渔区划界的法律，法院注意到，当事双方同意划界应按照支配专属经济区的规则即习惯法规则来进行。两个当事国签署了1982年《联合国海洋法公约》，但都没有批准这一公约，而且该公约本身也还没有生效，因此《联合国海洋法公约》的适用性被排除。然而法院指出，《联合国海洋法公约》第83条、第74条关于大陆架和专属经济区划界的规定是一致的，都要求划界达成一项公平解决。[7] 法院认为："作为任何划界程序目标的'一项公平解决'的指示，反映

---

[1] I.C.J. Reports 1993, para. 41.
[2] I.C.J. Reports 1993, para. 44.
[3] I.C.J. Reports 1993, para. 45.
[4] I.C.J. Reports 1993, para. 46.
[5] Arbitral Award 1977, in U.N., R.I.A.A., Vol. XVIII, para. 70.
[6] I.C.J. Reports 1993, para. 46.
[7] 《联合国海洋法公约》第74条、第83条规定，海岸相向或相邻国家间专属经济区（大陆架）的界限，应在《国际法院规约》第38条所指国际法的基础上以协议划定，以便得到公平解决。

了习惯法对于大陆架和专属经济区划界的要求。"[1]

（四）关于划界方法和步骤

1. 以中间线作为划界的起点

法庭指出，将1958年《大陆架公约》第6条适用于相向国家之间的大陆架划界，"作为划界步骤开始，在两国领海基线之间划出一条中间线作为临时性的划界线，然后再考虑'特殊情况'是否进行'另外一项划界'，这样做是恰当的"[2]。法院认为，这样做从习惯法的角度看也是合适的。以习惯国际法为基础的司法判决，同样是将中间线作为一条临时线，然后予以调整或推移，以保证公平结果。法院援引了1985年大陆架划界案（利比亚与马耳他）的判决关于相向国家之间等距离方法公平性的评价[3]，以此说明中间线作为最终必须寻求公平解决的划界过程中一个临时性步骤，是合适的。同时针对丹麦的反对意见，法院还同意，划定临时性中间线并不是在每一个划界案中都必须或强制适用的一项步骤。但在本案中，即使不适用1958年《大陆架公约》第6条，而适用为司法判例所发展的习惯国际法，将中间线作为划界的起点，然后再根据特殊情况考虑是否需要予以调整或推移，这样的做法也是合适的。[4]

关于适用于渔区划界的法律，法院援引1984年缅因湾海洋边界划界案（美国与加拿大）和1985年大陆架划界案（利比亚与马耳他）判决的先例[5]来说明，作为划界步骤开始，划出一条中间线作为临时性划界线，既适用于大陆架，也适用于渔区。

2. 将"特殊情况"和"有关情况"作为考虑调整的因素

根据1958年《大陆架公约》和习惯法，为达成一项公平解决应予以考虑的因素分别是一切特殊情况和所有有关情况。法院对"特殊情况"和"有关情况"两个概念在条约法和习惯法中的含义及其作用进行了分析，并肯定了仲裁庭在1977年大陆架划界案（英国与法国）的

---

[1] I. C. J. Reports 1993, para. 47.
[2] I. C. J. Reports 1993, para. 49.
[3] I. C. J. Reports 1985, para. 62.
[4] I. C. J. Reports 1993, para. 51.
[5] I. C. J. Reports 1984, paras. 217-218; I. C. J. Reports 1985, para. 62.

裁决中对两个概念之间的关系及其意义的解释。[1] 法院认为："虽然从产生和名称上，这是两个不同类型的概念，但是不可避免地存在着将1958年《大陆架公约》第6条的特殊情况和习惯法的有关情况相等同的趋势，仅仅是因为两者都要求达成一项公平解决。在海岸相向的情况下理应更是如此。"[2]

关于什么样的特殊情况或有关情况是法院可予以考虑的，法院援引1969年北海大陆架划界案（德国与丹麦、德国与荷兰）和1985年大陆架划界案（利比亚与马耳他）的判决[3]指出，只有同大陆架制度和专属经济区（渔区）制度有关的情况，才能够在划界中予以考虑。为平衡各种情况的考虑，法院将进行分析的不仅是本案情况（the circumstances of the case），而且包括司法判例和国家实践。[4] 法院再次确认，公平解决应具有在大陆架划界案（利比亚与马耳他）的判决中所提出的"一贯性和可预见性"[5]。至此，法院着手审理当事国对划界区域各种情况的考虑。

3. 对本案各种具体情况的考虑

（1）海岸长度的悬殊差别构成有关情况。关于划界区域有关海岸的长度，当事国之间没有分歧。格陵兰岛有关海岸的直线长度约504.3千米，扬马延岛有关海岸的直线长度约54.8千米。如果以直线基线计算，格陵兰岛有关海岸的长度约524千米，扬马延岛有关海岸的长度约57.8千米。两者之间的比率分别为1∶9.2或者1∶9.1。[6]

在审理当事国双方对海岸长度之间悬殊差别的意见后，法院指出："直观地看，以一条中间线来划界，在相向海岸情况下，一般产生一项公平的解决，特别是在有关海岸几乎平行的情况下。"[7] 但是，任何规则都有例外。法院紧接着指出："然而，存在着这样的情况，本案就是一例，即有关海岸同将等距离方法适用于它们而产生的海域面积之间的关系是如此不成比例，因此就认定必须考虑这一情况，以达到一

---

[1] Arbitral Award 1977, in U.N., R.I.A.A., Vol. XVIII, para. 148.
[2] I.C.J. Reports 1993, para. 56.
[3] I.C.J. Reports 1969, para. 93; I.C.J. Reports 1985, para. 48.
[4] I.C.J. Reports 1993, para. 58.
[5] I.C.J. Reports 1993, para. 45.
[6] I.C.J. Reports 1993, para. 61.
[7] I.C.J. Reports 1993, para. 64.

项公平解决。"[1] 法院认为，在划界中考虑当事国海岸长度之间悬殊差别，使当事国海岸与归属于它们各自的大陆架之间保持一种合理的关系，这一必要性为国际司法判例所确认。法院还确认，海岸长度的悬殊差别构成1958年《大陆架公约》所规定的"特殊情况"，并且也是根据习惯法进行渔区划界应予以考虑的有关情况。

法院认为考虑这一有关情况应将中间线朝扬马延岛方向作出调整，使划界线更接近扬马延岛。关于调整的幅度，法院指出："考虑海岸长度的悬殊差别，并不意味着将东格陵兰和扬马延各自临海面的长度关系作为直接的、数学的适用。"[2] 法院认为，既要考虑海岸长度的悬殊差别，也要考虑扬马延岛同格陵兰岛一样也享有自己的海洋区域权利。法院一方面否定了挪威的中间线主张，另一方面也否定了丹麦关于考虑海岸长度差别应将中间线调整到距离格陵兰岛海岸200海里处的观点。"因此，边界线应该在上述所描述的两条线之间，它的位置由此得到的解决，从1958年《大陆架公约》所规定的特殊情况看是正当的，从习惯国际法原则和规则的基础看是公平的。"[3] 至于调整的具体位置，法院认为必须在审理其他有关情况后作出决定。

（2）对资源的获取构成有关情况。在本案中，关于对资源的获取（access to resources）问题，当事国双方关心的主要是对渔业资源的获取，具体说是对鳕鱼资源的获取。鳕鱼是一个洄游鱼种，其种群在这一地区主要集中分布在双方主张重叠区域的南部，有时向东一直接近扬马延岛周围的水域。

关于这一问题，法院援引其在大陆架划界案（利比亚与马耳他）的判决中对海底资源所阐述的意见[4]，即大陆架自然资源是国家扩展海洋管辖权的主要目的，是划界应予以合理考虑的有关情况。在缅因湾海洋边界划界案（美国与加拿大）中，国际法院分庭也肯定对资源的获取，包括对渔业资源的获取，构成划界应予以考虑的有关情况。[5] 据此，法院确认，渔业资源构成一项重要的有关情况。为保证

---

[1] I. C. J. Reports 1993, para. 65.
[2] I. C. J. Reports 1993, para. 69.
[3] I. C. J. Reports 1993, para. 71.
[4] I. C. J. Reports 1985, para. 50.
[5] I. C. J. Reports 1984, para. 237.

当地居民对渔业资源的公平获取，法院需要考虑是否有必要对中间线进行调整。[1]

在对鳕鱼资源的利用状况，特别是有关国家之间渔获量的配额分配协定及当地人民所进行的传统渔业进行分析后，法院认为，"中间线太偏西，不能保证丹麦对鳕鱼资源的公平获取"，为此也需要对中间线作出朝东方向的调整。[2]

（3）人口和社会经济情况。法院明确指出，人口和社会经济情况不构成划界应予以考虑的有关情况。

（4）安全考虑。法院肯定安全考虑为划界应予以考虑的有关情况。对这一情况的考虑是，使划定的分界线不至于过于靠近一国领土。

（5）当事国的行为。丹麦列举挪威同冰岛的海洋划界实践，要求在格陵兰岛同扬马延岛的划界中，挪威采取与先前划界实践相一致的立场，给予丹麦以同样的待遇。法院就此指出："在一项争议中的当事国一方，为解决争议，在法律上并没有义务将其在先前另一个不同的背景下所采纳的特殊解决方法照搬过来。"[3] 由此，法院否定了在本案中当事国行为是划界应予以考虑的有关情况。

4. 确定划界线

考虑上述有关情况，法院确认，大陆架的分界线需要考虑海岸长度的差别予以调整，渔区的分界线则需要考虑对渔业资源的公平获取予以调整。考虑这两点，法院开始具体划定分界线。法院将双方主张的重叠区域分为三段进行处理。[4]

第一段是南部区域，由双方主张线的 4 个坐标点 D、B、L 和 J 的连线构成，其中 DB 线构成双方主张的海洋管辖权同冰岛海洋管辖权之间的分界线。在这一区域中，法院为保证双方对鳕鱼资源的公平获得，在 DB 线上选取了同 D、B 点保持等距离的 M 点，在 LJ 线上选取了同 L、J 点保持等距离的 N 点，MN 线构成第一段区域的划界线。

第二段是中部区域，由双方主张线的各自 2 个转折点 L、K、J 和 I 的连线构成。第三段是北部区域，由 3 个点的连线构成，即双方主张

---

[1] I. C. J. Reports 1993, para. 75.
[2] I. C. J. Reports 1993, para. 76.
[3] I. C. J. Reports 1993, para. 85.
[4] 丹麦（扬马延）和挪威（格陵兰）之间的海洋区域分界线：http://www.worldcourts.com/icj/eng/decisions/1993.06.14_jan_mayen_80.jpg。

线的 K、I 点和主张线汇合的 A 点。法院认为，第二、第三段区域不考虑对渔业资源的公平获取，只考虑海岸长度的悬殊差别，如果像第一段区域一样对中间线进行调整，是不公平的。因此，法院确定在 KI 线上选取一个 O 点，O 点在由 I 点至 K 点的距离三分之二处。N 点、O 点和 A 点的连线即构成第二段区域和第三段区域的划界线。

M、N、O、A 点的连线构成同时划分两国在格陵兰岛和扬马延岛之间的海洋区域的分界线。[1]

上述提及直线均为大地线，有关各点的地理坐标如下[2]：

（1984 年全球地理坐标系）

点	北　纬	西　经
A	74°21′46.9″	05°00′27.7″
I	74°28′35.9″	09°23′09.4″
J	71°32′58.4″	11°11′23.6″
B	69°34′43.3″	12°09′25.5″
C	69°38′26.8″	12°43′21.1″
D	70°12′50.5″	15°10′21.8″
L	72°07′16.0″	14°40′25.4″
K	73°01′42.5″	12°25′23.2″
M	69°54′26.9″	13°38′01.0″
N	71°50′00.8″	12°50′48.2″
O	72°50′58.1″	11°23′23.2″

（五）判决执行部分

法院以 14 票赞成对 1 票反对确定，划界区域范围北面是当事国双方主张线相交的点，南面是同冰岛 200 海里主张线重合的两点的连线。在这一范围内，法院以上述划界线同时划分丹麦和挪威的渔区和大陆架。

（六）法官的声明、个别意见和反对意见

对于本案判决，小田兹、艾文生、毛德斯莱和让热瓦法官附加声

---

[1] I.C.J. Reports 1993, paras. 91-92.
[2] I.C.J. Reports 1993, para. 93.

明,小田兹、施韦贝尔、夏哈布丁、维拉曼特里和阿杰博拉法官附加个别意见,费席尔(Fischer)专案法官附加反对意见。

费席尔专案法官指出,他不同意法院从《大陆架公约》第6条中得出作为划界的第一个步骤应将中间线作为临时性分界线的做法。他认为,海岸长度的悬殊差别构成一项特殊情况。在存在特殊情况的情形下,应确定一条中间线以外的划界线。法院赋予中间线以优先性的态度不符合海洋法的发展,因为1982年《联合国海洋法公约》已削弱中间线的重要性,中间线只是许多划界方法中的一种。关于特殊情况,费席尔还认为,法院没有给予海岸长度的差别以充分的重视,海岸长度差别的比率是9∶1,而划界后归属于各方的海域之间的比率是3∶1。他主张,法院应完全满足丹麦方面充分延伸到200海里的主张,由此可以达到6∶1的比率,更符合接近比例性。此外,费席尔还对法院没有将两个岛屿上的人民和经济生活之间的巨大差别、挪威在其他海域的划界实践作为有关情况予以考虑提出批评,并认为法院提出为三段划界区域划出划界线的做法没有任何道理。[1]

四、评　论

继大陆架划界案(利比亚与马耳他)后,本案是国际法院审理的又一起重要的海洋划界案,法院第一次在海洋划界案中适用1958年《大陆架公约》的有关规定。[2] 此前,由于在北海大陆架划界案(德国与丹麦、德国与荷兰)中,德国不是该公约缔约国;在大陆架划界案(突尼斯与利比亚)与大陆架划界案(利比亚与马耳他)中,利比亚不是该公约缔约国,1958年《大陆架公约》未能够被适用。在缅因湾海洋边界划界案(美国与加拿大)中,虽然美国和加拿大都是缔约国,但由于当事国双方要求法庭划定一条唯一的海洋边界,仅适用于大陆架划界的1958年《大陆架公约》被排除了。同时,本案还是第一个在当事国没有达成协议的情况下,由当事国一方单方面向国际法院提起诉讼而启动司法解决程序,并由国际法院实际进行审理

---

[1] I. C. J. Reports 1993, Dissenting Opinion of Judge Fischer, pp. 304-314, paras. 91-92.
[2] I. C. J. Reports 1993, para. 45.

的海洋划界案〔1〕。此外，本案也是国际法院第一次在海洋划界案中将北极附近漂浮的冰块作为海洋划界中提出的有关情况予以考虑〔2〕。

从适用于海洋划界的国际法角度看，本案还具有如下特点：

（一）同先前判决保持一贯性的努力

本案最突出的特点是，国际法院努力同先前海洋划界案的判决，特别是1985年大陆架划界案（利比亚与马耳他）的判决保持一贯性。但是，这种努力不能说是成功的。

第一，在本案判决中，法院大量地援引先前判决，特别是1985年大陆架划界案（利比亚与马耳他）的判决，而法院在这样做时却忽略了对本案同先前海洋划界案所不同的具体情况有针对性地进行评论。这使本案判决同先前判决相比，缺少充分的法理论述。

第二，在划界方法选择上，法院也试图同1985年大陆架划界案（利比亚与马耳他）的判决保持一贯性，但是这种努力也失败了。首先，法院在适用1958年《大陆架公约》第6条时，在确认划界区域存在特殊情况的前提下仍然将中间线作为划界起点，实际上已背离了《大陆架公约》规定的精神。其次，法院认为习惯法也要求以中间线作为划界的起点，这是不准确的。法院自己在大陆架划界案（利比亚与马耳他）的判决中明确指出，即使在相向海岸之间，"法院也不能接受下述观点，即，即使作为划出一条分界线的预备和临时的步骤，等距离方法也是一种必须使用的方法"〔3〕。实际上，法院这一观点才真正体现习惯法的要求。在本案中，法院在没有对不同于先前海洋划界案的情况进行充分评论并说明理由的情况下，就断然决定将中间线作为划界起点，这种做法很难说能够同先前的判决保持一贯性。最后，在大陆架划界案（利比亚与马耳他）的判决中，划界方法实际上是由三个步骤构成的：第一步，将中间线作为临时性分界线；第二步，考虑有关情况决定是否有必要对这一临时性分界线进行调整，如有必要

---

〔1〕 I. C. J. Reports 1993, Separate Opinion of Vice-President Oda, p. 112; Separate Opinion of Judge Ajibola, p. 298.

〔2〕 I. C. J. Reports 1993, Separate Opinion of Judge Ajibola, p. 298.

〔3〕 I. C. J. Reports 1985, para. 43.

则进行实际调整；第三步，根据公平原则对调整后的划界线进行检验。[1] 在本案中，法院并没有严格按照这三个步骤进行划界，而是忽略了第三步，也是最重要的一个步骤。正如参与本案审理的一些法官注意到的，法院甚至没有对最终的结果及其理由作出充分的说明。

（二）削弱接近比例性原则的作用

接近比例性概念在划界中的作用已为先前所有的海洋划界案的判决和仲裁裁决所充分肯定，国际法院在本案中援引这些意见，并且也确认海岸长度的悬殊差别在本案中是划界应予以考虑的有关情况。但是，在确定最终划界线时，法院却没有使这一有关情况充分发挥作用。法院这一做法实际上背离了其所声称的与先前的判决保持一贯性，并且也背离了使划界结果具有一定可预见性的立场。

接近比例性概念的精髓是，根据陆地统治海洋、陆地通过海岸统治海洋这两项构成国家海洋管辖权基础的最基本原则，将当事国有关海岸及其长度确定为划界应予以考虑的最基本有关情况，国家海洋管辖权的向海延伸应同其面临有关海域的海岸长度保持适当、合理的比例关系。先前的判决将海岸长度作为有关情况予以考虑正是基于这些海洋法和海洋法律制度的基本原则。

固然，如国际法院在先前的判决和本案判决中所指出的一样，考虑海岸长度的悬殊差别并不意味着将当事国各自临海面长度关系作为直接的、数学的适用。但是，这只是问题的一方面。另一方面，国际法院在先前的判决中也多次指出，接近比例性概念在划界中有两种作用：第一，考虑当事国各自海岸长度并以此作为确定划界实用方法的重要因素；第二，作为检验划界结果是否公平的标准。从本案判决看，国际法院在适用接近比例性概念时并没有考虑这些问题。首先，法院没有将海岸长度的悬殊差别作为确定划界方法应予以考虑的重要因素。其次，在产生划界结果后，法院也没有适用接近比例性概念对结果的公平性进行检验。

此外，接近比例性主要是针对不符合比例的情况适用的，它的适用不可避免地需要运用一定的数字概念。实际上，法院在大陆架

---

[1] I. C. J. Reports 1993, paras. 62–70.

划界案（突尼斯与利比亚）、缅因湾海洋边界划界案（美国与加拿大）与大陆架划界案（利比亚与马耳他）中都进行了数字比较。例如：在大陆架划界案（突尼斯与利比亚）中，法院确认利比亚和突尼斯各自有关海岸的直线长度的比率为34∶66，根据法院所指定方法，划界归属于两国各自大陆架区域的比率为40∶60。[1]在缅因湾海洋边界划界案（美国与加拿大）中，国际法院分庭在确定第二段划界区域的界线时也进行了比率计算，将两国在划界区域的海岸长度关系从1.38∶1调整到1.32∶1，并以此为依据对中间线进行调整。[2]在大陆架划界案（利比亚与马耳他）中，由于存在着实际困难，法院没有直接进行比率计算，但在划界结果中体现了对接近比例性概念的充分考虑。[3]从先前的判决看，不能将接近比例性概念作为直接的、数学的适用之含义并不是完全摒弃数学计算，而是反对进行精确的数学计算并以这种计算为依据直接进行划界。但是，它仍然要求划界应使当事国的海岸长度同归属于其各自的海洋区域面积之间保持一个大致适当或合理的比率。从本案判决看，国际法院没有做到这一点。本案当事国海岸长度之间的比率为9∶1，而按照法院所确定的划界线，归属于各自的海域面积比率为3∶1。这一结果本身也具有很大的任意性，对此法院也没有作出任何解释。这一结果对丹麦而言是非常不公平的，因为格陵兰岛无论就其本身的重要性还是海岸长度来说，都远远超过挪威的扬马延岛。丹麦籍法官费席尔认为将这一结果调整到6∶1对丹麦才是公平的，这一看法有一定道理。因为，毕竟海岸长度是一个完全可以进行数学计算的客观因素，在划界中使这一因素充分发挥其应有的作用，可以减少在适用法律过程中的主观性和任意性，能够更有效地使海洋划界国际法具有更高、更好的可预见性。

（三）为有关情况增加了新内容

在本案中，国际法院在先前判决的基础上，明确地肯定了对资源的获取是海洋划界应予以考虑的有关情况，并且第一次确认对这一情况的考虑可以直接影响到划界线的位置和走向。先前判决虽然在不同

---

[1] I. C. J. Reports 1982, para. 131.

[2] I. C. J. Reports 1984, paras. 221–222.

[3] I. C. J. Reports 1985, para. 68.

情况下承认油气资源和渔业资源构成划界应予以考虑的有关情况，但并没有在确定划界线时，实际上赋予对这些有关情况的考虑以一定的作用。本案判决则在确定第一段划界区域时，创造了一个先例。由于法院所划定的渔区分界线同时也是大陆架的分界线，实际上对渔业资源利用的考虑也影响了大陆架划界。

此外，本案也是国际法院第一次在海洋划界案中将北极附近漂浮的冰块作为海洋划界中提出的有关情况予以考虑。这说明，习惯国际法关于适用公平原则应予以考虑的有关情况实际上是没有限制的，其中有一些常项，另外一些则是完全可以因具体情况而不断变化的。

第三部分

海洋划界的实用方法和运用实例

等距离方法

1958年《领海及毗连区公约》将等距离线定义为："一条其每一点都同测算两国各自领海宽度的基线上最近点距离相等的线。"[1]1958年《大陆架公约》也有类似的定义，但是对等距离方法适用于相邻海岸和相向海岸作出了区别：将等距离方法适用于海岸相向国家所产生的线称"中间线"；而适用于海岸相邻国家所产生的线则称"侧向的等距离线"（Lateral Equidistance Line）。[2]"中间线"指海岸相向国家之间的等距离线，而"等距离线"仅仅指在海岸相邻国家之间"适用等距离原则确定的线"。

1982年《联合国海洋法公约》在关于领海划界的规定中保留了1958年《领海及毗连区公约》的定义。然而，1982年《联合国海洋法公约》在关于专属经济区和大陆架划界的规定中未接受1958年《大陆架公约》的规定，但保留了海岸相邻和相向的区别。[3] 尽管在有些情况下，海岸相邻和相向很难准确判定，然而无论海岸相邻或者相向，用以划出一条"中间线"或"侧向的等距离线"的几何学方法是相同的。[4]

一、严格的等距离线

根据几何原理，在同一平面上，经过某一线段的中点，并且垂直

---

[1] 1958年4月29日《领海及毗连区公约》第12条第1款。国家海洋局政策研究室编：《国际海域划界条约集》，海洋出版社1989年版，第5页。

[2] 1958年4月29日《大陆架公约》第6条第1款、第2款。国家海洋局政策研究室编：《国际海域划界条约集》，海洋出版社1989年版，第8—9页。

[3] 《联合国海洋法公约》第15条、第74条、第83条。

[4] International Hydrographic Bureau, *Technical Handbook of the 1982 United Nations Convention on the Law of the Sea*, Monaco, International Hydrographic Organization, 1990, para. 6. 2. 1.

于这条线段的直线称作垂直等分线（perpendicular bisector）。在海洋划界中，等距离线是这样一条线，即在线上的每一点同两侧有关国家海岸或基线上最近点保持同等的距离。由于任何海岸都存在一定的不规则因素，一条直线如果延伸相当长，就很难同有关海岸保持等距离。为了保持等距离和垂直等分性质，一条等距离线，即原始的垂直等分线在延长过程中应改变其走向，以反映因当事国两岸最近点之间的关系变化而被改变的地理现实。一条真正的严格的等距离线（Strict Equidistant Line），实际上是连接当事国两岸最近点的一系列垂直等分线线段的连线。[1] 以上是从平面几何学来看的。从地球椭球面来看，等距离线是由一定数量的转折点通过大地线或其他曲线（curves）连接而构成。[2]

二、简化的等距离线

如果在海岸之间划定一条真正或严格意义的等距离线，即利用国际法为划定领海而允许使用的海岸或沿岸所有基点（base points），那么，在大多数海岸的情况下，这样一条线会包含许多转折点和无数直线线段，由此产生的边界线将是复杂的，在划界条约中不容易表述，而对海员、渔民等海上作业人员来说，在实际操作中很难掌握。因此，在实践中，沿海国往往采用简化的等距离线（Simplified Equidistant Line）。

简化的等距离线是在严格的等距离线基础上通过减少转折点和直线线段的数量、增加直线线段的长度而划出的。简化的等距离线要求构成等距离线的要素，即转折点和直线线段的数量尽可能少，但是同时又必须同严格的等距离线的一般走向基本上保持一致。

由于简化的等距离线同严格的等距离线的一般走向基本一致，等距离线在简化后同简化前相比，两侧海域的出入很小，即使存在一些

---

[1] Hodgson & Cooper, "The Technical Delimitation of Modern Equidistance Boundary", in *Ocean Development and International Law*, Vol. 3, 1976, p. 316.
[2] International Hydrographic Bureau, *Technical Handbook of the 1982 United Nations Convention on the Law of the Sea*, Monaco, International Hydrographic Organization, 1990, para. 6.2.3.

出入，也是两个当事国之间的平等交换。[1]

构成简化的等距离线的直线可以是等角航线（loxodromes，又称恒向线）或者大地线。不过，根据国际海道测量组织于 1990 年出版的《1982 年〈联合国海洋法公约〉技术手册》的建议，从实际操作看，等距离线作为由两个单独的基点产生的唯一的线，非常接近大地线，在实践中被认为是与连续的转折点之间的大地线相同的线，因此似取大地线为宜。[2]

在国家实践中，海岸相向、海岸构造相似、海岸长度大致相等，运用等距离方法的情况较多。比较典型的运用简化的等距离线进行海域划界的实例是墨西哥和美国 1978 年 5 月 4 日《美利坚合众国和墨西哥合众国关于海上边界的条约》。[3] 根据该条约，两国在墨西哥湾的边界线由 8 个转折点（包括两个终端点）的连线构成，这一边界线是取消了在谈判中曾提出的另外 3 个转折点而简化的等距离线；同样，在谈判双方在太平洋的准确等距离线时，双方提出了 16 个转折点（包括两个终端点），而条约使之简化为 4 转折点。[4]

简化等距离线并没有涉及相互间明显的海域交换。

三、评　论

等距离线是非常明确的几何方法，它的优点是比较容易操作，具有准确性。两个单一基点产生的等距离线是一条唯一的线（unique line）。国际法院在 1969 年北海大陆架划界案（德国与丹麦、德国与荷兰）中评论说："任何制图员事实上都能够在适当的地图或海图上描绘出这样的界线，并且有能力的制图员所描绘出的这些界线实践上是一

---

[1] International Hydrographic Bureau, *Technical Handbook of the 1982 United Nations Convention on the Law of the Sea*, Monaco, International Hydrographic Organization, 1990, para. 6.2.7.2.
[2] International Hydrographic Bureau, *Technical Handbook of the 1982 United Nations Convention on the Law of the Sea*, Monaco, International Hydrographic Organization, 1990, paras. 6.2.4, 6.2.7.2.
[3] 1978 年 5 月 4 日《美利坚合众国和墨西哥合众国关于海上边界的条约》。国家海洋局政策研究室编：《国际海域划界条约集》，海洋出版社 1989 年版，第 524—528 页。
[4] 1978 年 5 月 4 日《美利坚合众国和墨西哥合众国关于海上边界的条约》。国家海洋局政策研究室编：《国际海域划界条约集》，海洋出版社 1989 年版，第 524—525 页。

致的。"[1]

等距离方法是从一些沿海国的领海划界实践中发展起来的,并为条约法所确认。按照1958年《领海及毗连区公约》第12条和1982年《联合国海洋法公约》第15条的规定,等距离-中间线是在无协定或特殊情况的情形下,有关国家在领海划界时必须使用的方法。随着国家海洋管辖权向领海外扩展,等距离方法逐渐被运用于一些沿海国的大陆架和专属经济区划界实践。

在大陆架和专属经济区划界中使用等距离方法产生的问题是,"由于等距离线是以接近原则为基础的,并且因此而仅受海岸凸出点的支配,当海岸显著不规则或有明显的凹凸时,就可能产生不符合比例的结果"[2]。由于海岸形状和相邻或相向关系的不同,等距离线可能造成的不公平,距离海岸越远,效果就越明显。"在海岸形状的某些条件下,侧向的等距离线的歪曲效果在领水界限内仍然是很小的,但在主要大陆架区域进一步向外延伸的情况下,这种扭曲效果会产生较大的影响。"[3] 等距离线在专属经济区和大陆架划界中可能产生不公平的原因是,"海岸线上最细小的不规则现象都会被等距离线自动地扩大。因此,在凹面和凸面海岸线的情况下,这种不规则更大,并且划界区域距离海岸越远,则所产生的结果就越不合理"[4]。

早在格里斯巴丹那仲裁案中,就已经提出了纠正等距离-中间线方法可能造成的不公平结果问题[5]。20世纪30年代,法国学者吉德尔(Gidel)在评论这一案例时就指出,在划分领海界线时,等距离-中间线方法有其优点,"但在某些情况下,它包含有真正的缺陷……并在两个沿海国之间造成严重的不平等"[6]。战后,联合国国际法委员会认真地讨论了严格适用等距离方法可能造成的不公平问题,正是为纠正这种不公平,才提出了"协议-等距离-特殊情况"这一公式作

---

[1] I. C. J. Reports 1969, para. 22.
[2] I. C. J. Reports 1985, para. 56.
[3] I. C. J. Reports 1969, para. 59.
[4] I. C. J. Reports 1969, para. 89.
[5] Grisbardana Case (Norvège, Suède), 7 Seeptember 1910, in United Nations, Reports of International Arbitral Awards, Vol. XI, p. 162.
[6] G. Gidel, Le droit international de la mer, Vol. III, Paris, Sirey, 1934, p. 771.

为建议案提交 1958 年日内瓦联合国第一次海洋法会议审议。[1] 这也是 1958 年《领海及毗连区公约》第 12 条和《大陆架公约》第 6 条"协议－等距离－特殊情况"原则的来源。在北海大陆架划界案（德国与丹麦、德国与荷兰）中，国际法院在回顾等距离方法的起源和发展后得出的结论是，等距离方法不是一项习惯法规则，而仅仅是许多划界方法之一。[2]

在沿海国已签订的海域划界协定中，以等距离－中间线确定专属经济区和大陆架界线的占多数。但是，完全按照严格的等距离－中间线划定海洋管辖权界限毕竟是很少的。在大多数情况下，当事国选择的是以近似的等距离－中间线作为海洋界线。在大陆架划界案（利比亚与马耳他）中，国际法院认为："一系列关于大陆架界线的条约显然表明，等距离方法已被运用于许多案例，但是其也表明国家可以不采用等距离方法，而应用其他划界标准，只要它们认为这样更容易达成协议"[3]；"等距离既不是一项强制性的法律原则，也不是一种比其他方法更优越的方法"[4]。

在国际海洋法上，等距离方法是划界实用方法之一，相对于其他方法，它被更广泛地运用于国家实践，但它不是唯一的划界方法。在大陆架划界案（利比亚与马耳他）中，国际法院认为，即使在相向海岸之间，"本法院也不能接受下述观点，即，即使作为划出一条分界线的预备和临时的步骤，等距离方法也是一种必须使用的方法"[5]，"等距离方法并不是适合于现在争端解决的唯一方法，这种方法甚至不具有推定对它有利的好处"[6]。

客观地说，等距离方法虽然存在一定的缺陷，但优点更为明显，它是运用最广泛的划界方法。一般认为，在海岸线比较规则的相向国家之间，运用等距离方法较容易达成公平的结果。国际法院在北海大陆架划界案（德国与丹麦、德国与荷兰）中对此作出解释，认为等距

---

[1] United Nations, *Yearbook of International Law Commission*, 1952, Vol. I, p. 79; Vol. II, p. 38; 1953, Vol. I, pp. 126, 128, 130; Vol. II, pp. 216, 230, 272.
[2] I. C. J. Reports 1969, paras. 70, 78.
[3] I. C. J. Reports 1985, para. 109.
[4] I. C. J. Reports 1985, para. 110.
[5] I. C. J. Reports 1985, para. 43.
[6] I. C. J. Reports 1985, para. 62.

离方法在海岸相向的情况下一般能产生公平的结果,"毗连并分隔相向国家的大陆架区域,可以被每一个国家主张为其领土的自然延伸。这种延伸相互接合并重叠,因而只能通过中间线方法来划界,至于由岛屿、岩礁和较小的海岸凸出所产生的不成比例的歪曲效果,则可通过其他方法予以消除,这样一条线必定能达到有关特定区域的公平划分效果"[1]。

由约·查尔内和列·阿列克山大主编的《国际海洋边界》一书对63例包含着海岸相向国家之间的划界案进行了研究。其中,55例边界线,即约87%,是以等距离方法为基础的;8例边界线,即约13%,在其长度的重要部分中是以等距离以外的方法为基础的。在55例运用等距离方法的划界案中,一半即28例采用了简化的等距离线,另一半即27例采用了经调整的等距离线[2]。

即使在存在特殊情况的海域,由于受其他涉及沿海国政治、经济、军事、航行或环境等利益的影响而不可能作为主要方法适用,等距离方法至少也为海域划界提供了一个观察问题的角度,作为划界的起点或临时步骤也具有重要的参考价值。

---

[1] I. C. J. Reports 1969, para. 57.
[2] Charney, J. I. & Alexander, L. M., eds., *International Maritime Boundaries*, Dordrecht/Boston/London, Martinus Nijhoff Publishers, 1993, p. 214.

从等距离派生的方法

一、经调整的等距离线

在适用等距离方法时，消除或削弱岛屿、岩礁或低潮高地等一些特殊自然地形的影响，由此产生的一条线被称为经调整的等距离线。[1] 经调整的等距离线是一条建立在等距离原则基础上、由连接各点的直线线段组成的线，但是这些直线线段并不是严格意义上同海岸或者领海基线等距离，因为一些特殊自然地形未被作为基点予以考虑或者其效果已被削弱。

从法律上来说，采用经调整的等距离线（Modified Equidistant Line）是必要的，是基于公平的考虑，为消除或削弱一些特殊自然地形（岛屿、岩礁或低潮高地等）在划界中的不成比例效果，致力于使最终划定的边界线能体现出公平。

二、调整等距离线的方法

在国际实践中，运用经调整的等距离线进行划界的实例是多种多样的，调整等距离线的方法可称为从等距离派生的方法（methods derived from equidistance），主要有筛选基点、赋予部分效果、反映海岸面的角度平分线、视情调整和利用第三国的基点等方法。[2]

---

[1] International Hydrographic Bureau, *Technical Handbook of the 1982 United Nations Convention on the Law of the Sea*, Monaco, International Hydrographic Organization, 1990, para. 6.2.7.3.

[2] International Hydrographic Bureau, *Technical Handbook of the 1982 United Nations Convention on the Law of the Sea*, Monaco, International Hydrographic Organization, 1990, para. 6.3.

（一）筛选基点方法

对等距离线进行调整最常用的方法是筛选可用于划界的基点。一条严格的等距离线是按照当事国两岸所有的基点来划定的。这些基点根据当事国的基线体系可以是陆地、岛屿、岩礁或低潮高地的平均低潮线。经调整的等距离线需要对其中以岛屿、岩礁或低潮高地作为基点的公平性予以考虑，经筛选后，有选择地在运用等距离方法建立边界线时作为基点。一些特殊的自然地形，由于在划界中可能会产生扭曲效果（distortion），在考虑基点时应予以消除或削弱其作为基点的效果。[1]

运用筛选基点方法对等距离线进行调整的实例有：1958年2月22日，《巴林和沙特阿拉伯关于划分波斯湾大陆架的疆界协定》；1968年1月8日，《意大利和南斯拉夫关于划分两国之间大陆架的协定》；1969年9月20日，《伊朗和卡塔尔关于划分大陆架边界线的协定》；1971年8月20日，《意大利和突尼斯关于划分两国之间大陆架的协定》；1973年12月17日，《加拿大和丹麦关于划分格陵兰和加拿大之间大陆架的协定》；1974年7月25日，《伊朗和阿曼大陆架协定》。[2]

有时某一自然地形，例如一个岛屿，由于存在主权归属的争议，在划界中也可能不作为基点。例如，1973年12月17日《加拿大和丹麦关于划分格陵兰和加拿大之间大陆架的协定》对双方存在主权争议的汉斯岛就是如此处理的，双方在划定经调整的等距离线时未考虑其作用。[3]

（二）赋予部分效果方法

另一种处理方法是，赋予一些特殊自然地形包括岛屿、岩礁或低

---

[1] Legault, L. & Hankey, L., "Methods, Oppositeness, Adjacency, and Proportionnality in Maritime Boundary Delimitation", in Charney, J. I. & Alexander, L. M., eds., *International Maritime Boundaries*, Dordrecht/Boston/London, Martinus Nijhoff Publishers, 1993, p. 208.

[2] 有关的协定，参见国家海洋局政策研究室编：《国际海域划界条约集》，海洋出版社1989年版，第350—354页、第394—399页、第355—356页、第404—405页、第509—516页、第367—369页。

[3] 国家海洋局政策研究室编：《国际海域划界条约集》，海洋出版社1989年版，第509—516页。

潮高地等，以一半效果或部分效果。[1] 这一方法同样是建立在公平性的考虑或公平原则基础上的，然而，这一方法的特点不是取消一些特殊自然地形的作用，而是考虑其本身的重要性及其作为基点对等距离线的走向可能产生的扭曲效果，削弱它们在划界中的作用。

其一，一半效果方法。具体操作步骤是：首先，不考虑当事国两国海岸外的特殊自然地形，而仅考虑作为一般自然地形的两国海岸，将两国海岸的一般自然地形各自归纳为一个具有代表性的基点，并在两个基点之间划出第一条等距离线；其次，考虑当事国一方海岸外的特殊自然地形，以此为一个具有代表性的基点，并在此基点和当事国另一方海岸的具有代表性基点之间划出第二条等距离线；最后，对两条等距离线之间形成的角进行等分，并将这条等分线作为边界线。这一方法可以被称为"等分线方法"，能平等地划分位于两条等距离线之间的海域。这一方法既可以像在大陆架划界案（英国与法国）中那样适用于相邻海岸之间的划界，也可以适用于综合相邻、相向关系以及相向海岸之间的划界。

赋予一半效果的做法在伊朗和沙特阿拉伯 1981 年协定中被采用。两国确定的界线在北段将一石油构造平均分配给双方，采用的方法是赋予属于伊朗的哈格（Kharg）岛以一半效果。假设这一岛屿被赋予全部效果，界线无疑将向沙特阿拉伯一侧推进约 8 海里，使沙特阿拉伯与上述位于波斯湾中央已探明储量的石油构造无缘。双方协商确定的界线弯弯曲曲，目的是避免涉及已探明储量的石油构造，运用赋予岛屿以一半效果的办法使界线向岛屿朝沙特的一侧推进仅 4 海里。实际上，两国 1968 年就已签订《沙特阿拉伯和伊朗关于阿拉比亚和法尔西两岛的主权和划定沙特阿拉伯和伊朗之间海底地区疆界线的协定》[2]（以下简称"1968 年协定"），该协定未获得沙特阿拉伯方面批准的原因是发现新的天然气构造并对此产生争议。1981 年协定妥善地解决了这一问题，从而取代了 1968 年协定。

1977 年大陆架划界案（英国与法国）赋予锡利群岛以一半效果是

---

[1] Beazley, "Half Effect to Equidistance Line", in *International Hydrographic Review*, 1979, p. 153.

[2] 国家海洋局政策研究室编：《国际海域划界条约集》，海洋出版社 1989 年版，第 343—345 页。

另一个实例。锡利群岛由48个小岛组成，其中包括6个无人岛，共有居民2500人。在地质上，锡利群岛是科尼什半岛向大西洋中的延伸。法国认为，锡利群岛相对于法国韦桑岛的位置，构成一项不规则地理特征，从两国在大西洋区域的海岸地理关系看，会在锡利群岛和韦桑岛连线的西端造成不符合比例的效果。仲裁庭在裁决中考虑这一观点合理性并赋予锡利群岛以一半效果。[1] 在英国和爱尔兰1988年关于两国之间大陆架划界的协定中，锡利群岛在两国南部边界向西延伸时同样被赋予一半效果。[2]

在所有上述划界案例中，决定岛屿是否起作用、起什么样的作用的，不是岛屿本身，而是岛屿相对于两个国家主要海岸的关系。赋予岛屿一半作用不是取消岛屿的作用，而是限制岛屿对等距离方法可能造成的扭曲效果。

其二，部分效果方法。首先，不考虑两个当事国海岸外的特殊自然地形，以两国海岸的基点为基础，划出第一条等距离线；其次，综合考虑当事国一方的海岸和海岸外的特殊自然地形，以及当事国另一方海岸的基点，划出第二条等距离线；最后，在两条等距离线之间划出第三条等距离线或按一定的比例划出第三条海域分配线作为边界线。这一方法适合于相向海岸之间的划界。

希腊和意大利1977年5月24日《关于两国大陆架区域划界的协定》采用了这一方法。希腊海岸有一系列大小不同的远海（offshore）岛屿，相比之下，意大利几乎没有岛屿，其希望在塔兰托（Taranto）湾划出封口线并视之为历史性海湾，这是双方的不同之处。从其他方面来看，双方海岸是同等的。经过协商，双方达成的解决办法是赋予希腊的岛屿以不同的效果，其中赋予科孚岛、凯拉利尼亚（Kelallinia）岛和扎金托斯（Zakynthos）岛等大岛以全部效果，赋予奥特兰托海峡（Otranto Channel）中的岛屿包括法诺斯（Fanos）岛和萨摩色拉克（Samothrake）岛以四分之三效果，赋予斯特罗法德（Strofades）群岛以一半效果。[3]

---

[1] Arbitral Award 1977, in U. N., R. I. A. A., Vol. XVIII, para. 251.
[2] Charney, J. I. & Alexander, L. M., eds., *International Maritime Boundaries*, Dordrecht/Boston/London, Martinus Nijhoff Publishers, 1993, pp. 1767-1779.
[3] 国家海洋局政策研究室编：《国际海域划界条约集》，海洋出版社1989年版，第343—345页。

印度尼西亚和马来西亚于 1969 年 10 月 27 日签订的关于两国之间大陆架的协定考虑了马来西亚海岸外基本没有岛屿这一特殊情况，双方体现出相当大的灵活性。印度尼西亚的婆罗洲（Borneo）和马来西亚的苏门答腊（Sarawak）之间相邻的分界线是一条经调整的等距离线。印度尼西亚的岛屿距离海岸越远，其被赋予的作用就越小，原因是马来西亚海岸外没有岛屿可以与之抗衡。印度尼西亚的岛屿被赋予的效果是自全部效果起逐渐降至 0.86、0.74、0.68 和 0.56。这一处理办法避免了生搬硬套一半效果或四分之一效果。[1]

在瑞典和苏联 1988 年 4 月 18 日《关于在波罗的海划分大陆架及瑞典渔区和苏联经济区的协定》中，瑞典的哥特兰（Gotland）岛和哥茨卡·桑东（Gotska Sandon）岛被赋予了四分之三的效果。在此划界案中，双方首先划定了两条假设的等距离线，一条是大陆海岸之间的等距离线，另一条是赋予上述岛屿以全部效果的等距离线，然后双方在两条等距离线之间按照 75∶25 的比例划出了第三条线作为最终边界线，将争议海域的四分之三划归于瑞典。双方未披露建立这一条边界线的划界方法。1988 年《关于在波罗的海划分大陆架及瑞典渔区和苏联经济区的协定》只是简单地规定，这一条线"以对称方式叙述区域（即划定争议海域的两条等距离线）的外部轮廓"[2]。

其他在国家海域划界实践中被赋予部分效果的实例如伊朗和阿曼 1974 年协定，其中乌姆·艾·法亚林（Umm al Fayarin）岛在第 18 个转折点未发生效果，在第 19 个转折点被赋予一半效果。[3]

部分效果和一半效果的处理方法在一些不是建立在等距离原则基础上的划界案例中也被广泛运用。例如：在大陆架划界案（突尼斯与利比亚）中，突尼斯海岸外的盖尔甘奈群岛被赋予一半效果。[4] 在缅因湾海洋边界划界案（美国与加拿大）中，加拿大的希尔岛被赋予一半效果，以使等距离线从相向的科德角和新斯科舍之间通过。同时，

---

[1] 国家海洋局政策研究室编：《国际海域划界条约集》，海洋出版社 1989 年版，第 302—305 页。
[2] Charney, J. I. & Alexander, L. M., eds., *International Maritime Boundaries*, Dordrecht/Boston/London, Martinus Nijhoff Publishers, 1993, pp. 2057-2075.
[3] 国家海洋局政策研究室编：《国际海域划界条约集》，海洋出版社 1989 年版，第 367—369 页。
[4] I. C. J. Reports 1982, para. 18.

国际法院分庭考虑到美国和加拿大海岸线长度对比关系，还将等距离线朝向北的方向作出调整，使之更接近于新斯科舍海岸。[1]

(三) 反映海岸面的角度平分线方法

在确定界线走向过程中，另一种削弱海岸地形特征和形状的变换等距离方法是在两个相邻国家陆地边界终端点的两侧划出两条反映当事国各方海岸面或海岸线一般走向的直线，然后对两条直线所形成的夹角进行平分，由此形成一条海洋边界线。

在1964年沙加和乌姆艾凯威两地统治者签订的《海床边界协定》中，现已成为阿拉伯联合酋长国的当事双方当时在毗邻的陆地边界线终端点划出两条线，然后对两条线形成的夹角进行平分。[2] 在缅因湾海洋边界划界案（美国与加拿大）的判决中，国际法院分庭否定了在海湾最内处运用等距离方法，因为沿岸有许多孤立的岩礁和岛屿，并且还存在着对希尔岛的主权争议。在第一段划界区域，分庭首先划出两条反映当事国各自海岸一般走向的线，其中美国海岸的直线自伊丽莎白角至两国陆地边界线的终端点，加拿大海岸的直线自沙布尔角至两国陆地边界的终端点。接着，对由这两条线的垂直线所形成的夹角进行平分，并将由此得出的方位角转移到当事国双方在特别协议中确定的划界起点A点（北纬44°11′12″，西经67°16′46″）上。两线在A点形成一个82°锐角，其反面是一个大约278°的反射角，后一角的平分线就是两国之间的第一段海上界线。[3]

角度平分线方法更多地适用于两条海岸线非常清楚地构成一定的角度的情况，否则就需要人为地划出两条构成一定角度的海岸一般走向线，并以此为基础确定角度平分线。[4]

(四) 视情调整方法

有时对等距离线进行调整是考虑诸如航行、油气开发等经济利益。这种调整是当事国双方考虑具体情况作出的决定，并无方法论可言，

---

[1] I. C. J. Reports 1984, para. 246.
[2] Charney, J. I. & Alexander, L. M., eds., *International Maritime Boundaries*, Dordrecht/Boston/London, Martinus Nijhoff Publishers, 1993, pp. 1549–1555.
[3] I. C. J. Reports 1984, paras. 209–213.
[4] Weil, P., *Perspetive du droit de la délimitation maritime*, Paris, Pedone, 1988, p. 65.

只是出于需要和便利的考虑。[1]

在瑞典和丹麦1984年11月9日《关于大陆架和渔区划界的协定》中，当事国双方考虑到航行利益，对等距离线作出视情调整，这一调整注重实际效果，无须对方法是否符合一定的理论作出论证。[2]

在伊朗和沙特阿拉伯1968年协定中，有一段边界原先是两国互相重叠的石油租让区，后来被改变为一系列直线线段，沿着赋予伊朗的哈格岛一半效果而改变的等距离线划定，在两侧作出弯弯曲曲来分配油气构造。[3]

在丹麦和民主德国1988年9月4日《关于大陆架和渔区划界的协定》中，双方谈判确定边界线在丹麦的勃恩赫姆岛以南的海域偏离等距离线，将具有油气前景的阿德勒构造划归民主德国。海岸的比例关系对该协定的边界线偏离等距离线也起了一定作用。[4]

（五）利用第三国基点方法

在同两个以上国家有关的划界区域进行划界时，等距离方法的变化之一是利用不作为当事国一方的第三国海岸的基点。只有在当事国之一已经同另一个或多个沿海国划定一条边界线并且这一边界线不是按照等距离方法划定的情况下，才需要这种变化。如果不能改变等距离方法，其划界结果必然将与同第三国业已进行的划界不协调。换言之，当事国双方可决定一条对它们之间而言不是等距离的边界线，但这条边界线是以一个或多个第三国的基点为基础，并运用等距离方法而设计出来的。[5]

---

[1] Legault, L. & Hankey, L., "Methods, Oppositeness, Adjacency, and Proportionnality in Maritime Boundary Delimitation", in Charney, J. I. & Alexander, L. M., eds., *International Maritime Boundaries*, Dordrecht/Boston/London, Martinus Nijhoff Publishers, 1993, p. 210.

[2] 国家海洋局政策研究室编：《国际海域划界条约集》（续集），海洋出版社1990年版，第251—254页。

[3] 国家海洋局政策研究室编：《国际海域划界条约集》，海洋出版社1989年版，第343—345页。

[4] Charney, J. I. & Alexander, L. M., eds., *International Maritime Boundaries*, Dordrecht/Boston/London, Martinus Nijhoff Publishers, 1993, pp. 2087-2096.

[5] Legault, L. & Hankey, L., "Methods, Oppositeness, Adjacency, and Proportionnality in Maritime Boundary Delimitation", in Charney, J. I. & Alexander, L. M., eds., *International Maritime Boundaries*, Dordrecht/Boston/London, Martinus Nijhoff Publishers, 1993, pp. 210-211.

利用不是当事国一方的第三国海岸基点的实例有：（1）1971年11月25日，《大不列颠及北爱尔兰联合王国和德意志联邦共和国关于两国间北海下面的大陆架划界的协定》。它利用了丹麦和荷兰海岸的基点，而丹麦和荷兰之间不是以等距离线划定边界线的。[1]（2）1978年3月28日，《美利坚合众国和委内瑞拉共和国之间海上边界条约》。它利用了荷属安的列斯群岛海岸基点，委内瑞拉同荷属安的列斯群岛之间不是等距离的边界线。[2]（3）1978年3月31日，《委内瑞拉共和国和荷兰王国关于海域划界的条约》。其中，利用了多米尼加共和国海岸基点，当事国之间的边界线不是等距离的。[3]（4）1979年3月3日，《划定多米尼加共和国与委内瑞拉共和国之间的海洋与海底区域分界线条约》。它利用荷属安的列斯群岛海岸基点，而委内瑞拉同荷属安的列斯群岛之间的边界线则不是一条等距离边界线。[4]

三、评　论

同简化的等距离线相比，经调整的等距离线更远地偏离了严格意义的等距离线。更重要的一点是，简化的等距离线包含着对等距离线两侧一些海域的平等交换，而经调整的等距离线一般则包含有将按照严格意义的等距离线应划归一方的海域划归于另一方的内容。调整一条等距离线的可能性是非常有限的，一旦对等距离线进行了调整，由此产生的结果非常具有实质性意义，以至于最终形成的边界线与等距离概念实际上只有微弱的联系。

地理决定划界，这里"地理"是指沿海国的总体政治地理，包括一般自然地形和特殊自然地形。同等距离线一样，经调整的等距离线也是以当事国海岸之间的总体政治地理关系为基础的，即使削弱或消

---

[1] 国家海洋局政策研究室编：《国际海域划界条约集》，海洋出版社1989年版，第480—481页。

[2] 国家海洋局政策研究室编：《国际海域划界条约集》，海洋出版社1989年版，第556—559页。

[3] 国家海洋局政策研究室编：《国际海域划界条约集》，海洋出版社1989年版，第560—566页。

[4] 国家海洋局政策研究室编：《国际海域划界条约集》，海洋出版社1989年版，第552—555页。

除一些不规则或特殊自然地形的作用，也是建立在总体政治地理基础上的。区别于等距离线，经调整的等距离线是从公平性考虑和公平原则出发，将沿海国自然地理区别为一般自然地形和特殊自然地形。一般自然地形指的是构成沿海国总体政治地理关系的基本要素，即沿海国陆地领土的位置、海岸之间相邻或相向的关系、海岸线的长度、海岸的构造和一般走向及海岸之间的距离等。特殊自然地形指的是沿海国海岸外分布的岛屿、沙洲、岩礁和低潮高地等不规则自然地形。它们在沿海国总体政治地理关系中是一些不重要的自然地形，但是由于其地理位置关系，在划界中适用等距离方法可能夸大它们在总体政治地理关系中的重要性，对划界产生一种不符合比例的扭曲效果。

海洋划界对地理情况的考虑：一方面可以是正面的肯定，即使一般自然地形在划界中发挥作用；另一方面，也可以是反面的否定，即忽略或消除特殊自然地形在划界中的作用。如果把两个大陆海岸作为总体地理关系的基本单位，则能够以此为出发点来判断岛屿等特殊自然地形是否可能产生扭曲效果。判断的标准是公平性的考虑或公平原则。从公平性的考虑或公平原则出发，一个自然地形在具体情况中所产生的效果应同其本身的重要性构成合理的比例，即所谓的接近比例性原则。如果由于一个小岛屿的地形位置关系，将其作为基点使一国所得到的海域面积远远大于另一国，而两国在总体地理关系上大体相当，则会产生不符合比例的扭曲效果。在这种情况下，应考虑忽略或削弱这一自然地形在划界中的作用。

从法律上说，当事国并无义务将岛屿或低潮高地作为基点。实际上，如果当事国认为岛屿或低潮高地等特殊自然地形对双方之间总体政治地理关系可能产生扭曲性影响时，考虑到这些特殊自然地形在总体政治地理关系中是次要的自然地形，当事国完全有权利不考虑或削弱它们的作用。这样做的理由是，如果使这些特殊自然地形在划界中发挥作用或使之充分发挥作用，划界就不可能达到公平的结果。这就是被海洋划界理论称为适用于特殊自然地形的"无效果"和"部分效果"的说法。经调整的等距离线就是消除或削弱特殊自然地形在划界中可能产生不公平效果的办法。根据公平原则或公平性的考虑，考察特殊自然地形在划界中的作用包括如下内容：

（1）考察一种自然地形同当事国的海岸线一般走向之间的关系。

当事国陆地海岸及其海角，体现了海岸线一般走向，构成一般自然地形。而岛屿、岩礁或低潮高地，相对于一般地理特征而言，则被视为陆地海岸外的特殊自然地形。岛屿、岩礁或低潮高地同海岸线一般走向之间的关系取决于它们所处的位置、与陆地海岸之间的距离和陆地海岸本身的形状。一般而言，沿陆地海岸分布的近海岛屿，基本上都符合海岸线的一般走向，可以考虑在适用等距离方法时使其发挥一定的作用。而距离陆地海岸较远的岛屿、岩礁或低潮高地，由于脱离了海岸线的一般走向，则应考虑削弱其作用。

（2）考察当事国相关基点之间的对等性。当事国双方都有距离陆地海岸较远的岛屿、岩礁或低潮高地，虽然这些特殊自然地形脱离了海岸线的一般走向，但考虑到对等性，亦可考虑使其在划界中发挥作用。反之，只有一方海岸外有这类特殊自然地形，而相邻或相向的另一方海岸外无这类特殊自然地形，则可考虑忽略或削弱其作用。

（3）考察特殊自然地形本身的重要性及其作为基点可能产生的效果是否符合接近比例性原则。

从国家海洋划界实践看，对等距离线进行调整的理由，除不规则或特殊自然地形因素外，有时还不同程度地包括沿海国之间政治、经济、军事、航行等方面利益的考虑。许多海洋划界案例，无论是司法解决还是政府之间谈判解决，为达到公平的结果，都考虑了在划界中削弱或消除海岸外某些岛屿、沙洲、岩礁或低潮高地等不规则自然地形的作用。

从海岸线引申的方法

"陆地统治海洋"[1],陆地通过海岸统治海洋。国际法院的格言概括了沿海国海洋管辖权由陆地领土主权向海延伸,并且通过海岸向海延伸的基本原理。[2] 由此可见,海岸作为国家陆地领土同海洋的中介,在海域划界中起着非常重要的作用。许多划界方法同海岸有着直接或间接的联系。

一、接近比例性方法

接近比例性方法(Method of Proportionality)是从海岸线的长度直接引申出来的方法,即考虑海岸线长度与管辖海域的适当比例关系,确定当事国双方的海洋管辖分界线。在国际海域划界案中,海岸线长度与海域面积的接近比例性作为公平原则的组成部分被运用并进一步得到确认。[3] 在大陆架划界案(利比亚与马耳他)中,国际法院发展了关于海岸线与海域面积接近比例性的理论。[4]

接近比例性概念是建立在接邻划界区域的有关国家海岸线长度和划归各方的海域面积之间的合理关系这一公平考虑上的。在大陆架划界案(英国与法国)中,仲裁庭对"接近比例性"概念的解释是:"接近比例性"概念的作用是,在总体(或宏观地理)关系中,以"接近比例性"概念作为从属于公平原则的一个指数,衡量一个划界结果,例如中间线是否构成一项公平解决。如由此产生的划界结果不

---

[1] I. C. J. Reports 1969, para. 96.
[2] I. C. J. Reports 1978, para. 86.
[3] Arbitral Award 1977, in U. N., R. I. A. A., Vol. XVIII, paras. 101, 246.
[4] I. C. J. Reports 1985, paras. 55–59, 66–67, 74–75.

符合接近比例性，则应考虑予以调整。[1] 把接近比例性原则与微观地理特征联系起来，构成对特定地理特征的扭曲效果以及由此引起的不公平结果从宏观上来进行评价的一项标准。

接近比例性原则是可以通过数字化的比率来计算的。在大陆架划界案（突尼斯与利比亚）中，法院注意到，利比亚海岸线的长度，不考虑小湾、小港和环礁湖，自塔米拉角至阿杰迪尔角约为 185 千米；以同样的方法计算，并把杰尔巴岛当作一个海角，突尼斯海岸线的长度自阿杰迪尔角至卡布迪阿角约为 420 千米。鉴此，利比亚有关海岸的长度与突尼斯有关海岸的长度之间的比例关系接近于 31∶69。法院注意到，自塔米拉角至阿杰迪尔角的利比亚海岸前沿，与两段突尼斯海岸前沿的直线，即自卡布迪阿角至加贝斯湾最西端点的一段直线及自此至阿杰迪尔角的一段直线的总和之间的比例关系接近于 34∶66。法院以此为基础确定了一个大致比例关系，即利比亚 40% 相对突尼斯 60%；并以此为基础对划归于两国的海洋区域是否符合公平原则的要求进行检验。法院认为，考虑到划界区域所有有关情况，这个结果满足了公平原则关于接近比例性标准的要求。[2]

另一个实例是直接适用公平原则并考虑海岸线长度与国家管辖海域面积之间的关系。在利比亚和马耳他大陆架划界案中，国际法院综合等距离方法和等比例方法确定当事国之间的海洋界线，这一实践具有一定的指导意义。法院采纳的实用方法由三个步骤组成：第一步，根据当事国对大陆架的权利和依据，法院首先划出一条中间线作为临时分界线。为避免造成赋予中间线以优先地位的印象，法院谨慎地指出，把中间线作为临时性分界线并不意味着中间线方法的适用强制性。第二步，识别有关情况并参照公平原则，决定是否有必要对临时性分界线进行调整。法院识别的有关情况包括：（1）马耳他以直线基线计算中间线，将无人居住的费尔弗拉岛作为基点；（2）当事国双方"有关海岸线长度的明显差别"；（3）马耳他群岛及其海岸向南的位置及其与利比亚海岸之间的距离。以此为依据，法院认为，马耳他同利比亚之间的中间线向北推移的调整是正确的。意大利西西里岛与利比亚之间的中间线为北纬 34°36′，而马耳他和利比亚之间的中间线为北纬

---

[1] Arbitral Award 1977, in U. N., R. I. A. A., Vol. XVIII, para. 250.
[2] I. C. J. Reports 1982, para. 131.

34°12′，两者相差24′。结果，法院将分界线向北移动至两线之间距离的四分之三，即北纬34°30′处。第三步，法院以公平原则为依据对调整结果进行检验，并确认这一调整已达公平结果。[1]

在缅因湾海洋边界划界案（美国与加拿大）与海洋边界仲裁案（几内亚与几内亚比绍）中，接近比例性分别被作为一项辅助标准或者独立适用的公平原则而得到运用。运用这一概念在一定情况下可对一个临时性分界线进行修正。

由于适用接近比例性方法产生的划界结果取决于当事国海岸线的长度，因此，以什么标准来测量海岸线的长度成为一个主要问题。[2] 一般认为海岸线长度可按如下不同方法和标准来测量：

一是按海岸线自然长度来测量，即测量海岸曲线的自然长度，在河流入海口处划出封口线，只计算封口线的长度。

二是按海岸线的一般走向来测量，有两种方法：（1）即沿海岸划出一系列同海岸线一般走向相一致的直线，测量这些直线的长度并以此作为海岸线的长度。（2）按照一定的标准沿海岸划出一系列直线线段的连线，例如以海岸弯曲不超过一定的千米为限，在弯曲两端划出一条直线作为封口线，直线线段的连线长度即海岸线的长度。

三是以临海面（coastal front）来测量，即在确定海岸线一般走向时只计面临划界海域的海岸长度，在遇有水曲时不计算水曲的长度，而仅计算水曲封口线的长度。阻止更多地运用比例计算的因素之一是，确定划界有关海岸的长度和自海岸起海洋管辖权主张重叠或者重合海域的面积都是很困难的。在大陆架划界案（突尼斯与利比亚）中，国际法院运用比例计算来衡量划界结果的公平性，特别是法院用一条经度子午线和一条纬度平行线的做法遭到包括法官的不同意见和后来评论的批评。[3]

在缅因湾海洋边界划界案（美国与加拿大）中，当事国双方对海岸线长度和重叠海域的计算都强烈不满。分庭使用的方法虽然可使其

---

[1] I. C. J. Reports 1985, paras. 62–73.
[2] International Hydrographic Bureau, *Technical Handbook of the 1982 United Nations Convention on the Law of the Sea*, Monaco, International Hydrographic Organization, 1990, para. 6.3.2.
[3] Dissenting Opinion of Judge Gros, Dissenting Opinion of Judge Oda, Dissenting Opinion of Judge Evensen, in I. C. J. Reports 1982, pp. 152, 260, 311.

免于对重叠或者重合海域下定义，但却无法避免确定划界区域的有关海岸长度。分庭的解决办法是，只考虑面向缅因湾本身的海岸，从而将湾口两边面向大西洋的新斯科舍海岸和新英格兰海岸都排除在外。加拿大认为，湾外的这些海岸也应纳入比例计算中，理由是这些海岸对争议实际标的物即乔治滩所处的划界海域来说，是具有关键性作用的有关海岸。引起美国不满的因素是，国际法院分庭将缅因湾内的一个附属海湾——丰迪湾的海岸计入加拿大海岸长度。在实际操作中，分庭的做法是撇开丰迪湾法律地位及其对划界的关系不论，将丰迪湾的海岸计入直至海湾宽度小于 24 海里的点止。[1]

国家双边海洋划界实践很难确切地说明接近比例性原则起了什么作用，许多划界协定都没有披露这方面的情况。从对一些事例的研究看，国家实践对接近比例性原则的运用往往是主观的、笼统的，而不是机械的、准确的。在谈判过程中当事国是否提出过数学计算模式，这不得而知。造成这种状况的原因是众所周知的，即考虑海洋边界的敏感性和协定本身是妥协的产物这两点，要求有关国家的政府毫无保留地披露谈判情况是困难的，这样做往往容易招致批评。

对一些协定在谈判中是否涉及接近比例性原则的情况有如下分析：

1968 年 1 月 8 日，《意大利和南斯拉夫关于划分两国之间大陆架的协定》。由于两国海岸的长度和构造大致相同，当事国双方虽然涉及这一问题，可能没有根据接近比例性原则对中间线进行调整或修改。[2]

1981 年 1 月 30 日，《法兰西共和国和巴西联邦共和国关于海上边界的协定》。由于当事国在划界区域（法属圭亚那和巴西之间的侧向划界）的有关海岸长度大致相同，因此，估计双方在谈判中没有提出接近比例性问题。[3]

1972 年 7 月 21 日，《巴西和乌拉圭关于海上分界线的照会》。由于两国邻近第一段边界线的海岸长度大致相等，在谈判中可能没有提出

---

[1] I. C. J. Reports 1984, para. 221.
[2] 国家海洋局政策研究室编：《国际海域划界条约集》，海洋出版社 1989 年版，第 394—399 页。
[3] 国家海洋局政策研究室编：《国际海域划界条约集》，海洋出版社 1989 年版，第 604—606 页。

接近比例性问题。[1]

1981 年 3 月 4 日，《圣卢西亚政府和法兰西共和国政府关于划界的协定》。两国岛屿大小大致相同，同划界有关的相向海岸及其构造既简单又很短。从划界结果看，关于接近比例性的考虑对选择等距离方法产生了一定影响。这是从正面肯定接近比例性原则的作用。[2]

有两份报告[3]指出，在有关海岸的长度相差悬殊时，接近比例性对排除等距离方法，选择和适用其他方法起了关键性的作用。

其一，1974 年 1 月 29 日《法国和西班牙关于划分两国在比斯开湾（加斯贡尼湾）的大陆架的专约》。两国领海界线是由两条近似于等距离线的直线构成的。第一段大陆架界线是一条自正常基线起划的等距离线。在前约 78 海里一直使用这一方法，直至一个距离两国海岸约 59 海里的点，自此点起两国的大陆架界线以一条直线一直划到比斯开湾的湾口封口线。[4] 这一外段的界线是采用什么方法确定的，目前还无资料揭示，但据曾担任西班牙方面谈判顾问的人披露，法国的海岸线更长，大陆架自然延伸更宽，这两个因素在划界中起了决定性作用。在划界过程中，划出代表法国和西班牙面临比斯开湾海岸各一条直线，由此计算法国海岸约 342 千米，西班牙海岸约 222 千米，两者之间的比率约为 1.54∶1。两国界线第一段以等距离线划定，在此段以外部分的分界线则考虑到接近比例性原则，将比斯开湾湾外部分海域中的约 1.737 万平方海里划归法国，约 1.129 万平方海里划归西班牙，其比率大致为 1.63∶1。[5]

其二，1978 年《委内瑞拉共和国和荷兰王国关于海域划界的条

---

[1] 国家海洋局政策研究室编：《国际海域划界条约集》，海洋出版社 1989 年版，第 601—603 页。
[2] 国家海洋局政策研究室编：《国际海域划界条约集》，海洋出版社 1989 年版，第 577—579 页。
[3] Charney, J. I. & Alexander, L. M., eds., *International Maritime Boundaries*, Dordrecht/ Boston/ London, Martinus Nijhoff Publishers, 1993, pp. 1719–1734.
[4] 国家海洋局政策研究室编：《国际海域划界条约集》，海洋出版社 1989 年版，第 412—418 页。
[5] Charney, J. I. & Alexander, L. M., eds., *International Maritime Boundaries*, Dordrecht/ Boston/ London, Martinus Nijhoff Publishers, 1993, pp. 1719–1734.

约》[1] 在这一条约中，接近比例性原则起了关键作用。荷属安的列斯群岛主岛海岸沿曲线测算北面面向大洋一侧约 112 千米，南面面向委内瑞拉一侧约 108 千米。委内瑞拉海岸向安的列斯群岛主岛一侧的长度约 250 千米。由此，两者之间的比率为 7∶3。双方运用多种方法，包括严格的和经调整的等距离线以及经度子午线和纬度平行线，一致达成一条海洋边界线，以此将 56% 的划界海域划归荷属安的列斯群岛，这一结果是适用严格的等距离方法所不能达到的。其中政治地理，包括荷属安的列斯群岛的居民人口、自治地位及将来从荷兰获得独立的可能在划界中起到重要作用，为荷属安的列斯群岛增加了被划归的海域面积。

在缅甸和印度 1986 年 12 月 23 日《关于在安达曼海、科科海峡和孟加拉湾的海洋边界划分协定》中，接近比例性原则在确定改变第 4 至第 9 转折点等距离线中发挥了作用，使印度的巴伦岛和纳孔达岛在划界中只起到大约一半的效果。缅甸大陆和印度群岛之间海岸线长度的比率约为 3.5∶1。接近比例性在谈判中可能发生过作用，但也可能在谈判中真正起作用的是赋予岛屿以一半作用，由此促使当事国双方在此段没有严格按照等距离方法来划定海洋界线。[2]

在丹麦和民主德国 1988 年条约中，民主德国提出的主张是使界线在阿德勒构造处作出对其有利的偏离，这一主张的依据之一是德国大陆海岸同丹麦勃恩赫姆岛海岸长度的比例关系。这一偏离是由经济的动机引起的，但也可用关于岛屿在划界中作用的理论来加以解释。

二、垂直线方法

垂直线方法，即确定当事国海岸的一般走向并划出一条同海岸一般走向相垂直的线。垂直线也可以指一条与构成海岸弯曲的封口线相垂直的线。

这一方法的合理性在于它构成一条简化的等距离线。法国学者吉

---

[1] 国家海洋局政策研究室编：《国际海域划界条约集》，海洋出版社 1989 年版，第 560—566 页。
[2] Charney, J. I. & Alexander, L. M., eds., *International Maritime Boundaries*, Dordrecht/Boston/London, Martinus Nijhoff Publishers, 1993, pp. 1329−1340.

德尔认为,这一方法是"广义的中间线的一种特殊形式"[1]。而国际法院则将它归入与等距离方法"多少有些不同,但本质上是源自同一思想的"方法之中。[2]

垂直线方法的运用是受到一定限制的,它要求当事国的海岸能被概括为一条简单的直线,代表海岸线的一般走向,以此作为运用这一方法的先决条件。

海岸线的一般走向可以依据陆地边界终端点两侧一定范围的海岸来判定,也可以依据两个相邻国家的全部海岸来判定,甚至可以依据与在大陆一侧两个当事国和其他非当事国的海岸来判定。确定海岸线一般走向的方法是,取陆地边界终端点两侧的各一段海岸线,将其分解为间隔平均的基点之间的几个小段,以所有相邻基点连线的平均方位角来确定海岸线一般走向。

在判定一般走向时应注意,一般走向通常是在墨卡托投影的海图上判定的,因此是一条等角航线。等角航线是一条不变的罗盘方位线,在这条线的任意一点上,方位角都是不变的。在赤道两侧10°以内的低纬度地区,等角航线同大地线之间相差很小,特别是适用于一般走向这种笼统概念时。但是,在较高纬度地区,一条海岸线的形状精确表示是通过横轴墨卡托投影或兰勃特正形投影给出的。在这两种投影的海图上,表示一般走向的直线不是一条恒等方位线,而是一条大地线。大地线上的方位角,在每一点都是不同的。[3]

对什么构成海岸线一般走向的问题从不同立场可提出不同的依据,并产生不同的结论,因此垂直线的解决办法具有一定的武断性。在国家实践中,海岸相邻、海岸构造相似、海岸长度相近,使用等距离、经调整的等距离方法或垂直线方法划界的情况较多。运用垂直线的实例有:

1. 格里斯巴丹那案

格里斯巴丹那案是挪威和瑞典之间由于在格里斯巴丹那滩上的捕

---

[1] Gidel, G., Le droit international de la mer, Vol. III, Paris, Sirey, 1934, pp. 759, 768-769.

[2] I. C. J. Reports 1984, para. 200.

[3] International Hydrographic Bureau, *Technical Handbook of the 1982 United Nations Convention on the Law of the Sea*, Monaco, International Hydrographic Organization, 1990, para. 6.3.4.

虾问题而引起的领海划界案。根据两国 1908 年 3 月 14 日仲裁协定，当事国双方请求国际仲裁庭确定，1661 年条约是否确定了两国之间的海上边界。如果答案是否定的，两国请求仲裁庭根据当时的国际法划分两国之间的领海边界。国际仲裁庭于 1909 年 10 月 23 日作出裁决。裁决否定了当事国分别提出的中间线原则和主航道中心线原则，指出双方提出的文件不足以证明 1661 年条约是否已预见到这些原则，因此仲裁庭决定以一条同两国海岸一般走向相垂直的线来确定两国之间的领海界线，将格里斯巴丹那滩划归于界线的瑞典一侧。[1]

2. 缅因湾海洋边界划界案（美国与加拿大）

国际法院分庭在确定第三段缅因湾向大西洋的界线时，划出了一条同缅因湾封口线相垂直的线，即从第二段海上界线同湾口封口线相交处起，至两国议定的判决界线终止区外界止。分庭在划界时需要参考的基本原则是一个"既公平又简单的标准，即在考虑特殊情况时，在划界地区，对海岸凸出部分集中和重叠之处，要以公平划分为目的"。分庭没有采用等距离方法而采用这一方法，是因为其不希望这条线从封口线的中间点起向外延伸，以避免同已采用的等距离方法产生的结果大致相近。[2]

3. 巴西和乌拉圭 1972 年 7 月 12 日照会

双方运用了一条单一的近似与海岸一般走向相垂直的线，"从目前朱伊河灯塔伸出的那条线几乎垂直地与海岸线相交……两国之间的海上分界线将用罗盘方位线来确定"[3]。在 1969 年 5 月 10 日联合声明中，巴西和乌拉圭承认等距离线适用于两国管辖海域的侧向界线。虽然上述垂直线轻微地偏离严格的等距离线，但两国似乎认为这仍然是适用等距离方法的结果。

4. 海洋边界仲裁案（几内亚与几内亚比绍）

在此案中，仲裁庭采纳的临时划界线是纯粹建立在对地理特点的考虑上的。仲裁庭认为，整个西非海岸线是凸出的，而几内亚、几内亚比绍和塞拉利昂的海岸线在形状上都是凹入的。考虑到这一情况，

---

[1] Grisbardana Case (Norvège, Suède), 7 Seeptember 1910, in United Nations, Reports of International Arbitral Awards, Vol. XI, pp. 147–162.
[2] I. C. J. Reports 1984, paras. 195–196.
[3] 国家海洋局政策研究室编：《国际海域划界条约集》，海洋出版社 1989 年版，第 601—603 页。

应排除等距离方法，同时，仲裁庭也否定了纬度平行线方法，因为这一方法将产生阻断效果。结合西非海岸的一般构造和在两国海岸前存在许多岛屿的情况，仲裁庭以"南部界线"一小段界线和沿海国享有的12海里领海为依据，确定第一段海上界线，即在阿尔卡特拉兹岛以西12海里范围内，采用"南部界线"。在确定第二段海上界线，即在远海部分时，仲裁庭采用一条同连接阿尔玛第斯岬和先令角的直线大致相垂直的线，"这将构成一条角度为236°的直线"。仲裁庭认为，这一条236°方位角的等角航线，垂直于海岸的一般走向，未受到岛屿位置的影响，能更好地反映非洲大陆海岸线宏观的一般走向。[1] 此段海岸线的一般走向是在两个第三国，即塞内加尔和塞拉利昂海岸向外凸出的点之间划出一条连线。在运用这一方法时，仲裁庭还考虑到对非洲西海岸当事国南北第三国权益主张的潜在影响。[2]

5. 大陆架划界案（突尼斯与利比亚）

在该案中，国际法院确定的第一段界线，为一条同海岸一般走向相垂直的线，没有考虑杰尔巴岛的作用。[3]

6. 哥斯达黎加和巴拿马1980年关于海域划界和海上合作的条约

在划定两国在太平洋的边界时采用了一条垂直于海岸线一般走向的线，无论是靠近海岸的巴拿马的拉德罗纳岛（Islas Ladrones）和蒙图奥萨岛（Isla Montuosa）还是远离海岸的哥斯达黎加的科科斯岛（Cocos），都未被用作基点。[4]

三、两条平行线方法

在当事国之一的海岸前，划出两条同其海岸线一般走向相垂直的平行线，两条平行线之间的距离相当于其海岸线的长度。一般而言，运用这一方法的条件是当事国之一处在一条比较规则的海岸线上，且只有一条很短的海岸线。运用其他方法可能产生不公平的结果。而运用两条平行线的方法，以当事国之一海岸两端之间的距离为宽度，向

---

[1] I. C. J. Reports 1984, para. 221.
[2] Arbitral Award 1985, in U. N., R. I. A. A., Vol. XIX, paras. 109–111.
[3] I. C. J. Reports 1982, para. 19.
[4] 国家海洋局政策研究室编：《国际海域划界条约集》，海洋出版社1989年版，第532—534页。

海划出两条同其海岸相垂直的平行线，由此产生一个狭长的海上走廊（corridor）。这种方法可以避免在当事国海岸前由于几条等距离线的汇聚而产生的阻断效果，使当事国之一的海洋管辖权能充分地向海延伸。

法国同摩纳哥和多米尼加签订的两个划界协定以及圣皮埃尔岛和密克隆岛海域划界案均使用这一方法：

1. 法国和摩纳哥1984年2月16日《海洋划界协定》。在该协定中，双方以两条平行线划定了两国的海洋管辖权区域界线。摩纳哥的海洋管辖权区域从其领海的外部界线起，一直延伸到同其海岸相向的法国科西嘉岛之间的等距离-中间线，平行线的两侧为法国的海洋管辖权区域。这一划分为摩纳哥保留了一条海上走廊。[1]

2. 法国和多米尼加1987年5月5日《海洋划界协定》。双方以两条平行线的方法将界线一直向大西洋延伸至200海里距离处。[2]

3. 关于圣皮埃尔岛和密克隆岛海域划界案，在划定圣皮埃尔岛和密克隆岛的临海面向南延伸的海洋管辖权区域时，也使用了两条平行线方法，形成一个自岛屿12海里领海的外部界线起长188海里、宽10.5海里的海上走廊。[3]

四、评　论

除上述方法外，以反映海岸面的角度平分线作为对等距离线进行调整的方法之一也可以被归入从海岸直接引申的划界方法。

在国际海洋划界中，从海岸直接引申的划界方法往往在沿海国之间的总体政治地理关系存在很大差异的情况下适用。例如：接近比例性方法是在海岸线长度相差很大的情况下运用；垂直线方法适用于侧向划界，是在海岸构造不同、在海岸外存在着一系列可能影响公平划界的特殊自然地形的情况下适用；而两条平行线方法则是在沿海国一

---

[1] Charney, J. I. & Alexander, L. M., eds., *International Maritime Boundaries*, Dordrecht/Boston/London, Martinus Nijhoff Publishers, 1993, pp. 1581-1590.

[2] Charney, J. I. & Alexander, L. M., eds., *International Maritime Boundaries*, Dordrecht/Boston/London, Martinus Nijhoff Publishers, 1993, pp. 705-715.

[3] Dipla, H., La sentence arbitrale du 10 juin 1992 en l'affaire de la delimitation des espaces maritimes entre le Canada et la France, in Journal de Droit International, 1994, p. 661.

方只有一段很短、很规则海岸的情况下适用。在特殊政治地理情况下，从双方海岸之间关系中直接引申的划界方法较之其他划界方法更能简洁地概括沿海国之间这种不平衡的总体政治地理关系。这是从特殊政治地理情况中直接引申的划界方法。

在这些方法中，比较具有借鉴意义的是接近比例性方法。接近比例性作为一种划界方法具有双重作用：其一，是检验划界的结果是否符合公平原则的标准，比较海岸线长度和海域面积的比率可被运用于测试一个临时划界线的公平性；其二，估计当事国双方各自海岸线长度，以此作为确定划界实用方法予以考虑的重要因素之一。在这种情况下，海岸线长度作为有关情况直接决定划界应取得的公平结果。[1]

对此，国际法院在大陆架划界案（利比亚与马耳他）中作出重要区别："同当事国的海岸线长度相联系，应当注意到……一个重要差别，即作为划界有关情况的有关海岸长度和用这些长度来估算比例性的比率之间的差别……使用比例计算来检验一项结果是一回事；在划界过程中注意海岸长度所存在的非常明显差别，并给予这种海岸之间的关系以适当的意义，而不试图用只适合于对海岸和大陆架区域之间关系的事后评价数量词来表述它，则是另一回事。这两种手段既不是互相排斥的，也不是接近于不分彼此，以至于有了一个就使另一个成为多余。一方面，考虑或不考虑海岸长度的比较是在初步绘出中间线的基础上确定公平边界过程中的一个组成部分；另一方面，对比例合理程度的检验是可以适用于检验任何一条界线的公平性的，不论这是一条用什么方法得出的界线。"[2]

由此可见，海岸线长度与海域面积接近比例性，既是一种划界方法，又是检验划界结果公平性的标准。这一原则已成为适用大陆架划界公平原则的有机组成部分。客观地看，接近比例性方法在国际海洋划界中的普遍意义是，它更多地被作为一种辅助方法，用于纠正适用等距离或其他方法造成的不公平效果。

---

[1] I. C. J. Reports 1984, para. 222.
[2] I. C. J. Reports 1985, para. 66.

从海底地质、地貌引申的方法

一、自然延伸方法

以沿海国对大陆架主权的法律依据，即沿海国陆地领土在海底的自然延伸为基础，将由于海底地形和地貌的突然变化而形成的海槽或海沟作为自然延伸的分界，并在此基础上划定沿海国各自对大陆架主权的界线。

自然延伸方法是直接从"陆地统治海洋"原则中引申出来的划界方法。在北海大陆架划界案（德国与丹麦、德国与荷兰）中，国际法院认为，毗连区和大陆架制度，作为沿海国扩大其海洋管辖权的主张，是同一类型的概念，都是适用"陆地统治海洋"原则的结果。"既然陆地是一个国家对其领土向海延伸部分行使权力的法律渊源，那么很清楚，首先必须确定何种特征在事实上构成了这些延伸区域。最重要的是，它们不再像毗连区一样是海洋区域，而是水下陆地的伸展。"在这一认识基础上，国际法院进一步指出："大陆架制度产生于对自然事实的承认……从定义上看，大陆架是大多数沿海国领土向某种台地的自然延伸区域。而国家海岸前方的大陆架是这些国家的附属物，这是一种事实，考虑这些大陆架的地质情况，以便发现其构造特征所遵循的方向是否会影响划界，可能是有益的。因为，在某些地点，该构造特征会强化大陆架附属于这一国家（其领土实际延长）的整个想法。"[1]

到目前为止，以这种方法划界的实例是《澳大利亚和印度尼西亚关于补充1971年5月18日协定确定帝汶海和阿拉弗拉海某些海床疆

---

[1] I. C. J. Reports 1969, paras. 95, 96.

界的协定》。[1] 这一协定确立了两国之间在东经133°23′以西的两段相向的海洋界线。西段，即塔宁巴尔群岛以南的界线，一部分以等距离－中间线为基础，一部分向更北作一些偏离。东段，即罗托岛的帝汶岛以南界线，偏离等距离－中间线，基本上是沿帝汶海槽划定的，距离印度尼西亚比澳大利亚更近。双方一致认为，在划界区域内存在着帝汶海槽这一海底地貌及澳大利亚以往在帝汶海槽以北批准石油开发许可的实践是双方划界应予以考虑的有关情况。

在划界区域内存在着海底地质情况有时还被作为对等距离线进行调整的依据。例如，1971年12月17日《泰国和印度尼西亚关于两国在马六甲海峡北部和安达曼海划分大陆架边界的协议》。[2] 双方考虑到划界区域存在的一些地质特征，在某些部分对等距离线进行了调整。

二、主航道中心线

主航道指的是一条河流的水流最宽、最深处，也可以指一条边界河流入海口附近的航道最宽、最深处，或一定范围的沿海浅水区内航道最宽、最深处。主航道中心线起源于国际水法，适用于在构成界河的通航河流中确定边界线的具体位置。例如，1991年5月16日《中华人民共和国和苏维埃社会主义共和国联盟关于中苏国界东段的协定》规定："……中苏国界线，通航河流沿主航道中心线行进，……确定主航道的主要根据是航道水深，并结合航道宽度和曲度半径加以综合考虑。主航道中心线是标示主航道的两条相应的等深线之间的水面中心线。"[3] 在国际水法中，主航道有两种含义：其一，指的是同主流中心线相吻合的最深水深线；其二，指的是最适合航行的航道。在海商法中，航道指的是通往海岸的特定航路，主航道指的是到达海岸某一

---

[1] 国家海洋局政策研究室编：《国际海域划界条约集》，海洋出版社1989年版，第610—613页。

[2] 国家海洋局政策研究室编：《国际海域划界条约集》，海洋出版社1989年版，第312—313页。

[3] 1991年5月16日《中华人民共和国和苏维埃社会主义共和国联盟关于中苏国界东段的协定》第5条。中华人民共和国外交部条约法律司编：《中华人民共和国边界事务条约集：中俄卷》（上册），世界知识出版社2005年版，第129页。

点的主要航行通道。[1]

在海洋划界中运用主航道中心线方法是将海洋同河流作类比。以主航道中心线确立分界线的思想是，在确定主权界线时，应考虑水深和水域的航行利益，仅仅考虑划界水域的面积有可能使沿岸国之一失去必不可少的船舶航行通道。这种情况在现实中并不少见，特别是当一条界河在海洋中延续时，很容易产生这样的情况。

法国著名海洋法学者吉德尔在论述领海划界时认为，不能把主航道中心线当作一般原则，但在适用等距离－中间线原则可能造成海岸相向国家之一被阻断对航海通道的航行利益时，为避免这种明显不公平的结果，可例外地适用主航道中心线原则来予以纠正。[2]

以主航道中心线作为界线的合理性是，使通往两国的主要航海通道不至于被置于其中一方的单独控制下。一般认为，当中间线两侧海域的航行条件不同时，等距离－中间线可能造成当事国一方在航行上的不方便，由此产生不公平的划界结果。在航行利益上处于不利地位的一方因此要求对中间线进行调整。在这种情况下，可使界线偏离等距离－中间线，以类似主航道中心线的其他方法确定界线。反之，当中间线两侧海域的航行条件相同时，即使主航道完全在当事国的一方一侧，也没有理由使界线偏离一般规则。只有中间线一方一侧的航行便利条件不足以保证其船只正常出入本国海岸的港口时，才有必要考虑寻求一项特别的解决办法。由此在领海划界中产生的新概念即划界的"公平"概念。"公平"概念因此而被扩大运用于大陆架和专属经济区划界。

以主航道中心线方法来确定界河入海口附近界线最先为一些领海划界条约所确认。在大陆架和专属经济区划界案中，确认主航道中心线的条约有：

（1）阿根廷和智利1984年11月29日《阿根廷和智利之间的海洋划界条约》。考虑到航行利益，双方对等距离线作出调整，在靠近加布尔岛（Gable Island）附近，界线沿习惯使用的航道划定。同时，作为对麦哲伦海峡航行规则的补充，两国确定了比格尔海峡的法律地位。

---

[1] O'Connell, D. P., *The International Law of the Sea*, Oxford, Clarendon Press, 1984, Vol. II, p. 659.

[2] Gidel, G., Le droit international de la mer, Vol. III, Paris, Sirey, 1934, p. 756.

根据该条约规定，双方各自照顾对方的航行利益，其中包括确认了阿根廷经智利水域进行至南极往返航行的权利。[1]

（2）阿根廷和乌拉圭1973年11月19日《乌拉圭和阿根廷拉普拉塔河及其海洋界限的条约》。其中，双方确立的界线沿主航道中心线划定。[2]

（3）意大利和南斯拉夫1975年协定。其中，两国领海的界线沿的里雅斯特湾大吨位船只航道划定，使意大利大吨位船只的航行无须进入南斯拉夫水域。

（4）印度尼西亚和新加坡1973年5月25日《印度尼西亚和新加坡在新加坡海峡划定领海边界线的协定》。两国之间在新加坡海峡的界线是沿大型油船的航道划定的，其中一段已进入了印度尼西亚的群岛基线。[3]

（5）丹麦和瑞典1984年《丹麦和瑞典关于大陆架和渔区划界的协定》。[4] 在斯卡格拉克海峡区域的一部分、苏诺尔（Sounol）以南区域及勃恩赫姆区域的大陆架和专属经济区划界受到航海利益的影响，其中在赫尔幸哥（Helsingor）和赫尔幸勃格（Helsingborg）之间，界线沿分航道划定，把航道分为东航道和西航道；在萨尔顿（Salton）岛和瑞典海岸之间，界线沿与东航道平等的主航道划定，完全忽略了瑞典有人居住的大岛屿，即文岛（Ven Island）的作用。

三、评 论

从海底地形、地貌引申的划界方法中，主航道中心线方法是一项历史比较悠久的方法。这一划界方法的出发点和依据实质上不是海底地形、地貌，而是从有关海域的实际情况出发对沿海国航行利益的考

---

[1] Charney, J. I. & Alexander, L. M., eds., *International Maritime Boundaries*, Dordrecht/Boston/ London, Martinus Nijhoff Publishers, 1993, pp. 719-726.
[2] 国家海洋局政策研究室编：《国际海域划界条约集》，海洋出版社1989年版，第597—600页。
[3] 国家海洋局政策研究室编：《国际海域划界条约集》，海洋出版社1989年版，第310—311页。
[4] 国家海洋局政策研究室编：《国际海域划界条约集》（续集），海洋出版社1990年版，第251—254页。

量，在这种情况下海底地形、地貌能更好地反映这种利益，同时也为确定和判断界线位置和走向提供了方便。这一方法也为现代一些划界条约所确认，特别运用于沿海国近海部分的内水和领海。需要注意的是，在现代海洋划界条约中，对航行利益的考虑已不限于适用主航道中心线方法，用其他方法同样也能照顾到当事国的航行利益。有些国家考虑到航行利益，简单地对分界线的走向作出调整。例如：印度和泰国1978年12月11日关于划定两国之间在安达曼海的海底边界的协定以航行利益为依据，对等距离线作出了调整[1]。波兰和民主德国1968年《关于划分波罗的海大陆架的条约》，考虑波兰进入什切青（Szczecin）港口的航行利益，对两国之间的界线开始一段的走向产生了影响[2]。同样的考虑对两国在1989年《关于奥德河河口海域划界的协定》中关于波兰从西部出入什切青和斯维努什奇（Swinoujscie）港口权利的规定也起了很大作用[3]。

航行利益还体现在沿海国对出入公海的通道的关注上。在波罗的海，航行利益的优越性压倒了等距离方法，沿海国都注重保护海上贸易和交通要道。其他考虑航行利益的海洋划界协定有：苏联和朝鲜1985年《苏联和朝鲜国界协定》关于两国近海领海划界的规定[4]；挪威和苏联1957年《关于划分瓦朗格尔峡湾海域边界的协定》[5]；塞浦路斯和英国1960年《关于成立塞浦路斯共和国的条约》中关于塞浦路斯与英国两个主权基地之间的界线规定[6]。此外，美国在其同邻国的划界条约中表示了对其圣迭哥海军基地的关注。

在大陆架划界案（英国与法国）中，法国表示对瑟堡海军基地的

---

[1] 国家海洋局政策研究室编：《国际海域划界条约集》（续集），海洋出版社1990年版，第235—236页。
[2] 国家海洋局政策研究室编：《国际海域划界条约集》，海洋出版社1989年版，第437—439页。
[3] Charney, J. I. & Alexander, L. M., eds., *International Maritime Boundaries*, Dordrecht/Boston/London, Martinus Nijhoff Publishers, 1993, pp. 2005-2022.
[4] Charney, J. I. & Alexander, L. M., eds., *International Maritime Boundaries*, Dordrecht/Boston/London, Martinus Nijhoff Publishers, 1993, pp. 1145-1570.
[5] 国家海洋局政策研究室编：《国际海域划界条约集》，海洋出版社1989年版，第507—508页。
[6] Charney, J. I. & Alexander, L. M., eds., *International Maritime Boundaries*, Dordrecht/Boston/London, Martinus Nijhoff Publishers, 1993, pp. 1559-1570.

关注,仲裁庭在英吉利海峡东、西两部分的划界中,照顾了法国的航行和安全利益。

有关国家对航行利益处理的另一方法是,使重要的航海通道不在其中某一国的内水或领海范围内。例如:阿根廷和智利1984年就解决南部领土争端所达成的协议条约规定,在合恩角和埃斯塔多斯岛最东端之间的特定海域内,双方一致同意将各自的领海限定在3海里范围内,把航海通道留在各自的领海以外。[1] 1978年巴布亚新几内亚和澳大利亚之间地区主权与近海边界条约中,考虑到双方对航海和飞行通道的关注,一方面规定奥比西岛、博伊古岛和莫依科米岛等岛屿周围的领海范围为3海里,另一方面还对当事国各自领海和群岛水域作出限制。该条约还在托雷斯海峡确定了海底区域和渔业管辖权两条不同的界线,并规定行使不直接涉及海底资源和渔业资源的其他事项管辖权需双方进行协商。[2] 荷兰和委内瑞拉1978年关于海域划界的条约,对各自在防止船源污染问题上的管辖权作出限制,使之不影响航海通道。该条约规定,一方在采取可能影响航海通道的措施时,应征得另一方的同意。[3]

有许多划界协定规定一方船只享有从分界线己方一侧自由经对方海域出入本国港口的权利,确认这一权利的目的是使航行利益不直接影响界线的走向。例如:法国和意大利1986年协定,在谈判过程中,双方都希望达成一项协议,使本国的船只在波尼法西奥(Bonifacio)海峡可以不经对方领海而通过。[4] 在意大利和南斯拉夫1975年《关于的里雅斯特湾的领海划界协定》的谈判中,意大利方面曾提出,希望在划界后本国大吨位船只出入本国港口可以不经南斯拉夫管辖水域,至少这是谈判的一个重要筹码。[5]

---

[1] 国家海洋局政策研究室编:《国际海域划界条约集》,海洋出版社1989年版,第588—589页。

[2] 国家海洋局政策研究室编:《国际海域划界条约集》,海洋出版社1989年版,第623—664页。

[3] 国家海洋局政策研究室编:《国际海域划界条约集》,海洋出版社1989年版,第560—566页。

[4] Charney, J. I. & Alexander, L. M., eds., *International Maritime Boundaries*, Dordrecht/ Boston/ London, Martinus Nijhoff Publishers, 1993, pp. 1571-1580.

[5] Charney, J. I. & Alexander, L. M., eds., *International Maritime Boundaries*, Dordrecht/ Boston/ London, Martinus Nijhoff Publishers, 1993, pp. 1639-1648.

同主航道中心线方法相比，自然延伸方法在实践中存在着比较大的问题。这不仅是因为从国际实践看，运用自然延伸方法进行划界的只有一例，更重要的是海洋法的发展使自然延伸这一概念发生了变化。

关于自然延伸在划界中的作用，在实践中涉及两个问题：第一是对事实的判断问题，即海底地形的突然变化在什么程度上可以被确认为构成自然延伸的中断；第二是法律问题，即在相向海岸的划界中自然延伸是否构成沿海国对大陆架主权的法律依据。

关于第一个问题，一般认为，从科学上说，大陆架包括自然延伸的概念，事实上由于海底地形突然变化而存在着自然延伸中断的情况。在大陆架划界案（英国与法国）中，英国提出了赫德海渊和赫德海渊断层问题，认为这一地质特点构成英法两国之间的自然延伸中断。对此，仲裁庭的观点是，不能单纯从海洋地质上看，"国际法上的大陆架概念是一个法律概念。这个概念所包含的是每个国家的陆地领土在水下的自然延伸，而不是任何一个大陆上土地在水下的自然延伸……应用这一概念的范围及条件并不仅仅由地理上的自然事实所决定，也是由法律规则所决定的"[1]。仲裁庭否定在大西洋地区或英吉利海峡的分界线确定中，赫德海渊和赫德海渊断层构成自然延伸的中断，因为赫德海渊和赫德海渊断层"与北海深深的挪威海槽相比，是大陆架地理结构上的小断层"，不影响"大西洋地区大陆架的基本延续性"。仲裁庭认为，自然延伸原则不适用于两国共处一个大陆架的划界。仲裁庭的观点在某种程度上确认了存在自然延伸中断的情况，按照仲裁庭的逻辑，如果赫德海渊和赫德海渊断层同"北海深深的挪威海槽"一样，则构成自然延伸的中断，可以在划界中起作用。

关于第二个问题，即自然延伸在大陆架划界中能起到什么作用，国际司法实践的态度是矛盾的。

在大陆架划界案（突尼斯与利比亚）中，国际法院认为，如果能够证明的黎波里塔尼亚海沟破坏了大陆架基本的整体性，就可以考虑使之在划界中发挥一定的作用，同时法院又指出："本法院无法接受利比亚的论点，即'只要决定了一国的自然延伸，划界就成为按照自然条件来进行的一件简单的事情'。如果设想在所有案件中或在大多数案

---

[1] Arbitral Award 1977, in U. N., R. I. A. A., Vol. XVIII, paras. 79, 107-108, 191.

件中能恰当地确定某一国的自然延伸,在涉及另一国的自然延伸时,即到此为止,不再延伸。这样,两部分自然延伸就会以一条极易划定的线会合。这种设想将是错误的。"因此,法院得出结论是,自然延伸和不侵犯他国的自然延伸原则的重要性是有限的。法院还再次表示了这样的观点:"沿海国的自然延伸是在法律上对大陆架拥有主权的根据,在本案中并不必然是提供适用于划定归属于相邻国家区域的标准。"[1] 法院把自然延伸作为大陆架权利的依据与作为大陆架划界的原则相区别,认为后者在划界中的作用是有限的。

在缅因湾海洋边界划界案(美国与加拿大)中,国际法院分庭没有接受加拿大把东北水道视为自然延伸中断的观点,也没有接受美国把自然延伸作为"生态系统"的分界线的说法。分庭根据国家实践和习惯法认为,东北水道不构成大陆架地貌统一性的中断,并进一步指出:"在三角形斜边附近往前的地区没有发现海床的一般斜坡有真正的急剧变化,而拟划定的分界线终点就位于该三角形内。"[2]

在大陆架划界案(利比亚与马耳他)中,法院断然否定利比亚提出的"断裂地带"主张,并且指出:"法院考虑到由于法律的发展,一个国家有可能提出对属于它的大陆架从其海岸量起向外扩展直至200海里的权利主张,而不论其相应的海床和底土的地质特征如何,因此没有理由在这个距离之内,用归因于地质或地球物理学因素的任何作用来证实有关国家的合法权利,或由此出发来划定它们之间的界限……至少只要这些区域位于已讨论的海岸量起200海里以内作为大陆架而提出权利主张的任何海床区域,其权利只能依据提出权利主张的国家从其海岸量起的距离来决定,而这些区域的地质或地貌特征完全无关紧要。"法院承认,过去曾在大陆架划界中赋予自然延伸以大陆架权利的法律基础地位,"但现在只要是在从海岸起量不超过200海里的情况下,它就已经过时了"[3]。这样,法院几乎是断然否定了地质和地貌情况在大陆架划界中可以起到任何作用。在两个国家海岸之间距离不超过400海里的情况下,海底地质和地貌因素不发生任何作用;只有在超过400海里的情况下,地质和地貌因素才发生作用。法院的

---

[1] I. C. J. Reports 1982, paras. 44, 48, 67-68.
[2] I. C. J. Reports 1984, para. 46.
[3] I. C. J. Reports 1985, paras. 39-40.

这种观点是走向另一个极端,对此,有些学者提出批评。

在海洋边界仲裁案(几内亚与几内亚比绍)中,仲裁庭一方面毫不含糊地在其他情况中列举地貌情况,指出它在任何情况下都不能忽略大陆架,"即使这仅仅是由于一般认为大陆架中包含着对诸如几内亚和几内亚比绍这样的发展中国家至关重要的潜在财富"。仲裁庭的这一观点与以前的裁判不尽一致。另一方面,仲裁庭却否定了几内亚比绍关于大陆架地质和地貌特征的观点。仲裁庭认为,两个国家面对的是同一个大陆架,几内亚比绍列举的物理特征不足以构成分离两国自然延伸的有效因素。因此,仲裁庭否定几内亚比绍关于自然延伸的主张,并指出:"如果大陆架被认为是连续的,那么,根据现今国际法,人们便再不能有效地引用任何自然特征来坚持自然延伸原则和旨在为一个确定自然分界的划界提供依据的主张。"[1]

从以上分析可以看出,由于对自然延伸中断的认定具有很大的主观性,同时由于海洋法的发展,自然延伸在相向国家的划界中起到的作用有减轻的趋势。需要具有典型意义的自然地理特征或者更多的国家实践,以说明在特定情况下赋予自然延伸以更大的作用是法律的要求。

---

[1] Arbitral Award 1985, in U. N., R. I. A. A., Vol. XIX, paras. 114, 117.

其他方法

一、纬度平行线和经度子午线

在其他方法中最常见的是纬度平行线和经度子午线。在相邻国家之间，这一方法采取一条自陆地边界入海处起划的纬度平行线或经度子午线的方式。还有一种办法是在接近海岸的部分采用等距离线，再向海延伸用纬度平行线和经度子午线。

运用纬度平行线和经度子午线的例子有：1952年8月18日，《智利和秘鲁关于海洋边界的协定》；1952年8月18日，《秘鲁和厄瓜多尔关于海洋边界的协定》；1975年8月23日，《哥伦比亚和厄瓜多尔的海上边界》；1976年2月12日，《葡萄牙和西班牙关于大陆架划界的协定草案》；1976年4月14日，《毛里塔尼亚伊斯兰共和国和摩洛哥王国关于建立正式边界的协定》；1975年6月4日，《塞内加尔和冈比亚海上分界线》。[1] 其中，1952年《秘鲁和厄瓜多尔关于海洋边界的协定》中，双方采用一条纬度平行线作为边界线，此线自陆地边界终点起向西延伸（"应以两国之间陆地疆界到达海水之点起划出的纬线为界"），同假设的等距离线相比更偏南些。[2] 这一划界使厄瓜多尔在瓜亚基尔湾中的岛屿未能起作用。在1975年《塞内加尔和冈比亚海上分界线》中，双方确认冈比亚沿北纬13°35′36″和北纬13°03′27″两条纬度等分线将其海洋区域范围一直延伸到大西洋公海

---

[1] 国家海洋局政策研究室编：《国际海域划界条约集》，海洋出版社1989年，第584—588页、第589页、第580—583页、第409—411页、第386—388页、第383—385页。

[2] 国家海洋局政策研究室编：《国际海域划界条约集》，海洋出版社1989年，第584—586页。

海域。[1]

在接近海岸的部分采用等距离线,再向海延伸用纬度平行线和经度子午线的例子有:1976年11月20日,《哥伦比亚和巴拿马海上分界线》;1975年12月17日,《坦桑尼亚联合共和国和肯尼亚共和国关于划定两国领海疆界的换文》[2];坦桑尼亚和莫桑比克1988年协定。在1975年《坦桑尼亚联合共和国和肯尼亚共和国关于划定两国领海疆界的换文》中,双方选择自C点(南纬04°40′52″,东经39°36′08″)起向东延伸的纬度平行线作为边界,把坦桑尼亚的佩姆巴(Pemba)岛留在边界线以南,未使它产生任何作用。[3]

在相邻国家之间,运用纬度平行线和经度子午线方法,可以避免在海岸凹陷或凸出或者存在岛屿的区域运用等距离划界可能产生的阻断效果。在几个国家同处一个大陆海岸线的情况下,例如在南美洲的太平洋海岸或非洲的印度洋海岸,阻断现象是一个特别难以解决的问题。尽管如此,纬度平行线和经度子午线方法实际上只限于有关海岸的一般走向大致呈南北或东西向的情况。在其他情况下,这一方法恰恰会产生它原应该避免的结果,即不公平地阻断一个或多个当事国的海洋管辖权向海方向的扩展。如果某一特定的海岸沿岸国不是全都采纳这一方法,可能会产生这样的现象:一条等距离的边界线可能阻断一条按照纬度平行线和经度子午线方法的边界线。

杰梅内兹·德·阿雷夏加法官在对南美洲海洋边界的地区实践进行考察后认为,在现代国家实践中,运用纬度平行线和经度子午线的起源,从表面上看,不能被解释为是致力于克服由等距离方法可能造成的不公平效果:"在1952年,发表三方声明的当事国(智利、秘鲁和厄瓜多尔)通过提出200海里海洋权主张,在海洋法中开创了一个新领域。当时由于没有众所周知的划界原则或被接受的划界规则,它们选择由陆地边界入海处起确定纬度平行线的方法。这一方法对于它们支持主张海洋权的基础而言是当然的逻辑,名义上说,即它们陆地

---

[1] 国家海洋局政策研究室编:《国际海域划界条约集》,海洋出版社1989年版,第383—385页。
[2] 国家海洋局政策研究室编:《国际海域划界条约集》,海洋出版社1989年版,第535—539页、第377—380页。
[3] 国家海洋局政策研究室编:《国际海域划界条约集》,海洋出版社1989年版,第378页。

边界和陆地领土向毗邻的海域直接的、直线的延伸。"[1]

二、"飞地"方法

另一项既可以独立运用又可以结合其他诸如等距离等方法一起运用的方法是赋予岛屿以"飞地",即自岛屿有关凸出的点起划一条由一系列圆弧构成的边界线并以此赋予一个岛屿以一定的海域。这一方法一成不变的结果是,相对于将有关岛屿作为基点适用的等距离方法而言,对岛屿拥有主权的国家因对有关"岛屿"已作"飞地"处理,所获得的海域面积会相应减少。

运用"飞地"方法可以产生完全飞地或半飞地(semi-enclave)。完全飞地是指,赋予岛屿的一定海域同对该岛屿拥有主权的国家以陆地海岸为基础的管辖海域完全分离,它处在等距离边界线另一侧,更靠近另一国家的陆地海岸,在后者的管辖海域包围之中。半飞地是指,岛屿更接近对其拥有主权的国家的陆地海岸,因此,赋予岛屿的一定海域同对该岛屿拥有主权的国家以陆地海岸为基础的管辖海域是相连的。半飞地的效果是岛屿的位置在等距离线上或者接近等距离线产生的。

尽管在原则上飞地的宽度不限,但实践中,它们一般距离有关岛屿3—12海里不等,以代表领海宽度,也有按照13海里距离的限度,允许岛屿在领海之外有象征性的专属经济区和大陆架。

完全飞地的例子如:(1)澳大利亚和巴布亚新几内亚1987年条约。其中12个靠近巴布亚新几内亚的岛屿,被赋予3海里的领海。[2](2)大陆架划界案(英国与法国)。根据仲裁庭裁决,位于法国海岸12海里内的英国海峡群岛被赋予12海里的飞地,包括3海里的领海和9海里的大陆架和毗连渔区。[3]

半飞地的例子如:(1)意大利和南斯拉夫1968年协定。其中,南斯

---

[1] E. Jimenea de Arechaga, "South American Maritime Boundaries", in Charney, J. I. & Alexander, L. M., eds., *International Maritime Boundaries*, Dordrecht/ Boston/ London, Martinus Nijhoff Publishers, 1993, pp. 285-292.

[2] 国家海洋局政策研究室编:《国际海域划界条约集》,海洋出版社1989年版,第628页。

[3] Arbitral Award 1977, in U. N., R. I. A. A., Vol. XVIII, paras. 199-202.

拉夫的佩拉哥沙岛和卡约拉岛被赋予 12 海里的环状海域。[1] （2） 1971 年 8 月 20 日《意大利和突尼斯关于划分两国之间大陆架的协定》。其中，意大利的潘特拉里亚岛、里诺萨岛的朗贝杜萨岛被赋予 13 海里的飞地，意大利的朗波纳岛被赋予 12 海里的飞地。[2] （3） 沙特阿拉伯和伊朗 1968 年协定。其中，沙特阿拉伯的艾阿拉比亚岛和伊朗的法尔西岛各被赋予 12 海里的飞地。[3] （4） 1969 年《卡塔尔和阿布扎比关于解决海洋疆界线及对各岛的主权权利的协定》。其中，阿拉伯联合酋长国的大音那岛被赋予 3 海里的飞地。[4] （5） 1974 年 8 月 13 日《伊朗和阿拉伯联合酋长国关于划分两国之间大陆架部分的疆界线的协定》。其中，伊朗的西里岛被赋予 12 海里的环绕海域。[5] （6） 1981 年沙加和迪拜大陆架仲裁案。其中，阿布默萨岛虽然存在着沙加同伊朗之间的领土争议，但被认为是无争议的沙加领土，被赋予 12 海里的飞地。[6]

三、陆地边界向海延伸方法

国家之间的陆地边界是历史形成的。在海洋划界案中，有关国家更多的是从地理角度，而不是从历史角度来看待陆地边界的作用。陆地边界终止于两国陆地海岸相接处，自两国陆地海岸线起，两国的海洋管辖权向海延伸。在海岸相邻国家之间的划界中，陆地边界与海洋的交接处是海洋界线向海延伸的起点。在有些情况下，海岸相邻国家之间的陆地边界对确定海洋界线的走向具有一定历史意义。

---

[1] 国家海洋局政策研究室编：《国际海域划界条约集》，海洋出版社 1989 年版，第 394—399 页。
[2] 国家海洋局政策研究室编：《国际海域划界条约集》，海洋出版社 1989 年版，第 404—405 页。
[3] 国家海洋局政策研究室编：《国际海域划界条约集》，海洋出版社 1989 年版，第 343—349 页。
[4] 国家海洋局政策研究室编：《国际海域划界条约集》，海洋出版社 1989 年版，第 360—362 页。
[5] 国家海洋局政策研究室编：《国际海域划界条约集》，海洋出版社 1989 年版，第 364—366 页。
[6] Charney, J. I. & Alexander, L. M., eds., *International Maritime Boundaries*, Dordrecht/Boston/London, Martinus Nijhoff Publishers, 1993, pp. 1499–1502.

1. 陆地边界沿流入海洋的界河划定

在两个相邻国家之间有一条流入海洋的界河的情况下，如果界河是通航河流，一般陆地边界沿界河的主航道中心线划定，如果界河是非通航河流，陆地边界则沿界河的主流中心线划定。但是，随着时间的推移，界河河口附近的海岸线和主航道会发生变化，对此应如何解决？

墨西哥和美国在划定两国在墨西哥湾的领海边界时就遇到了在里奥格兰特河河口两国的陆地边界终端点和海洋分界线的起点问题。双方均赋予两国在里奥格兰特河的陆地边界线以重要的历史、政治和现实意义。在划定海洋分界线时，两国采取的解决办法是在里奥格兰特河中陆地边界以主航道中心线为界，并以此确定岛屿的归属。同时，为海洋划界的目的，双方在里奥格兰特河的主航道中心线上选取一个特定的点，以此作为陆地边界的终端点和海洋分界线的起点。[1] 双方确定，此点向陆地一侧，一旦河流的主航道发生变化，两国之间的边界线也将随之变化；而向海洋一侧的界线一经确定，保持不变。

在海洋边界仲裁案（几内亚与几内亚比绍）中，仲裁庭面临处理两国之间的界河，即卡吉特河河口附近的江海分界问题。仲裁庭确定在河口附近边界沿主航道中心线划定的原则，并在中心线上确定一个点，以此作为陆地边界的终点和海洋界线的起点。仲裁庭自这一点起划定两国向海方向延伸的海洋界线，同时指出，由此点向陆地方向的两国陆地边界沿主航道中心线划定。[2]

2. 陆地边界走向对海洋划界的影响

海岸相邻的国家在海洋划界中往往主张，两国之间的海洋界线按照邻近海岸的一段陆地边界走向，向海洋延伸。

苏联和土耳其1973年《领海分界线议定书》中，两国确定的领海边界是按照陆地边界接近海岸最后一段走向的向海延伸来划定的。[3]

在大陆架划界案（突尼斯与利比亚）中，国际法院否定利比亚关

---

[1] 1970年11月23日《墨西哥和美国关于划定海上边界的条约》，1978年5月4日《墨西哥和美国关于海上边界的条约》。国家海洋局政策研究室编：《国际海域划界条约集》，海洋出版社1989年版，第520—528页。

[2] Arbitral Award 1985, in U. N., R. I. A. A., Vol. XIX, paras. 106, 117.

[3] 国家海洋局政策研究室编：《国际海域划界条约集》，海洋出版社1989年版，第389页。

于其同突尼斯之间的海洋边界应按陆地边界最后一段的走向向海延伸来划定的观点。但法院确认，利用陆地边界的位置指示阿杰迪尔角在陆地边界与海岸交接点的情况与划界有关，同意将陆地边界作为划界应予以考虑的有关情况，并指出，它所关心的是被称为"正常的、垂直于陆地边界起始点的海岸部分的那条线"，即两国所默认的事实上的分界线。[1]

在缅因湾海洋边界划界案（美国与加拿大）中，美国提出其同加拿大之间陆地边界的一般走向是东西向，因此两国之间的海洋边界也应按此一般走向来划定。而加拿大方面则认为，两国自美国缅因州至加拿大新不伦瑞克海岸一带的陆地边界一般走向是北南向，应以此划定两国之间的海洋边界。国际法院分庭在判决中未采纳任何一方的观点，而是认定两国在缅因湾的海岸呈东北－西南走向，海洋边界应自陆地边界终端点起，由两条与两侧海岸一般走向相垂直的线形成的夹角平分线构成。[2]

四、评　论

运用其他划界方法的情况是多种多样的，其中有沿海国之间海岸相邻、海岸构造相似、海岸线长度相近的情况，也有海岸相向、海岸构造或长度有很大差异的情况，更多的是海岸相邻、海岸构造或长度有明显差异的情况。在这些方法中，纬度平行线和经度子午线是一项适用于沿海国总体政治地理关系的划界方法，"飞地"方法主要运用于消除特殊地形对划界可能造成的不公平结果，而陆地边界向海延伸方法则更多地运用于接近海岸的内水和领海划界。

---

[1] I. C. J. Reports 1982, paras. 15-16, 70, 75, 92-93.
[2] I. C. J. Reports 1984, paras. 205-229.

几点结论

一是在国际法和国际实践中，并不存在被公认为普遍适用的划界方法。关于适用于海洋划界的国际法规则和实用方法，国际法院分庭在缅因湾海洋边界划界案（美国与加拿大）中指出，不仅条约法并没有指明适用于划界的法律规范和实用方法，而且"在习惯国际法中找不到一套详细的规则。事实上，习惯国际法在保障国际社会成员间共处和必不可少的合作方面只有些有限的规范，再加上一套存在于各国法律信念中的习惯规则，它们的存在可以通过分析充分的、广泛的和令人信服的实际而得到检验，而不是从先验的想法中进行归纳。因此，指望一般国际法提供解决所有划界问题的现成的一套规则是徒劳的，尤其是在这样一个新的、未自成一类的领域里，更是如此，这个领域昨天还是公海，国家主权最近才扩展到这里"[1]。在这方面，基本的习惯国际法规则是，划界"均须基于适用公平标准，并使用能够保证公平结果的方法"[2]。

概述之，适用于海洋划界的基本法律规范是：陆地统治海洋；陆地通过海岸统治海洋；沿海国海洋管辖权强度同自海岸起向海延伸的距离成正比；海洋划界应由有关沿海国通过协议进行；划界应考虑所有有关情况并取得公平的结果。

二是海洋管辖权是沿海国陆地领土主权的向海延伸。因此，陆地领土及其海岸构成沿海国海洋管辖权的基础，即所谓"陆地统治海洋""陆地通过海岸统治海洋"这两句著名法律格言的含义。

以此为出发点，国家之间的总体政治地理关系，包括陆地领土构成及海岸的形状、构造、长度、相对于其他国家海岸的地理位置等因

---

[1] I. C. J. Reports 1984, para. 111.
[2] I. C. J. Reports 1984, para. 113.

素，构成海洋划界应予以考虑的最重要因素。[1] 在这个意义上，地理因素一直主导着海洋划界。在大陆架划界案（英国与法国）中，仲裁庭认为："在任何特定情况下，决定等距离或其他任何划界方法适当性的首先是地理情况。"[2]

地理情况在决定海洋划界方法过程中具有至关重要的作用，几乎所有的划界方法都是从地理学中引申出来的。但是，这并不意味着，沿海国之间的总体地理关系一经确定，就有一个自动适用的特定划界方法。从国家协议划界实践看，更是如此。现有划界方法是沿海国在考虑各自有关海岸和海域的具体情况，将国际法原则和规则适用于每一个特殊案例的过程中产生和发展起来的。

三是在一个特定海域划界案中，沿海国可以运用等距离方法或其他方法，也可以合并使用几种划界方法。应该看到，在当代海洋划界中，每一个案例都是具体的、特殊政治地理环境的产物。一个划界案例同另一个划界案例，即使存在着相似的地理情况，但在划界过程中予以考虑的有关情况，包括政治地理和两国关系等往往也是千变万化的，考虑这些因素的出发点和角度也可能有所不同。几乎每一个划界案例所体现的原则和规则，都可以在其他划界案例中找到相反的证明。尽管如此，依然不能排除在国际法上存在着一定数量的一般规则，它们存在于国家之间通过谈判解决或者通过国际司法解决的海洋划界大趋势中，代表着国家实践的主流。

四是在一些具体划界案例中，国际法院判决或仲裁庭裁决所确认的一些法律原则和规则，对明确适用于海洋划界的国际法规则具有重要的作用。同时应该看到，通过国际司法解决的海洋划界案例毕竟是少数，大多数的海洋划界是通过国家之间协议解决的。

一般而言，国际司法解决在很大程度上受法律的约束，而国家之间签订划界协议受到法律规范约束的程度较小。在谈判解决过程中，国家一方面需要引用法律规范或司法裁判作为先例；另一方面，也完全可以考虑法律以外的政治、经济、军事或其他领域的利益需要及任

---

[1] Weil, P., "Geographic Considerations in Maritime Delimitation"; Highet, K., "The Use of Geographyical Factors in the Delimitation of Maritime Boundaries", in Charney, J. I. & Alexander, L. M., eds., *International Maritime Boundaries*, Dordrecht/ Boston/ London, Martinus Nijhoff Publishers, 1993, pp. 115-129, 163-201.

[2] Arbitral Award 1977, in U. N., R. I. A. A., Vol. XVIII, para. 96.

何其他理由。[1] 国际法院在其审理的一些海洋划界案中，也从一个侧面肯定了这一国家实践。

五是在国家海洋划界实践中，海岸之间的关系，例如相向、相邻或者两者兼而有之的情况，在确定划界方法的选择中起着重要作用。这种作用往往在具体的地理环境中能够非常明显地体现出来。

六是在相向、相邻或者两者兼而有之的海岸关系情况下，运用等距离方法具有如下特点：

在海岸相向情况下，使用最多的是等距离方法。在海岸相向的沿海国海洋划界中，运用等距离方法不构成沿海国的一项法律义务。等距离方法仅仅是许多划界方法之一，而不是一项法律原则或构成一项法律义务。对运用等距离方法可能产生的不公平，可借助其他划界方法对等距离线进行调整，典型的调整方法是选择基点或削弱或消除某些特殊自然地形的效力。

在海岸相邻的情况下，等距离方法运用比较少。当划界区域存在着地理上的不规则或特殊自然地形可能造成不公平的结果时，国家海洋划界实践中多有放弃等距离方法而采用一些其他划界方法的做法。

在相邻、相向兼而有之的情况下，国家实践运用的划界方法往往因具体情况而不同，这取决于边界线某一段是相邻的关系还是相向的关系。

七是如果等距离方法运用最为广泛，那么其次顺序为：（1）经度子午线和纬度平行线；（2）赋予岛屿以飞地。其他非等距离的方法，例如垂直线方法、平行直线方法、适用地质或地貌的标准等，只在极少数海洋划界案中被使用，客观地说不具有被普遍接受的证明。

八是接近比例性在通过司法解决的海洋划界案例中构成一个应予以考虑的重要有关情况，也是海洋划界法律中的一项重要内容。接近比例性在国家实践中被运用的直接证明不多，但这不能说它对划界谈判过程没有影响。接近比例性或者不符合比例，更多的是作为有关情况和公平考虑的因素来对划界总的结果产生影响的，同时也潜在地影响方法的选择，但不是作为数学基础，可以由此直接计算出公平的划界结果。

---

[1] Oxman, D., "Political, Strategy and Historical Considerations"; Kwiatkowska, B., "Economic and Environmental Considerations in Maritime Boundary Delimitations", in Charney, J. I. & Alexander, L. M., eds., *International Maritime Boundaries*, Dordrecht/ Boston/ London, Martinus Nijhoff Publishers, 1993, pp. 3–40, 75–113.

参考文献

一、判决、裁决和国际条约

1. Grisbardana Case (Norvège, Suède), 7 September 1910, in United Nations, Reports of International Arbitral Awards, Vol. XI.

2. The Island of Palmas Case, Arbitral Award of April 1928, in United Nations, Reports of International Arbitral Awards, Vol. II.

3. Affaire de l'île Clipperton (France/Mexique), Sentence Arbitrale du 18 janvier 1931, in United Nations, Reports of International Arbitral Awards, Vol. II.

4. Permanent Court of International Justice, Legal Status of Eastern Greenland, Judgment of 5 April 1933, in P. C. I. J., Serie A/B, No. 53; also in M. O. Hudson ed., World Court Reports, Vol. III, 1932-1935.

5. International Court of Justice, The Anglo-Norwegian Fisheries Case, Judgment of 18 December 1951, in I. C. J., Reports of Judgments, Advisory Opinions and Orders, 1951.

6. International Court of Justice, The Minquiers and Ecrehos Case (France/United Kingdom), Judgment of 17 November 1953, in I. C. J., Reports of Judgments, Advisory Opinions and Orders, 1953.

7. International Court of Justice, Case Concerning the Temple of Preah Vihear, Judgment of 15 June 1962, in I. C. J., Reports of Judgments, Advisory Opinions and Orders, 1962.

8. International Court of Justice, Case Concerning the North Sea Continental Shelf Cases, Judgment of 20 February 1969, in I. C. J., Reports of Judgments, Advisory Opinions and Orders, 1969.

9. International Court of Justice, Case Concerning Fisheries Jurisdictions, Judgments on the Merits of 25 July 1974, in International Court of Justice, Reports of Judgments, Advisory Opinions and Orders, 1974.

10. Case Concerning the Delimitation of the Continental Shelf between the United Kingdom of Great Britain and Northern Ireland, and the French Republic, in United Nations, Reports of International Arbitral Awards, Vol. XVIII.

11. Arbitration Court, Decision on the Controversy Concerning the Beagle Channel Region, in Republic of Chile, Controversy Concerning the Beagle Channel Region-Award, Bilingual Edition with Additional Notes and Documents, 1977; also in International Law Materials, 1978.

12. International Court of Justice, Case Concerning the Aegean Sea Continental Shelf (Greece v. Turkey), Judgment of 19 December 1978, in International Court of Justice, Reports of Judgments, Advisory Opinions and Orders, 1978.

13. International Court of Justice, Case Concerning the Delimitation of Continental Shelf Between Tunisia and Libya, Judgment of 24 February 1982, in International Court of Justice, Reports of Judgments, Advisory Opinions and Orders, 1982.

14. International Court of Justice, Case Concerning the Delimitation of the Maritime Boundary in the Gulf of Maine Area (Canada/United States of America), Judgment of 12 October 1984, in International Court of Justice, Reports of Judgments, Advisory Opinions and Orders, 1984.

15. International Court of Justice, Case Concerning the Continental Shelf (Libyan Arab Jamahiriya/Malta), Judgment of 3 June 1985, in International Court of Justice, Reports of Judgments, Advisory Opinions and Orders, 1985.

16. Affaire de la délimitation de la frontière maritime entre la Guinée et la Guinée-Bissau, 1985, in United Nations, Reports of International Arbitral Awards, Vol. XIX.

17. Tribunal d'arbitrage, Affaire concernant le filage de poisson dans les eaux du Golfe de Saint-Laurent, Sentence arbitrale 17 juillet 1986, in Revue Générale de Droit International Public, 1986.

18. International Court of Justice, Case Concerning the Arbitral Award

of 31 July 1989 (Guinea-Bissau v. Senegal), Judgment on 12 November 1991, in International Court of Justice, Reports of Judgments, Advisory Opinions and Orders, 1991.

19. Affaire de la délimitation des espaces maritimes entre le Canada et la France, Décision du Tribunal du 10 juin 1992, in Revue Générale de Droit International Public, 1992.

20. International Court of Justice, Case Concerning Maritime Delimitation in the Area between Greenland and Jan Mayen (Danmark v. Norway), Judgment of 14 June 1993, in I. C. J., Reports of Judgments, Advisory Opinions and Orders, 1993.

21. United Nations, U. N. Treaty Series.

22. 国际调解委员会:《冰岛和扬马延间大陆架区域调解委员会致冰岛政府和挪威政府的报告和建议书》(1981年),载国家海洋政策研究室编:《国际海域划界条约集》,海洋出版社1989年版。

23. 国家海洋局政策研究室编:《国际海洋划界条约集》,海洋出版社1989年版。

24. 国家海洋局政策研究室编:《国际海域划界条约集》(续集),海洋出版社1990年版。

二、国际法专著及论文

1. Bastid, S., "Les problèmes territoriaux dans la jurisprudence de la Cour internationale de Justice", Recueil des Cours de l'Académie de Droit International, Vol. 107, 1962.

2. Beazley, P. B., Maritime Limits and Baselines: A Guide to their Delimitation, Special Publication, 1987, No. 2, The Hydrographic Society, London.

3. Beckett, W. E., "Les questions d'intérêt général au point de vue juridique dans la jurisprudence de la Cour permanente de Justice internationale, juillet 1932-juillet 1934", Recueil des Cours de l'Académie de Droit International, 1934.

4. Boggs, S. W., "Delimitation of the Territorial Sea: The Method of Delimitation Proposed by the Delegation of the United States at the Hague

Conference for the Codification of International Law", *American Journal of International Law*, 1930.

5. Charney. J. I. & Alexander, L. M., eds., *International Maritime Boundaries*, Dordrecht/ Boston/ London, Martinus Nijhoff Publishers, 1993.

6. De Visscher, Ch., Problèmes de confins en droit international public, Paris, Pedone, 1967.

7. Evans, M. D., *Relevant Circumstances and Maritime Delimitation*, Oxford, 1989.

8. Gidel, G., Le droit international de la mer, Paris, Sirey, 1934.

9. International Hydrograhic Bureau ed., *Technical Aspects of Maritime Delimitation*, Monaco, 1990.

10. Jacqué, J. P., Eléments pour une théorie de l'acte juridique en droit international public, Paris Librairie Générale de Droit et de Jurisprudence, 1973.

11. Kwiatkowska, Barbara, *Decisions of the World Court Relevant to the UN Convention on the Law of the Sea: A Reference Guide*, The Hague/ London/New York: Kluwer Law International, 2002.

12. Lauterpacht, H., *The Development of the International Law by the International Court*, London, Stevens & Sons, 1956.

13. Nordquist, M., Lay, S. H. & Simmonds, K. R., *New Directions in the Law of the Sea*, London/New York, Dobbs Ferry/Oceana, 1980.

14. Tanja, G. J., *The Legal Determination of International Maritime Boundaries*, Deventer /Boston, 1990.

15. Weil, P., Perspectives du droit de la délimitation maritime, Paris, ed. A. Pedone, 1988.

三、案例评述

1. Auby, J. M., "Les problèmes de la mer territorial devant la Cour international de Justice, Arrêt du 18 décembre 1951", in Journal de Droit International, 1953 (80).

2. Auburn, F. M., "The North Sea Continental Shelf Boundary Settlement", in Archiv des Volkrrechts, Vol. 16, 1973.

3. Burke, "A comment on the 'La Bretagne' Award of July 17, 1986: The Arbitration between Canada and France", in *San Diego Law Review*, Vol. 25, 1988.

4. Ben Achour, Y., "L'affaire du plateau continental Tuniso-libyen-analyse empirique", in *Journal de Droit International*, Vol. 110, 1983.

5. Bishop, W. W., "Minquiers and Ecrehos Case", in *American Journal of International Law*, 1954.

6. Bouchez, L. J., "The North Sea Continental Shelf Cases", in *Journal of Maritime Law and Commerce*, Vol. 11, 1969.

7. Bowett, D. W., "The Arbitration Between the United Kingdom and France Concerning the Continental Shelf Boundary in the English Channel and South-Western Approaches", in *British Yearbook of International Law*, 1978 (49).

8. Brown, E. D., "The North Sea Continental Shelf Cases", in *Current Legal Problems*, Vol. 23, 1970.

9. Brown, E. D., "The Tunisia-Libya Continental Shelf Case: A Missed Opportunity", in *Marine Policy*, 1983.

10. Brown, "The Libya-Malta Continental Shelf Case", in *Contemporary Problems of International Law-Essays Schwazenberger*, 1988.

11. Charney, J. I., "A Preliminary Evaluation of Judgment by the ICJ in the Case Concerning the Continental Shelf (Tunisia/Libya)", in *American Society of International Law Procedings*, Vol. 76, 1982.

12. Christie, D. R., "From the Shoal of Ras Kaboudia to the Shores of Tripoli: The Tunisia/Libya Boundary Delimitation", in *Georgia Journal of International Comparative Law*, Vol. 13, 1983.

13. Churchill, "Maritime Delimitation in the Jan Mayen Area", in *Marine Policy*, Vol. 9, 1985.

14. Cohn, G., "Statut juridique de Groenland oriental", in Revue de Droit international et des législations comparées, Vol. 14, 1933.

15. Colliard, C. A., "Le différend franco-canadien sur le 'filetage' dans le Golfe du Saint-Laurent", in Revue Générale de Droit International Public, 1988.

16. Colson, D. A., "Canada-United States: Gulf of Maine, Report",

in Charney, J. I. & Alexander, L. M., eds., *International Boundaries*, Dordrecht/Boston/London, Martinus Nijhoff Publishers, 1993.

17. Conforti, "L'arrêt de la C. I. J. dans l'affaire de la délimitation du plateau continental entre la Libye et Malte", in Revue Générale de Droit International Public, 1986.

18. Cooper, "Delimitation of Maritime Boundary in the Gulf of Maine Area", in *Ocean Development and International Law*, Vol. 16, 1986.

19. Decaux, E., "L'arrêt de la Cour International de Justice dans l'affaire du plateau continental (Tunisie/Libye)", in Annuaire Français de Droit International, 1982.

20. De Visscher, Ch., "L'arbitrage de l'Ile de Palmas", Revue générale de droit international et comparé, 1929.

21. Dipla, H., "La sentence arbitrale du 10 juin 1992 en l'affaire de la délimitation des espaces maritimes entre le Canada et la France", in Journal de Droit International, 1994.

22. Dickinson, E. D., "Clipperton Island Arbitration", in *American Journal of International Law*, 1932.

23. Dipla, H., "L'affaire concernant le filetage à l'intérieur du Golfe du Saint-Laurent entre le Canada et la France", in Annuaire Français de Droit International, 1986.

24. Eustache, F., "L'affaire du plateau continental de la Mer du Nord devant la Cour International de Justice", in Revue Générale de Droit International Public, 1970 (74).

25. Evensen, J., "Anglo-Norwegian Fisheries Case and its Legal Consequences", in *American Journal of International Law*, 1952 (46).

26. Evensen, J., "La délimitation du plateau continental dans le secteur de Jan Mayen", in Annuaire Français de Droit International, 1981.

27. Freldman, M. B., "The Tunisia-Libya Continental Shelf Case: Geographical Justice or Judicial Justice Compromise?", in *American Journal of International Law*, Vol. 77, 1983.

28. Friedmann, W., "The North Sea Continental Shelf Case-A Critique", in *American Journal of International Law*, Vol. 64, 1970.

29. Fritzmaurice, Sir G., "The Law and Procedure of the International

Court of Justice, 1951 – 54: Points of Substantive Law", Part Ⅱ, in *British Yearbook of International Law*, 1955 – 1956.

30. Garner, J. W. , "The International Binding Force of Unilateral Oral Declarations", in *American Journal of International Law*, Vol. 27, 1933.

31. Grisel, E. , "The Lateral Boundaries of Continental Shelf and the Judgment of the International Court of Justice in the North Sea Continental Shelf Case", in *American Journal of International Law*, Vol. 64, 1970.

32. Herman, L. , "The Court Giveth and the Court Taketh Away: An Analysis of the Tunisia-Libya Continental Shelf Case", in *International and Comparative Law Quarterly*, 1984 (33).

33. Hudson, M. O. , "The Minquiers and Ecrehos Case", in *American Journal of International Law*, 1956.

34. Hyde, C. C. , "The Case Concerning the Legal Status of Eastern Greenland", in *American Journal of International Law*, Vol. 27, 1933.

35. Jennings, R. Y. , "The Limits of Continental Shelf Jurisdiction-Some Possible Implications of the North Sea Case Judgment", in *International Comparative Law Quarterly*, Vol. 18, 1969.

36. Jessup, P. C. , "The Palmas Island Arbitration", in *American Journal of International Law*, 1928 (22).

37. Johnson, D. H. N. , "The Minquiers and Ecrehos Case", in *International and Comparative Law Quarterly*, 1954.

38. Lang, J. , Le plateau continental de la Mer du Nord, Paris, LGDJ, 1970.

39. Legault, L. H. & B. Hankey, "From Sea to Seabed: The Single Maritime Boundary in the Gulf of Maine Case", in *American Journal of International Law*, Vol. 79, 1985.

40. Mc Dorman, T. , "The Canada-France Maritime Boundary Case: Drawing a Line around Saint Pierre and Miquelon", in *American Journal of International Law*, 1990 (84).

41. McLlarky, "Guinea/Guinea Bissau: Disputes concerning delimitation of maritime boundary, February 14, 1985 ", in *Maryland Journal of International Law*, Vol. 11, 1987.

42. Monconduit, F. , "Affaire du plateau continental de la Mer du

Nord", in Annuaire Français de Droit International, 1969.

43. O'Connell, D. P., "Mid-Ocean Archipelagos in International Law", in *British Yearbook of International Law*, 1971 (45).

44. Queneudec, J. P., "L'arrêt de la CIJ relatif à la délimitation du plateau continental entre la Tunisie et la Libye", in Annuaire Français de Droit International, 1981.

45. Roche, A. G., The Minquiers and Ecrehos Case, Génève, Droz & Paris, Minard, 1959.

46. Ruiz-Fabri, H., Sur la délimitation des espaces maritime entre le Canada et la France, Revue Générale de Droit International Public, 1994 (97).

47. Schneider, "The Gulf of Maine Case: The Nature of an Equitable Result", in *American Journal of International Law*, Vol. 79, 1985.

48. United Nations, *Summaries of Judgments, Advisory Opinions and Orders of the International Court of Justice (1949–1991)*, ST/LEG/SER. F/1, United Nations, New York, 1992.

49. Waldock, C. H. M., "The Anglo-Norwegian Fisheries Case", in *British Yearbook of International Law*, 1951.

50. Weissberg, G., "Maps as Evidence in International Boundary Disputes: A Reappraisal", in *American Journal of International Law*, 1965.

51. Willis, "From precedent to precedent: The Triumph of pragmatism in the law of maritime boundaries", in *Canadian Yearbook of International Law*, Vol. 24, 1986.

52. Zoller, E., Recherches sur les méthodes de délimitation du plateau continental Tunisie/Libye, in Revue Générale de Droit International Public, 1982.

53. Zoller, E., L'affaire de la délimitation du plateau continental entre la Tunisie et la Libye, in Revue Générale de Droit International Public, 1982.

54. 李泽锐:《评国际法院第一次成立特别分庭》,载中国国际法学会主编:《中国国际法年刊》,中国对外翻译出版公司1984年版。

55. 邵津:《英法大陆架划界案仲裁裁决与公平原则》,载中国国际法学会主编:《中国国际法年刊》,中国对外翻译出版公司1982年版。

56. 张鸿增:《评国际法院对两个海洋划界案的判决》,载中国国际法学会主编:《中国国际法年刊》,中国对外翻译出版公司 1986 年版。

57. 张鸿增:《缅因湾海洋边界划分案判例介绍》,载赵理海主编:《当代海洋法的理论与实践》,法律出版社 1987 年版。

58. 张鸿增:《几内亚与几内亚比绍之间海洋边界仲裁案》,载中国国际法学会主编:《中国国际法年刊》,法律出版社 1988 年版。